# 初中信息科技
# 新课程实施指引

张 汶 —— 著

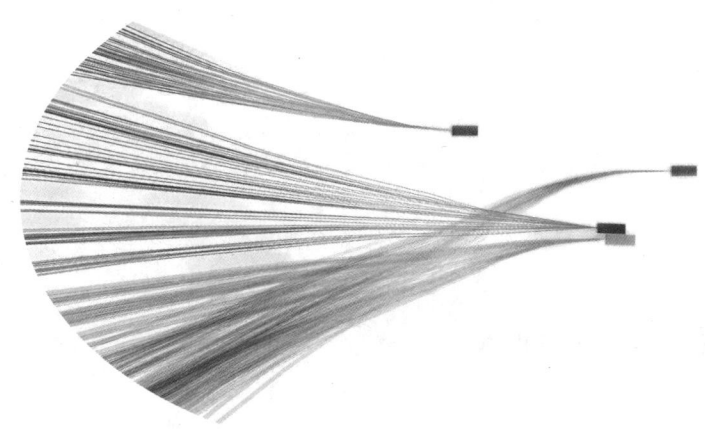

上海科技教育出版社

图书在版编目（CIP）数据

初中信息科技新课程实施指引／张汶著.—上海：上海科技教育出版社，2024.6
ISBN 978－7－5428－8130－4

Ⅰ.①初… Ⅱ.①张… Ⅲ.①信息技术-初中-教学参考资料 Ⅳ.①G633.673

中国国家版本馆 CIP 数据核字(2024)第 053230 号

责任编辑　杨秋旻　张家明
封面设计　杨　静

**初中信息科技新课程实施指引**
张汶　著

| | |
|---|---|
| 出版发行 | 上海科技教育出版社有限公司 |
| | （上海市闵行区号景路159弄A座8楼　邮政编码201101） |
| 网　　址 | www.sste.com　　www.ewen.co |
| 经　　销 | 各地新华书店 |
| 印　　刷 | 启东市人民印刷有限公司 |
| 开　　本 | 720×1000　1/16 |
| 印　　张 | 13.75 |
| 版　　次 | 2024年6月第1版 |
| 印　　次 | 2024年6月第1次印刷 |
| 书　　号 | ISBN 978－7－5428－8130－4/G·4831 |
| 定　　价 | 68.00元 |

# 序

随着《义务教育信息科技课程标准(2022年版)》的颁布,信息科技课程第一次被列入国家课程,体现了信息科技课程在中小学科学教育中的重要地位。2023年教育部等十八部门联合印发《关于加强新时代中小学科学教育工作的意见》,明确了中小学科学教育的国家意志:信息科技课程就是科学教育的重要组成部分。此举进一步体现信息科技课程重要性。

在深化教育改革的过程中,信息科技课程建设的主角是一线教师,主阵地是一线课堂。与此同时,生成式人工智能正在引发新一轮智能化浪潮。信息科技课程一边沐浴在教育强国建设和科学教育加法的春风里,一边还拥有着人工智能赋能教育的助力。对一线信息科技教师来说,这既是难得的机遇,也是巨大的挑战。

中小学信息科技课程是培养学生数字素养与技能的主阵地,课程实施的质量决定了人才培养的质量。本书基于课程标准,通过对一线教学中常见困惑的分析,探讨了课程的育人价值、学科实践的基本模式等关键问题。本书提供的具体教学案例,有助于解决"理念好、落地难"的问题,促进课程理念的实施转化,是一次课程实施的有益探索。值得注意的是,本书仅为上海市信息科技学科教研的阶段性研究成果,对信息科技课程实施的理论和实践研究还需要不断迭代。

希望广大教师和我们共同努力,认真对待每一个学习内容,上好每一节课,以学生为本,激发中小学生的好奇心、想象力和探求欲,培养学生的兴趣,引导学生自觉获取信息科技知识、培养科学精神、提升数字素养与技能、增强科技自信自立、厚植家国情怀,使其具备与智慧社会发展相得益彰的适应力、胜任力和创造力。

义务教育信息科技课程标准专家组组长、对外经济贸易大学信息学院院长

熊璋

# 自 序

有教育专家认为"中国基础教育最具活力的变革现场在一线,最具价值的智慧来自一线课堂教学,在一线课堂教学中蕴藏着课程改革的行动密码",我深以为然。

作为学科教研员,我有更多的机会走进真实课堂,常感叹于课堂的活力。教师的提问和学生的回应相互碰撞,不断有新鲜的想法在课堂中"咕嘟咕嘟"地冒出来,直接而真实,张力十足。这种课堂中鲜活的、不断精进的蓬勃力量令人着迷。课程改革正是发生在这样的课堂上,发生在教师与学生交流的分分秒秒中。通过教研,我在思维上与学生同步,在情感上与师生共鸣,在设计上与教师心意相通。这种共同的情感和思考,是我生命历程的一个截面。

但是,当一节课的节奏"被卡住"时,总有个疑问挥之不去——为什么我们认为很简单的内容,学生会"听不懂、做不好"?原因有很多,心理学家提出了"知识的诅咒",即我们一旦知道了某事,就无法想象这件事在未知者眼中的样子,因此我们不能从未知者的角度看世界,或者说我们被自己所掌握的知识"诅咒"了。细细想来,原因是我们忽视了学习规律。

有学者认为:"对学习规律的研究,是教育规律研究的起点,且始终是最重要的主线。"对学习规律的重视,具体来说,就是从学生发展的视角,探索"为什么要学",即内容的学习价值;从学生"怎么学"的视角,探讨学科特有的学习方法。当前,生成式人工智能又一次刷新了人们的认知,正在引发新一轮智能化浪潮。关于中小学信息科技课程究竟"学什么、怎么学",学界目前颇具争议。

《义务教育信息科技课程标准(2022年版)》的颁布,显然与技术带来的社会变化以及人们的期望有关,同时也为学生打开了一个全新的格局,让学生的目光从狭隘的技术使用转向更辽阔的信息科技世界。接下来，就是如何具体实施了。

但是实施并不是一件容易的事，"把教学的重点，从'教'转到'学'，这种提法已经没有任何新意，但是在实践中，要做到恐怕还有一段颇长的路程"。我们有责任研究教师实施中的具体困难，并尽力提供易于操作的方法。本书从课程标准、学习内容以及教学策略三个方面，对教师常见的困惑进行了梳理，从实施的角度提出建议。希望本书的一些探讨和案例，能在这段颇长的路程中提供更多参考，让课程实施的攻略做得更好，准备越充分，途中也就越从容。但有时候，固有的认知也可能是一种偏见，会成为我们前行的障碍，所以要尽力保持一颗开放、认真的心。

我们如耕田农人，念兹在兹，步履不停，茂盛葳蕤可期。希望我们都能获得知识的祝福！

张汶

# 目　录

## 第一章　新课标——数字时代的育人方向 / 1

### 第一节　认识"变化" / 2
一、使用者到理解者 / 2
二、适合儿童的课程 / 5
三、建立逻辑主线 / 9
四、倡导真实性学习 / 16

### 第二节　理解"不变" / 20
一、稳定的核心内容 / 21
二、不变的认知规律 / 22
三、"变化"中的"不变" / 23

### 第三节　常见问题探讨 / 25
一、科学与技术 / 25
二、技术本质的探寻 / 28
三、计算与计算机 / 32
四、技术中立的争论 / 35

## 第二章 新内容——"科"与"技"并重的课程内容 / 39

### 第一节 拓宽科技视野 / 41
一、原理的启蒙 / 42
二、方法的启迪 / 48

### 第二节 探索科技奥秘 / 55
一、复杂与简洁 / 55
二、统一与多样 / 61

### 第三节 培养科学精神 / 64
一、自主可控意识 / 65
二、理性务实精神 / 68
三、创新实践精神 / 71

### 第四节 常见问题探讨 / 77
一、难度与深度 / 77
二、概念定义困境 / 82
三、学科思想方法 / 90
四、课程内容结构化 / 94

## 第三章 新教学——学科实践的挑战 / 100

### 第一节 学科实践的基本要求 / 101
一、"科"与"技"并重 / 101
二、注重问题解决 / 105
三、创设真实情境 / 114

## 第二节　学科实践的基本模式 / 122

一、设计作品 / 123

二、实验探究 / 126

三、搭建原型 / 138

## 第三节　跨学科主题学习 / 143

一、跨学科主题学习的基本概述 / 143

二、跨学科主题学习的问题列举 / 145

三、跨学科主题学习的实施建议 / 146

## 第四节　常见问题探讨 / 151

一、创中学 / 151

二、直观原理 / 157

三、科技叙事 / 165

四、计算思维 / 168

五、编程教学 / 176

六、学科德育 / 183

七、评价设计 / 193

**后记** / 199

**参考文献** / 200

# 第一章

# 新课标——数字时代的育人方向

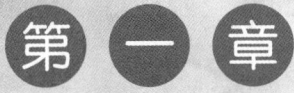

我国中小学校内信息科技教育\*从20世纪80年代开始延续至今,虽然发展时间不长,但始终秉持"学时之所需,处时之所变"的原则。最初,教育重心聚焦编程。随着信息技术的广泛应用,课程内容逐渐转向以技术应用为核心。进入21世纪以来,人工智能等前沿技术迅猛发展,信息科技在全球经济、社会和文化发展中扮演着愈发重要的角色。图灵奖得主迪杰斯特拉曾指出:"我们所使用的工具影响着我们的思维方式和思维习惯,从而也将深刻地影响着我们的思维能力。"如今,信息科技早已超越单纯的工具价值,深刻影响人们的生活、工作与学习,成为塑造人们思维方式的重要力量。因此,如何进一步促进学生对学科思维方法的理解,切实提升学生的数字素养与技能,成为当前课程改革面临的重要课题。

《普通高中信息技术课程标准(2017年版2020年修订)》(以下简称《高中课标》)和《义务教育信息科技课程标准(2022年版)》(以下简称《义教课标》)的先后颁布,是对数字时代变革的回应,它们以一种崭新的面貌,为培养学生的数字素养与技能开创了全新的空间。尽管新课标呈现了一张令人激动和期待的蓝图,但是很多一线教师感到在落实学科核心素养方面存在较大难度,想要尽快实施却无从下手。笔者认为,只要我们把握住新课标中的"变"与"不变",以此为抓手,就能以点带面认识新课标。

---

\* 《义务教育课程方案(2022年版)》以"信息科技"作为课程名称,在此之前,全国大部分地区使用"信息技术"作为课程名称,上海在2005年二期课改后使用"信息科技"作为课程名称。截至2023年,根据《普通高中课程方案(2017年版2020年修订)》,高中课程名称为"信息技术"。在课程名称方面,本书不刻意区分"信息科技"与"信息技术"。

# 第一节 认识"变化"

《高中课标》与《义教课标》的先后颁布使得我国基础教育课程体系中首次拥有了一套贯穿全学段的信息科技课程标准。义务教育信息科技课程标准的建设，不但符合教育、科技、人才"三位一体"统筹安排和一体部署的要求，更反映出教育专业人士对信息科技教育的深刻理解和广大民众的广泛认可，极具战略意义和深远影响[1]。

《义教课标》是整体性变革，从课程性质、课程理念、课程目标、课程内容、学业质量到课程实施，变化无处不在。下文将管中窥豹，择其要点进行阐述。

## 一、使用者到理解者

《高中课标》在基本理念部分提出"帮助学生成长为有效的技术使用者、创新的技术设计者和理性的技术反思者"[2]，可见，仅成为技术使用者是不够的，《高中课标》勾勒出三个层次的育人目标。《义教课标》的育人目标与高中阶段一脉相承，但更加强调基础性，更加关注"促进学生在数字世界与现实世界中健康成长"。在课程理念中强调了对基本概念和基本原理的理解，"小学中高年级初步学习基本概念和基本原理，并体验其应用，初中阶段深化原理认识"[3]。

学习科学认为，"理解"与"创新"是紧密相连的，即"理解"中包含着"创新"，而"创新"是更深入的"理解"。因为按照学习科学的观点，任何学习的发生都是一种迁移，而迁移本身就是一种新的概括、一种创新[4]。

**1. 仅作为"使用者"的局限性**

过去，人们更加关注技能培养，课程内容集中在多媒体制作、办公软件使用和简单编程的操作训练层次上，学生普遍缺乏对技术的理解和技术创新能力，与数字素养和技能的培养目标有着明显的差距[5]。阿兰·柯林斯认为："数字技术在改变着生活的每一个方面，随着发明和变革速度的加快，我们需要学会应对渗入我们新颖、不可预测和充满变化的经历的那种不确定性。"[6]"使用者"往往缺少对技术原理的基本理解，缺少在复杂和多变世界中发展所需的知识，他们很难应对不确定性，也难以应对技术发展带来的新的伦理挑战，在发展素养上有比较大的局限性。2012年，英国皇家学会(Royal Society)在《关闭还是重新开始：英国中小学中计算的方式》报告中指出，传统的信息通信技术(ICT)课程偏向"怎样使用办公软件"，而不是指向能够支撑学生未来生活的知识[7]。

也有很多人对生活在数字时代的"数字原住民"是否还需要学习中小学信息科技课程提出了疑问。这种质疑实际上预设了一种结论:"数字原住民"天然具有更高的数字素养。事实确实如此吗?是否如人们所想,"数字原住民"能够在日常生活中轻车熟路地学会数字时代的生存技能,而无需学校专门的教育呢?

事实并非如此。

2014年11月,国际教育成就评价协会(IEA)主持的以各国八年级(或同等教育程度)学生为对象的第一次国际计算机和信息素养调查(ICILS),采集了来自21个国家和地区或教育系统的3300多所学校的近6万名平均年龄为13.5岁的八年级(或同等教育程度)学生的调查数据。结果表明,在这些参与国和地区或教育系统之间,学生的计算机和信息素养差距很大。因此,教师不能指望学生会无师自通地培养出必要的信息素养。参与调查的近6万名学生所展现出的差异表明,尽管他们当中不乏具有批判思维、能够娴熟地利用计算机技术进行高层次信息生产或改造的数字"达人",但这只是极少数。想当然地认为所有"数字原住民"天生具有信息素养的观点显然失之偏颇。事实上,在很多国家,大部分学生缺乏基本的信息素养,他们既不会辨别信息的真伪或可信度,也缺乏充分利用信息创造价值的能力。[8]

不同学生之间存在的巨大差距也告诉我们,如果没有连续、贯通且严格执行的教育,指望他们在娱乐、日常生活和自我摸索中发展出高水平的数字素养与技能,只能说"太天真了"!

**2. 成为"理解者"的意义**

难道成为熟练的使用者还不够吗?《义教课标》提出,要在会用技术解决问题的基础上,理解信息科技的简单原理。很多中小学生会困惑,我们为什么要学习这门课?为什么要理解这些原理?其实,哪怕是大学生,也有这样的困惑。任何课程都存在价值导向问题,即究竟要培养学生什么样的能力。

陆汉权在《计算机科学基础(第2版)》中这样写道:"有学生抱怨这书太难了,'我们需要知道这些吗?'我给他们的回答是,你们是对的,本书的大多数内容你们不需要知道,但知道的好处比不知道的好处要多。如果你期望计算机对你的未来有帮助,那么就应该好好了解它,了解它究竟能够做些什么,不能做什么,还应该了解它究竟是怎么做的。哪怕是一个很简单的工具,知道它的原理比只知道它能干什么更重要——科学的精神就在于知道是什么、为什么以及如何做到的。作为一门学科,计算机和数学、物理差不多,我们学习它并不意味着我们就以此为职业,我们需要学习多种学科知识,以提升自己的学习能力和科学素养,提升未来的职业能力。也许你不会和我一样是以计算机为职业的,但计算机将与你终生为伴,它在这方面的作用无疑是更大的。"[9]

成为技术的使用者与成为技术的理解者,两者之间并不是必然相通的,如前文所述,熟练的技术使用者可能对技术本身的原理知之甚少。一名能熟练收发电子邮件的学生,可能对邮件传输过程与邮件协议并不理解。此处的理解,不仅仅指认识事物的一种行为,也不仅仅指体会和把握原意,更是指通过与原有知识的不断融合,产生新的意义,即能够学习知识,以新的方式运用知识解决问题,并在这一过程中加深对知识的理解。[10]

培养学生的数字素养与技能,是要培养他们关注现实世界与数字世界的关联,适应数字科学与技术的发展,积极利用数据和算法,尊重数据的真实性,维护个人的数据隐私和社会数字安全,维护人与数字、人与算法、人与机器和社会的和谐。青少年作为国家未来的建设者,不论他们将来从事什么职业,人文素养、科学素养和数字素养都是他们必不可少的素养,也都是义务教育阶段必须关注的"立德树人"和"素质教育"的核心。由此可以看出,《义教课标》坚持课程的育人价值,为学生未来发展数字素养与技能,乃至全面发展打下了坚实基础。[1]

放眼全球,以英国为例,英国罗汉普顿大学(University of Roehampton)的迈尔斯·贝瑞是英国计算课程改革的重要参与者之一,他认为:"计算思维是贯穿计算课程的'金线',这是关于以计算机可以帮助我们解决问题的方式看待问题……在从ICT课程到计算课程的转变中,我们的重点已从使用技术的技能转移到对信息和计算原理的认识和理解上。" 2015年,他总结了英国中小学计算课程理念转变的特征,即从培养技术的消费者转向培养技术的创造者。换言之,就是要让学生从被动的技术接受者转变为主动的技术创造者。这种转变充分体现在从ICT课程到计算课程的目标变化之中。计算课程旨在帮助学生掌握计算思维等基础技能,并帮助他们了解其所生活的技术世界。为此,英国在计算课程标准中明确提出"高质量的计算教育能让学生使用计算思维和创造力来理解和改变世界"。[11]

因此,有必要让"数字原住民"从小学习,并在学习的过程中遵循科学的态度、思路与方法。《义教课标》面向全体学生,让学生在学会知识、提升技能的同时,理解科学原理、尝试探索和创新,引导学生在使用信息科技解决问题的过程中遵守道德规范和科技伦理,从而促进学生在数字世界与现实世界中健康成长。[1]

## 二、适合儿童的课程

**1. 告别"小大人"学"小大学"的模式**

过去,中小学信息科技课程的内容常以大学计算机相关专业知识的"简单版"或"删减版"面貌呈现。比如关于"计算机发展的阶段",无论是大学还是中小学,都有相似的描述,"第一代为电子管计算机,第二代是晶体管作为主要逻辑元件的计算机……"尽管这样的学习内容客观呈现了计算机发展历程,但是中小学生未必有电子管、晶体管、集成电路的认知基础。"小大学"式的内容设计,虽然被认为具有"学科体系",但多年来的教学实践效果并不理想。这是教师教学方法的问题吗?

"如果设想无须改变内容或课程,只改变教学法就可以带来变化,这未免过于乐观了。"[12]郭华指出,很多人认为教学方式的不恰当、落后是种种教学弊端产生的根本原因,因而寄希望于通过改革教学方式来去除弊端。转变教学方式甚至成为教学改革的唯一内容,但是无论是理论研究还是实践探索,都无法证明单纯改变教学方式就能解决想要解决的教学问题[13]。不尽如人意的教学效果,究其原因,并非只是一线教学实施能力不足的问题,更重要的是课程内容设计本身缺失学生立场,存在课程内容的组织与呈现不够合理、与学生认知基础不符等问题。

事实上,过于强调大学计算机知识体系,忽视中小学生的认知规律这一问题,皮亚杰很早就尖锐地批评道:"每次过早地教给儿童一些他自己日后能够发现的东西,就会使他不能有所创造,结果也不能对这些东西有真正的理解。"即便3岁的儿童勉强知道了5+6=11,也很难理解这个算式代表的意义。过早地学习抽象的知识和原理,必定是死记硬背的结果。希望学生"成才",却置学生的接受能力于不顾,实际上是将学生置于不当的教育环境中,导致他们产生对学习的焦虑与恐惧。

卢梭认为"人只有通过教育才能成为人",这并不意味着应把儿童看作"小大人"来教育。这种观念是指人们未能注意到儿童与成人的区别,以成人的视角来看待儿童。这种观念可谓古已有之。到了近代,虽然科学的儿童观已经提出,儿童是拥有独立地位的个体,具有自身发展的特点和规律,但是落实到具体的课程设计时,我们依然难以摆脱"小大人"的思维惯性。

正如大自然不需要早熟的果子一样,儿童也不是"小大人",中小学教育需要把学生当作"学生",提供真正的"中小学信息科技课程",而不是"简化版的大学计算机专业课程"。如果在知识的组织和呈现方面只是简单地对大学计算机课程进行筛选和简化,进行所谓的"降维",那么这种做法无疑是生硬且牵强的,如同把大

"罐头"(大学计算机专业课程)装到中小学的小"瓶子"中。

钟启泉在"当代教育理论译丛"的代总序中打过一个有趣的比方:罐装技术的出现为人类的物质生活带来了极大的便利,我们一度生活在"罐装"的时代。在这个时代里,人们可以随时随地享用几乎所有经过防腐处理的食品和饮料。但是,人们在享受着"罐装"技术的泛化所带来的无限便利的同时,逐渐发现这些被封装的食物都已失去了原初的味道和色彩,那些鲜活的或朴素的东西已经离我们远去。[14]

其实,那些被改变了的真实的东西不仅在人们的现实生活中出现,在过去的中小学信息科技课程中,这种因"罐装"而导致的真实的扭曲同样普遍存在。人们习惯用高校计算机专业的内容组织和呈现逻辑,来设计和改造中小学信息科技学科的学习内容。于是,经过简化、肢解和重组后展示出来的中小学信息科技课程的内容,尽管还贴着原有的标签,但其本质已被彻底地扭曲了。这些被改造过的学习框架或许在一定程度上能够符合学生发展的需要,但其被"罐装"的本质是毋庸置疑的。教育应是以学生为中心,致力于发展学生的核心素养,而非以学科为中心。要达成这种立场的转变,必须告别"罐装"模式,改变我们沿袭已久的价值标准、思维定式和惯用模式。

因此,《义教课标》的研制专家特别强调课程设计不能简单化。"比如大学有一门'计算机原理'课,中学阶段称为'计算机原理初步',小学就叫'计算机原理入门';又如大学有'网络原理',中小学就有了'网络原理初步'。"这种简单化既不符合学科逻辑,也不符合学生的认知规律。这并未从"培养人"的角度、从中小学生的认知规律角度思考课程内容的学习意义。《义教课标》力求告别"罐装"模式,依据核心素养和课程目标,遵循学生身心发展的阶段特征,设定四个学段的具体目标,嵌入真实的学习活动,体现循序渐进和螺旋式发展规律。

**2. 摆脱学科逻辑与心理逻辑的"钟摆困境"**

"小大人"学"小大学"的问题,往往是内容组织逻辑的失衡。张紫红、崔允漷认为,课程内容割裂的背后是课程内容组织逻辑的失衡,主要表现为:课程内容的结构将学科逻辑视为第一原则乃至唯一原则,在一定程度上忽略了学生的心理逻辑,导致学科逻辑与心理逻辑的失衡。这样导致的后果之一就是,以学科逻辑为主要架构的课程内容缺乏实操性,过于强调理论学习而忽略了实践,导致知与行的分离。[15]

如何处理好学科逻辑与心理逻辑之间的关系?菲尼克斯提出,对课程内容的误解基于一种二元论——认为学术与教育之间存在难以跨越的鸿沟,由此导致课程内容的组织在两者之间不停摇摆,即学科逻辑与心理逻辑的"钟摆困境"。素养导向的课程内容结构化既不偏重学科逻辑，也不偏重心理逻辑，而是从整合的角度对学习经验进行结构化，实现组织逻辑的平衡[15]。

指向核心素养，推动课程由学科立场向教育立场（学生发展）转型，这是课程观的根本变革。学科立场是学科本位论的体现，教育立场则是以人为本（儿童本位论）的反映，这也是《义教课标》一个非常重要的改变。尽管从"成人中心"到"儿童中心"，从"学科中心"到"学生中心"的倡导已有多年，然而在信息科技课程建设中，该转型依然困难重重。

《义教课标》重视学生的认知发展规律，专家认为不能简单效仿高等教育的教学内容，更不能照搬高等教育的教育教学方法；要从"生活体验"过渡到"应用体验"，再进阶为"解决问题"，杜绝"揠苗助长"，促进"逐步提升"，实现循序渐进和螺旋式发展。

这种循序渐进的安排，体现在《义教课标》中的课程目标、课程内容、学业质量等各个部分中。以"学业质量"为例，它通过情境、任务（完成条件）和素养表现三个要素，整体刻画学生学业成就的具体表现特征。

表1-1对比了四个学段的学业质量描述中的"情境"，从日常生活和简单小任务到具体应用场景和网络应用过程，再到典型应用场景以及生活中特定的过程与控制场景，最后到真实的应用问题以及不同的人工智能应用场景，情境的复杂度和多样性随着学段升高而不断提升。

表1-1 不同学段学业质量的"情境"描述

| 学段 | 学业质量描述（部分情境举例） |
| --- | --- |
| 第一学段（1~2年级） | 在日常学习与生活场景中……<br>在完成学习与生活中的简单小任务时…… |
| 第二学段（3~4年级） | 能根据具体的应用场景……<br>在网络应用过程中…… |
| 第三学段（5~6年级） | 在典型的信息科技应用场景中……<br>对于生活中的过程与控制场景…… |
| 第四学段（7~9年级） | 对于生活中的真实应用问题……<br>通过分析不同的人工智能应用场景…… |

在任务（及完成任务的条件）和素养表现方面，也体现了这种循序渐进的教学模式，如表1-2所示。

表1-2 不同学段学业质量的"任务""素养表现"描述

| 学段 | 学业质量描述（部分任务、素养表现举例） |
| --- | --- |
| 第一学段<br>（1~2年级） | 能在教师指导下，健康、安全地利用常见数字设备获取学习资源……<br>能描述任务实施步骤，使用数字设备对个人的文字、图片、音频、视频等信息进行合理分类，并妥善保存作品…… |
| 第二学段<br>（3~4年级） | 从问题的情境、数据的来源以及内容表达的目的，判断数据的合理性和可靠性；能将简单问题拆解，选择数字、字母或文字编码表示信息……<br>能利用在线方式获取学习资源，使用数字化工具组织数据，合理选择可视化方式呈现数据之间的关系，清晰地表达观点或者预测结果…… |
| 第三学段<br>（5~6年级） | 尝试采用不同方法解决同一问题，能用自然语言、流程图等方式，基于算法的顺序、分支和循环三种基本控制结构，正确进行问题求解的算法描述……<br>能针对不同的输入数据规模，分析解决同一问题的不同算法在时间效率上的高低，并能利用编程对设计的算法及过程与控制实验系统进行验证……<br>能利用反馈实现过程与控制…… |
| 第四学段<br>（7~9年级） | 能设计并搭建具有数据采集、实时传输和简单控制功能的简易物联系统……<br>通过智能终端或编写程序，读取并处理含有物联功能设备中的数据，能进行适当反馈或控制……<br>了解搜索、推理、预测和机器学习等常见的人工智能实现方式…… |

对比四个学段的学业质量的"任务"及"素养表现"，可以梳理出从"生活体验"过渡到"应用体验"，再进阶为"解决问题"的线索。

● 第一学段要求学生在教师的指导下完成任务，并形成良好的分类保存习惯。

● 第二学段要求学生针对问题进行必要的拆解和判断，并组织数据、表达观点，为后续学习打好数据处理的基础。

● 第三学段不仅要求学生解决问题，还对解决问题方法的多样性和时间效率等有了更高的要求，对学生的工程实现能力也有了新要求，并要求学生初步具备系统性思考的能力。

● 第四学段要求学生能够设计、搭建简易物联系统，知道网络的简单原理，了解常见的人工智能实现方式。这些都是对学生理解科学原理、提升计算思维、开展工程实现的综合要求，能帮助学生逐渐提高完成任务所需的知识综合应用能力以及实践能力。

《义教课标》不仅用质量标准刻画了核心素养在学业上的具体表现,还通过质量标准的递进,体现了循序渐进的要求,力求摆脱学科逻辑与心理逻辑的"钟摆困境"。这是我们理解课程内容的重要抓手。

## 三、建立逻辑主线

《高中课标》提炼了四个学科大概念,但是《义教课标》并没有专门罗列学科大概念,而是提出了六条逻辑主线。四个大概念和六条逻辑主线是什么关系?一些教师对此感到困惑。

专家对此做了进一步的解读,六条逻辑主线并不是对高中四个大概念的重新定义,而是根据学生认知特点的进阶,更加强调概念之间的关联性和递进性。例如:高中"信息系统"与"信息社会"的概括性较强,概念较为抽象;相对而言,初中的"网络""信息处理""信息安全"和"人工智能"更具体,更易于与现实场景相关联,更适用于界定从小学低年级、中高年级到初中学段课程学习的生活体验、应用体验和原理认知的进阶性发展过程,帮助学生理解基本概念和基本原理[1]。因此,大概念有助于我们理解课程的内容结构,逻辑主线有助于我们在此基础上进一步认识素养形成的阶段性,它们都是理解新课标的抓手。六条逻辑主线从功能上与"大概念"类似,对每个"大概念"给出三个循序渐进的发展阶段,可被视作"大概念"的进阶。

**1. 学科大概念**

当课程育人目标由三维目标走向核心素养时,课程内容的组织方式也应随之改变,结构化的组织方式有利于避免课程设计陷入碎片化的知识点罗列和堆积,对此,很多学者的共识是"学科大概念"。尽管《义教课标》没有明确提出"大概念",但是"数据、算法、网络、信息处理、信息安全、人工智能"这六条逻辑主线,事实上也为理解课程核心内容提供了类似大概念的指引。

大概念也称"大观念",大概念可以用"数据、算法"这样的词来表达,也可以用"算法可以解决许多但不是所有的计算问题[16]"或"生物体的遗传信息会一代代地传递下去"这样的句子来表述。

科学是复杂的,为了掌握这种复杂性,似乎需要一个由概念、理论和原理组成的巨大阵列,那么,我们怎么能期望学生从一开始学习时就掌握它呢?科学家会确认一些关键的科学概念(通常是很少的一些概念),用以解释某个现象,并去掉一些会分散注意力的细节[17]。"科学教育不应该传授给孩子支离破碎、脱离生活的抽象理论和事实,而是应当慎重选择一些重要的科学观念,用恰当的、生动的教育方法,帮助孩子们建立一个对世界的完整理解。"[12]

以"数据"为例,数据的内涵和外延都十分丰富,在不同语境下所表示的含义是不同的。信息技术普通高中教科书《数据与数据结构》(华东师范大学出版社出版)从不同语境对"数据"的含义进行了分析:

在日常生活中,学生会接触到诸如身高、体重等各类数据,这里的数据可能指一个表,也可能指几张图,存在于日常生活中的综合应用层面,可能与计算机处理没有任何关系。

对于普通计算机用户而言,最常接触的是文件夹中的各种数据文件,如图片、电子表格或视频。它们通常由某些特定的应用程序生成,并且需要相应的应用程序才能打开和处理。因此,可以说它们是应用程序的输入或输出数据,其效用只能借助于计算机的处理才能体现出来。

对于计算机编程人员或者说计算机应用开发人员而言,除了要理解上述应用程序的输入输出数据,还要理解程序内部的数据,具体而言就是每一个常量或每一个变量代表什么,计算机能对它们做些什么。而这些程序内部的数据在应用层面不一定有可以解释的含义。[18]

从信息科技的角度看,以上三种情况由表及里地体现了数据作为一个概念的三个层面。简而言之,可以从"程序中""计算机中"和"计算机外"三个层面来谈论数据(图1-1),为理解"数据"这一逻辑主线提供分析视角。

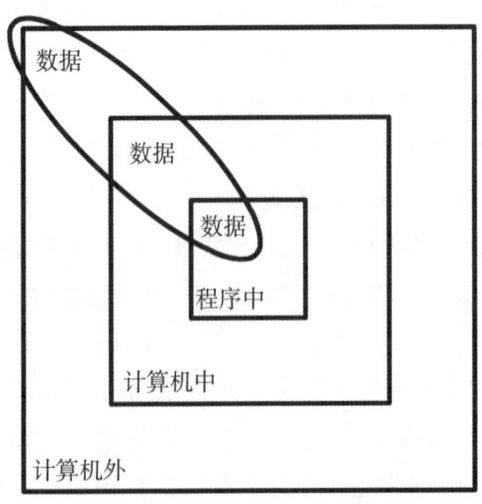

图1-1 关于数据含义的层次示意图

在1~2年级,学生主要使用各种数字设备和数字资源完成任务,此时他们接触的是各种数字设备中的数据文件(如图片、电子表格、视频等)。

在3年级,学生开展线上协作学习活动,认识数字身份的唯一性和信用价值,总结防范数据泄露的方法,他们从单机操作扩展到网络应用,扩大了对"计算机中数据"的认识范围。

在4年级,学生通过学习数据编码,对数据的组织与呈现有了新的认识,这是学生从认识"计算机外的数据"到认识"计算机中的数据"的契机,也是深化概念的一个重要节点。

在5年级,学生结合生活中的实例学习算法。在6年级,学生通过简单的过程与控制实例认识数据与算法有着紧密的联系。这一阶段的"数据"主要指"程序中的数据",也会涉及"计算机中的数据"。学生通过实例进一步认识"数据"对"系统"和"模块"功能的意义。

7年级的"互联网应用与创新"模块让学生认识网络中数据如何编码、传输和呈现。8年级的"物联网实践与探索"模块让学生接触传感器,了解传感器把物理世界中的量转变为数字世界里的数据,扩大对数据和算法的认识范围。9年级的"人工智能与智慧社会"模块让学生了解数据、算法和算力是人工智能的三大技术基础,这时三个层次的数据都会涉及。

这种概念上的分层有利于在讨论问题时,根据不同语境及不同的服务目的,理解"数据"这一概念的不同含义。这样划分数据的概念虽然不够完备(不一定每一个现实情境下的数据都能恰好被归类于其中),但它能使我们讨论数据问题时保持适当的针对性和相关性[18]。

**2. 大概念的学科特点**

数据、算法、网络、信息处理等是不是信息科技学科特有的概念?当然不是,各个学科或多或少都有涉及。迈尔斯·贝瑞从多个学科视角阐述这种"通用性",例如,遵循或编写指令体现了算法思维,在数学中做修正也是一种"调试",在科学中寻找解释离不开"逻辑推理"等。随着学生深入学习计算机课程,他们将会变得更擅长计算思维,并能够更好地将其应用于整个课程[19]。

以"数据"和"算法"为例,"数据分析"是高中数学六个核心素养之一,"数据"一词在《普通高中数学课程标准(2017年版2020年修订)》中出现了170次,可见其重要程度;"数据意识"和"数据观念"是《义务教育数学课程标准(2022年版)》小学和初中阶段核心素养的主要表现之一;"数据"一词在《普通高中物理课程标准(2017年版2020年修订)》中出现了60次;与算法相关的"数学建模"也是高中数学六个核心素养之一。"数据"与"算法"在多个学科的普适性可见一斑。迈尔斯·贝瑞认为,数学和编程之间的关系可以追溯到阿兰·图灵时期计算机科学的基础[19]。

但是信息科技学科中的"数据""算法"与数学和科学领域中的"数据"所讨论的层次不同,具体内涵也有差异。科学领域中的"数据"重点在"实验数据",意在得出实验结论,"获取客观、真实的数据,通过对数据的分析形成关于物理规律的结论"[20]。数学领域的"数据意识"主要指"对数据的意义和随机性的感悟"[21]。而信息科技学科中的"数据"内涵更加广泛,既可以是任何以数字形式表达的信息,也可以是数值或视频等多种形式,得出实验结论也不是数据处理的唯一目的。数学领域的"数学建模"与信息科技学科中的"建模"也有差异。数学领域的"模型意识"是对数学模型普适性的感悟,"数学建模"是对现实问题进行数学抽象,用数学语言表达问题,用数学方法构建模型解决问题。信息科技学科中的"建模"更强调"算法"和"自动化",一些无法建立数学模型的问题也可以利用计算机高速和自动化的特点进行处理。

"信息处理""网络"以及"人工智能"是各学科必不可少的学习和研究工具。"没有网络安全就没有国家安全","信息安全"是思想政治、道德与法治课程中"总体国家安全观"的一个领域。

可见,六条逻辑主线既与其他学科有着密切联系,又更多地体现了信息科技学科的特点。

**3. 国外信息科技(计算机科学)课程中的大概念**

2012年英国废止了原来的信息通信技术课程标准,于2013年正式颁布计算课程标准,并于2014年9月在全国正式实施。该标准提出了以计算思维概念构成的内容框架,包括逻辑、评价、算法、模式、分解和抽象,与大概念的作用类似。

美国大学先修课程(AP)指出,大概念是课程的基础,要帮助学生在概念之间建立有意义的联系。这些大概念通常是首要概念或主题,并成为贯穿整个课程的线索。重新审视大概念并将其应用于各种背景下,可以促进学生发展更深的概念理解。* AP计算机课程分为两类,一类是计算机科学原理(AP© Computer Science Principles),内容比较宽泛;另外一类是计算机科学A(AP© Computer Science A),

---

\* 摘自 AP© *Computer Science Principles Effective Fall 2020*。

更注重编程。

计算机科学原理课程有五个大概念,分别是:创造性开发(Creative Development)、数据(Data)、算法与编程(Algorithms and Programming)、计算机系统和网络(Computer Systems and Networks)以及计算的影响(Impact of Computing)。[22]

计算机科学 A 课程有四个大概念,如表 1-3 所示。

表 1-3 计算机科学 A 课程大概念[22]

| 大概念 | 说明 |
| --- | --- |
| 模块化 | 通过抽象要素,将问题分解为相互作用的部分,每一个部分都有自己的目的,使编写复杂程序更容易。抽象化通常可以简化概念和过程,避免我们被细节淹没。在面向对象的编程中,通过模块化,可以将复杂的程序抽象和分解为类和方法。 |
| 变量 | 程序依靠变量来存储数据,当程序的复杂性增加时,依靠数据结构组织多个值,并依靠算法来排序、访问和操作这些数据。 |
| 控制 | 按条理地处理事情和做决定。我们要从算法的角度思考,定义和解释程序中使用的流程。 |
| 计算的影响 | 计算和计算机已经彻底改变了我们的生活,我们需要了解隐私、安全和道德问题,了解我们的程序将会被如何使用,并对其后果负责。 |

在 AP 的课程框架中,大概念还与"持久性理解"(Enduring Understanding, EU)和"学习目标"(Learning Objective, LO)一起,以"大概念—持久性理解—学习目标—基础知识"的内容组织线索。图 1-2 是关于"数据"的内容组织线索部分示例。

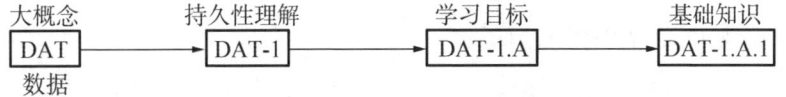

图 1-2 关于"数据"的内容组织线索部分示例

在图 1-2 的示例中,大概念是"数据"(DAT),与之对应的"持久性理解"(DAT-1)强调"计算机内部表示数据的方式与为用户解释和显示数据的方式是不同的",对应的"学习目标"(DAT-1.A)为"解释数据是怎样用比特来表示的",呈现了可以评价的外在行为表现,最后是具体的基础知识(DAT-1.A.1),为"数据的值可以存储在变量、列表或常量中,也可以作为过程的输入(或输出)传递",呈现出大概念逐级细化的过程,以及清晰的知识结构。

**4. 学生理解大概念的过程**

大概念必然是高度抽象的。大概念越大，它们离开实际现象的距离就越远，也就更为抽象并和学生的实际经验相去甚远。在解释一些现象时，大概念不如那些与实际事件和现象联系更紧密的具体概念有用。因此，在一线教学中，大概念并不能直接进行讲授。那么，学生理解大概念的进程应该是怎样的？

培养对大概念的理解是个渐进过程。它始于理解一些小的、局部的和特定背景下的概念，通常通过研究特定现象来实现。渐进过程包含了归纳式和演绎式的思维。在观察现象时，对某些模式的关注会引发学生思考"发生了什么"。对这些问题的回答，来自基于先前经验的假定，经常也会将过去的经验连接到新观察到的情境中，从而产生创新性的思维跨越。当学生用来自一个事件的概念去解释相关的另一些事件时，他们的想法就变得更有用，变得可以用来解释多种背景的内容。当某个概念变得不那么依赖于特定背景时，就必然会变得更抽象。

例如，学生在输入登录密码时，最初可能只认识到这个操作本身。但是，当学生开始学习信息安全后，他们就会把密码的长度和组成与信息安全和算法这两个概念联系起来。当学生看到人脸识别的场景或者学习人脸识别的算法时，他们就可以用算法和信息安全的概念来解释人脸识别。

在《以大概念理念进行科学教育》一书中，关于学生如何理解大概念的过程，有这样的说明：对每个学生来说，获得更科学的概念所经历的途径可能会不一样，但是对理解过程的描述对于研制课程来说是重要的。那么，如何描述大概念理解的过程呢？作者找到三种主要的概念理解进展模式（表1－4），它们以不同的方式达到课程框架中设置的学习目标。

表1－4 概念理解进展模式

| 模式 | 说明 |
| --- | --- |
| 爬梯子<br>（阶梯式） | 以爬梯子的形式比喻进展过程，应用最广泛。在这种过程中，必须完成前一步，后一步才能开始。通过学习目标来确定每一步需要完成的任务。在不同的模式中，每一步时间长短的选择是不同的，可以是一年或多年，也可以是一个学习阶段。<br>这种模式容易给人一种固定的线性发展印象，好像进展过程是一系列可分离的学习阶段。如果发生这样的情况，学习活动的目的就可能无法传达给学生。 |

(续表)

| 模式 | 说明 |
|---|---|
| 描述最终要求（拼图式） | 只对最终要求给出描述,允许学生用不同的方法完成任务,就像拼图游戏中使用的小块拼图,可以按任何顺序拼接在一起。<br>这种模式的缺点是在决定适当的学习项目时,给教师和课程研制者提供的指导过少。 |
| 螺旋式 | 将总目标分解成几条链。在每一条链里,概念随着时间的推移逐步展开,通过螺旋式发展的课程来实现进展。<br>但是,在形成大概念的进程中,这种模式容易失去不同链条所表达的概念之间的联系。 |

每一种模式都有优点和不足之处。由于在学习不同的概念时,需要的学习经验性质和范围不同,每一种模式都可能被用到。[17]认识概念理解进展模式,有助于我们进一步理解学科逻辑主线。

**5. 大概念与逻辑主线**

不同学科组织内容的逻辑各有特点,比如在《义务教育道德与法治课程标准（2022年版）》中,课程以"成长中的我"为原点,将学生不断扩大的生活和交往范围作为建构课程的基础,依据我与自身,我与自然、家庭、他人、社会,我与国家和人类文明的逻辑,以螺旋上升的方式组织和呈现教育主题。

又如,在《义务教育地理课程标准（2022年版）》中,地理课程从空间尺度的视角对课程内容进行组织,按照"宇宙—地球—地表—世界—中国"的顺序,引导学生认识人类的地球家园。

在《高中课标》和《义教课标》中,大概念和逻辑主线成为新的内容组织方式。这种方式兼顾了课程的实践性与理论性,形成了义务教育四个阶段的九个内容模块以及跨学科主题。

如前文所述,理解大概念的进展模式可以是阶梯式、拼图式或螺旋式,它们各有特点,也会相互融合。螺旋式将总目标分解成若干条链,在每一条链里,概念随着时间的推移逐步展开。《义教课标》设计的逻辑主线,更具有这样的螺旋上升发展的特征。它特别重视与中小学生认知特点的关联,并按照学生的认知水平进行了划分:小学低年级注重生活体验;小学中高年级初步学习基本概念和基本原理,并体验其应用;初中阶段深化原理认识,探索利用信息科技手段解决问题的过程和方法。这样的设计体现了一致性、阶段性和整体性。

每一条逻辑主线都是一个庞大的科学或技术体系,共同构成了当代信息科技知识体系。同时,为了避免这种模式容易"失去不同链条之间的联系"这一弊端,特别强调这六条逻辑主线是相互交织、不可割裂的。《义务教育信息科技课程标准(2022年版)解读》(以下简称《解读》)对此进行了更详细的阐述:"数据是计算工具识别、存储、加工的对象,算法是对完成特定任务的方法与步骤的精确描述,数据与算法这两者通过编码的联系构成了数字世界的秩序与框架。"[23]围绕核心素养和六条逻辑主线,《解读》也特别指出,课程的逻辑不是知识"点",而是相互关联、螺旋上升的逻辑"线"。

部分模块的内容要求如表1-5所示。

表1-5 不同学习模块中的六条逻辑主线

| | 数据 | 算法 | 网络 | 信息处理 | 信息安全 | 人工智能 |
|---|---|---|---|---|---|---|
| "在线学习与生活"模块 | 使用恰当的在线平台获取图片、音频与视频等资源 | 能够结合需要,将问题分解,并用文字或图示描述解决问题的顺序 | 通过线上平台与他人开展协作 | 处理文字、图片等信息,设计、创作简单作品 | 认识数字身份的唯一性和信用价值,加强个人隐私保护 | 通过人工智能等实例,感悟在线社会的影响 |
| "物联网实践与探索"模块 | 读取、发送、接收、汇集和使用数据 | 探索物联网中数据采集、处理、反馈控制等基本功能 | 认识万物互联的基本原理 | 了解基于物联网生成、处理数据的流程与特点 | 了解物联网中发展自主可控技术的意义 | 体验物联网、大数据与人工智能的关系 |

可见,逻辑主线虽贯穿各模块,但在不同的学段以不同的方式呈现。值得注意的是,逻辑主线从低年级就开始贯穿,但这并不意味着从低年级就开始要求学生理解所有的概念。学生对概念的理解源于在好奇心激励下对数字设备和各种技术应用进行的探索,而这种好奇心是出自对周围事物寻求解释的愿望。理解并不是简单的有或无,而是随着经验的增长,不断增加复杂性的过程。[12]

## 四、倡导真实性学习

从一线教学的角度来看,育人方式的变革不是为了活跃课堂氛围,也不是为了把讲授的方式变得更加多样化,如杜威所言"用机巧的方法引起兴趣,使材料有趣;用糖衣把它裹起来;用起调和作用且不相关的材料把枯燥无味的东西掩盖起来;最后,似乎是让儿童在他正高兴地尝着某些完全不同的东西的时候,吞下和消化一口不可口的食物"[24],而是应围绕核心素养来探索。

**1. 真实性学习**

《义教课标》在课程理念部分,首先给出了倡导真实性学习的总要求,提出"以真实问题或项目驱动,引导学生经历原理运用过程、计算思维过程和数字化工具应用过程,建构知识,提升问题解决能力"。同时强调学生的主体性,给出了"做中学""用中学""创中学"三种基本方式。

钟启泉认为,"核心素养区别于应试学习的最大特质在于真实性,真实性是核心素养的精髓。"[25]核心素养的生成、发展和外显都需要借助真实问题、个体行动与真实经验,而这与真实性学习的核心理念——"问题情境、探究行动、经验扩张"高度契合[26]。

如何开展真实性学习?例如,新加坡的真实性学习有三大模型,分别为问题模型、过程模型和参与模型。三者的关注点各有不同:问题模型关注的是问题的真实性,即问题与现实世界存在的问题的相仿性;过程模型关注的是过程的真实性,即解决问题过程中经历的活动和体验;参与模型关注的是环境的真实性,即沉浸于现实世界的生态真实性[27]。这些模型可以为我们理解真实性学习提供借鉴。

可以不依托具体情境培养核心素养吗?是否可以设计某种不依托于具体领域内容或情境的活动,让学生直接练习相关的概念或技能,从而实现对核心素养的培养?如专门促进儿童创造性的活动、指向学生合作能力发展的特定课程等。研究表明,这种脱离具体领域的一般性培训的效果既缺乏确定性的结论,也缺乏令人信服的评判方式。杜威指出:"实际上,人们并不具有一般意义上的看、听或者记忆的能力,只有看到某物或记住某物的能力。无论是精神上还是身体上的能力,如果脱离练习所涉及的题材,只是一般地谈论能力的训练,那是毫无意义的。"这就好比我们想要追求幸福,如果只是终日苦思冥想如何获得"幸福",估计除了将情绪搞得很糟糕,毫无益处[28]。

情境使思维成为必要和得以实现,杜威在《我们如何思维》中论述了情境和思维的关系。问题是思维的引擎,是引发学生认知冲突、联结既有认知结构与新知识的"节点",也为学生的探究与创新提供契机。问题解决是学生能力提升的关键,也是素养发展的重要抓手。而真实问题尤为重要,只有设计出学生能感受、体验、实践的真实问题或项目,学生才能"做中学、用中学、创中学",才能在问题解决过程中建构模型、发展思维、体验责任。需要注意的是,计算机能解决的问题是特定问题,问题解决往往需要独特的思维方法。

**2. 落实真实性学习的要求**

《义教课标》中的课程实施部分提出了四个方面的教学建议,包括围绕核心素养确定教学目标、推进以学生为主体的学习方式创新、注重以科学原理指导实践应用、自觉适应信息科技的快速更迭。

(1) 确定教学目标

教学目标的确定一般从单元目标开始。单元目标一般围绕学科大概念或关键能力,进行有重点的、全面的分解与细化。单元目标的制订没有固定的模式,可以抓住以下两点:一是课程标准的内容要求、学业要求,以及学业质量标准;二是学生学情,要结合学生认知特点,制订合乎学生认知和发展要求的单元目标。

课程标准中的"内容要求""学业要求"对具体的学习要求进行了规定,既表达"学什么内容""学到什么水平",又呈现"学习的路径""通过什么方式学"等要点,提供学习目标达成的表现,减少理解的随意性和不确定性。

一般而言,内容要求是各模块对知识学习的要求,采用相对静态的动词,如"了解、理解、体验、分析、讨论"等。学业要求是对学生具体表现的期望,是学生在完成该模块学习后能做到的事情、应表现出的行为。显然两者都具有一定的确定学习目标的功能,但是侧重点不同,对单元目标的确定起到双向限定的作用,都是确定教学目标的重要依据。

(2) 落实以学生为主体

"以学生为主体"的要求,在当下已经成为教育界不言自明的共识,"落实学生主体地位、发挥学生主体性"等也已经成为常用语汇,无须再做阐释。事实上,学生主体地位的确立经历了比较长的探索和争论。我们有必要再次思考为什么要强调学生的主体地位。"如果教育的目的仅在传递和获得知识,学生不必是主体,传统的灌输和死记硬背也可以;如果学生无须成人,不必承担社会责任,学生也不必为主体。但是教学并不只是为知识传递与获得,学生也不能永远停留于儿童阶段。"[29]

如何理解"学生主体"?与"个人中心主义"不同,学生主体是与教师主导相对应的概念。20世纪90年代,我国开展的"主体教育实验"所主张的学生主体,是"教师主导学生主体"意义上的主体,"承认学生与知识的巨大差距,知道学生不具备独立操作客体(人类已有的认识成果——知识)的能力,强调教师的作用"[29]。教师的精彩讲授有不可替代的作用和价值,但是要避免把学生的学习过程等同于教师的分析和讲解过程。尽管教师的分析和讲解对学生的学习有帮助，但是它们不能替代学生自己的学习过程。比如人工智能的学习，一些算法没有教师的教学，学生很难通过自学理解。发挥学生的主动性和积极性，并不是让学生积极地配合教师讲解，而是让学生作为认识的主体参与学习活动。这就要求教师精心设计并呈现问题，学生主动在抽象与建模、设计算法和调试的过程中，理解人工智能的"智能"来自何处、为何如此。

"以学生为主体"也要避免为迁就学生而降低知识难度，回避教学的基本矛盾，甚至将教学变成学生自学等做法，这些做法会消解教学应有的促进学生自觉而快速发展的价值。赫尔巴特批评这样的做法："他们迁就学生，通过各种各样的谈话与游戏，而不是通过唤起浓厚且持久的兴趣来使应当进行的学习为学生所接受……青少年在这种松松垮垮的活动中得不到他们本来能够得到的收获。"[30]裴娣娜在主体教育实验早期提出了"严肃严格地进行基本训练，诚心诚意地把小学生当作学习的主人"，并构建了体现主体发展的六条教学策略，强调"合作""参与""严格""差异""创新"和"成功"[31]。这些都为我们把握"学生主体"提供了参考。

如何体现"以学生为主体"？"以为数学家只要在书桌上放把尺子、一台计算器或者其他什么设备，就可以得出有科学价值的成果，这是很幼稚的想法。"[32]学生要成为教学活动的主体，首先，学习内容应变成学生可以操作和实践的对象，以引发学生的主体参与。《义教课标》中的内容要求部分已经提供了一些学习活动示例，如创建具有特色的作品，利用实验室的设备与器材搭建具有特定功能的小型互联系统、搭建物联网系统原型等。其次，学生参与学习的过程充满困难和挑战，解决问题的过程也充满不确定性，因此，教师要帮助学生合理规划和管理学习过程，合理利用数字化平台、工具和资源，运用线上实验、模拟、仿真等方式开展学习，学生通过获得合适的思维启发和学习支架，经历解决问题的整个过程或关键过程，提高解决问题的能力。

（3）注重以科学原理指导实践应用

教师要从生活中的信息科技场景入手，引导学生发现问题、提出问题，在已有知识基础上分析、探究现象的机理，学习、理解相应科学原理，尝试用所掌握的原理解释相关现象或解决相关问题。这可以主要围绕信息科技"科学原理""思维方法""处理过程""工程实现"四个方面重点落实。

要落实对学科基本原理的理解，就需要将教学重点从"致用"转变为"明理和致用相结合"，在符合学生认知水平的基础上有选择地打开原理的"黑盒"。

要加强对学科思维方法的引导，就需要聚焦学科核心概念，用科学原理指导应用实践，打通应用场景与基本原理之间的"壁垒"，通过项目活动、学科实验等让学生体验和感悟学科独特的思想方法。

要加强对处理过程的分析，就需要将问题解决的步骤、要素、过程、方法统一起来，鼓励学生经历问题解决的全过程，让学生从局部认识转向系统化认识。

要加强工程实现，强化实操的要求，就得改变以往过于重视动脑而忽视动手的倾向，实现动脑和动手的结合。

从实践视角来看，很多真实情境中的问题解决过程、每个广泛使用的软硬件产品或应用系统，都必然涉及科学原理、思维方法、处理过程和工程实现等方面。在解决真实问题时，学生对上述几个方面的体验思考会不断深入，从而促进对科学与技术的深刻理解，便于在日后进行迁移与应用。

（4）自觉适应信息科技的快速更迭

"了解信息科技发展历程，深入领会发展特点，及时关注发展动态，增强积极应变意识。在把握育人要求和学科原理的基础上，注重体现最新成果，优化教学内容，更新教学手段，创新教学模式。"这对教师持续学习、与时俱进提出了很高的要求。

我们要认识到信息科技的发展有鲜明的时代特点，要保持对新技术学习、应用、探索和实践的敏感性和主动性，依托快速发展与日益更新的科技成果来丰富课堂教学素材和更新教学内容，让课堂教学始终能反映先进的技术应用，呈现快速更迭的创新应用成果，从而增强学生学习的兴趣。

适应信息科技的快速更迭也是对学生的期待与要求。形成"适应"能力本身，包含了对"迁移"能力的要求，也就是学生要有"从具体到抽象，再从抽象到具体"的能力，这需要在教师主动"适应"的基础上，提升学生的"适应"能力。

## 第二节　理解"不变"

随着技术的飞速发展，社会正在经历深刻的变革。在这个瞬息万变的时代，当我们习惯于接受"变化"成为常态的时候，《义教课标》中有哪些是"不变"的呢？*

---

\* 此处主要与上海市中小学信息科技课程内容进行比较。

## 一、稳定的核心内容

陆汉权认为,基础性课程应有知识体系的基本稳定性。尽管计算机技术发展很快,但是它的科学基础并没有变,至少在可预见的未来也不会有多大变化。计算机科学的基础仍是数制、逻辑、系统、数据组织和表达、算法、编程语言、软件原理等。新技术,如 Web、即时通信等,都不是新的,而是新一代人对计算机、网络的天然亲和性,导致相关的市场开始变得兴旺[9]。课程中基本不变的、核心的、系统的知识,为课程提供了比较稳定的内容基础。

相比数学、物理等学科,信息科技进入基础教育领域,不过短短四十余年,成为一门独立的义务教育课程也才刚刚起步,远远没有到成熟的地步。回顾历次信息科技课程改革,大部分应用性、操作性的内容几乎都是被颠覆性地推翻重来。20世纪 80 年代,个人计算机逐步普及。1981 年,在瑞士洛桑召开了世界计算机教育大会,"计算机程序设计语言是第二文化"的观点得到学界广泛认同,基础教育阶段的计算机教育就此拉开帷幕。从 1980 年秋季开始,上海在五所中学相继试验开设计算机选修课。到了 1983 年秋季,上海开展比较系统的计算机必修课和选修课的试验。受"计算机程序设计语言是第二文化"观点的影响,当时及之后很长一段时间内,我国的中小学计算机教育以学习 Basic 语言为主要内容。随着互联网应用的发展,"信息化社会对人才的要求,不仅仅是会操作计算机,更重要的是能够根据需要正确、有效、灵活地使用各种信息技术工具,收集、处理、传输、表达信息,创造性地解决各种实际问题。计算机只是其中比较重要和广泛使用的一种信息技术工具"。因此,在借鉴国际信息技术教育经验的基础上,我国计算机课程迈出了向信息科技课程转变的改革步伐,2003 年《普通高中信息技术课程标准》颁布,原有的课程名称和定位发生重大变化。2010 年后,大数据、人工智能技术飞速发展,课程内容再次大幅调整。

在内容天翻地覆的更新历程中,我们仍然可以发现一些没有随时代变化和技术更迭发生改变的内容,这些内容显示出了强大的稳定性。例如,算法、信息处理、数据、网络、信息安全等。尽管编程语言已经从 Pascal、VB 发展到现今的 Python,未来,随着我国大模型的逐渐成熟,学生编写程序的方式也必将有所改变,但是算法始终是核心内容。数据处理也是如此,尽管 Foxbase、Access 等数据库管理工具当前在中小学教育中已很少涉及,但是数据处理和管理依然是核心内容。有关网络的学习内容变化最大,万维网早已成为基础应用,网络连接设备的发展日新月异,但是网络协议依然是较为稳定的核心内容。对于信息安全及网络道德和行为规范,虽然面对的具体情境不同,要解决的具体信息安全问题也不同,但是如何保护隐私、维护信息安全、遵循信息伦理与道德,这些要求一直是课程的核心内容。当很多应用软件和操作性内容被淘汰或更新的时候,那些稳定不变的核心内容才是学科学习的精髓。

由此可见,尽管每次课程改革,新旧内容的重合率很低,但是依然有"稳定"的核心内容作为基本支撑。一门成熟的学科应具备系统性、整体性等特征,需要有一个层次分明、循序渐进的知识体系。而如何选择这些"稳定"的核心内容,并将其组织起来,这是个难题。《义教课标》采用的六条逻辑主线在核心内容的稳定性方面实现了新的突破。通过更深入的思想方法、更稳定的内容,为学生提供更基础和更有效的学习,从而形成了相对稳定的课程内容体系。

丹尼尔·希利斯在《丹尼尔·希利斯讲计算机》中说:"令我感到诧异的不是在数字革命之初就已经存在的那些关于计算机科学的原理如今依然很重要,而是迄今为止,几乎没有新的原理补充进来。虽然计算机技术与应用以及编程技术都取得了巨大进步,对社会产生的影响也远远超出了科学家的预言,但计算机背后的工作原理,即本书所阐述的关于计算机的概念,仍没有改变。"[33]

## 二、不变的认知规律

梅里尔在《首要教学原理》中写道:"由于技术进步,现代年轻人的学习方式与他们的父母相比是不同的,我并不轻信几十年来在教学环境中发生了显著变化这一认识。学习和教学的机遇和上一代相比,肯定有了质的变化。现在可以获得的信息和上几代人相比,也是成倍增长的。现在我们享受如此便捷的网络应用,这是我们父母和祖辈无法想象的。但是有一点很重要:什么已经改变了?什么还维持着原样?"

如前文所述,"数字原住民"其实并不天生具有数字素养与技能,他们必须通过特定课程的培养来完善。虽然学生可以获得与教师一样的信息量,这并不意味着学生能获得与教师一样的认知和理解,能发现和阅读信息不等于能理解和应用知识。

梅里尔认为:"毫无争议的是,现在可获取的信息量已经远远超过以往任何一个时代。无可厚非的是,现在的教学形式相比几个时代之前的传统学校教育,也更加丰富多彩。但是,尽管学习环境已有诸多显著的变化,年轻人的学习机制和他们的父母相比并没有显著不同……尽管当今的学习机会和环境与十年前或二十年前大不相同,但是每一个学习者的基本学习机制并没有改变,当我们探索不同的学习场景时,不要天真地认为,学习场景发生了变化,学习者也发生了变化,认识到这一点很重要。"[34]

倪闽景认为,学习有三个要素:一个是知识,一个是用来学习的大脑,还有一个是学习需要耗费的时间。学习的生物基础没有改变。脑科学最新研究表明,学习的本质是通过外部刺激使大脑神经元在原有基础上发生新的连接。知识进入我们的大脑,和把水倒进杯子里是不一样的。水倒进杯子里,杯子里的水会增加,这个杯子本身没有改变,但知识进入大脑后会改变大脑神经元的连接。我们的知识越多,我们的大脑就越发达,我们自身就会不断地进步。因为大脑神经元连接是需要耗费物质、能量和时间的,所以人不可能在短时间内把所有东西都学会,学习只能是循序渐进的,先建立基层的连接,再建立上一层的连接。

此外,学习过程中知识形成的层级关系没有改变。所有的学习都是从最基础的数据开始,这些数据通过我们的感觉系统转换成电信号进入大脑。一组数据形成信息,在大脑里形成一组有关联的连接,这些连接会形成一个回路,这个回路代表的是我们对某一个知识的认知。当知识掌握到一定程度时,我们就会产生洞察力和智慧[35]。

乔布斯曾提出一个疑问:"为什么信息技术改变了绝大部分领域,却唯独对教育的影响小得令人吃惊?"吴刚认为,所谓的"乔布斯之问"并无令人惊奇之处,如果信息技术真能给教育带来根本性变革,那倒是令人惊奇的[36]。无论未来科技发展到什么程度,教育的本质不会因技术而发生改变。

## 三、"变化"中的"不变"

如前文所述,变化无处不在,但是学生的认知规律没有变,有一些核心的学习内容依然没有变。那么,在具体教学时,如何把握这样的"变"与"不变"呢?

在理解课标修订指导思想中强调的"时代性"时,普遍存在一个误解,即课程内容必须随着时代发展不断变化。实际上,对"时代性"的理解首先要分辨信息科技课程中的"变"与"不变"。

"变"通常表现为快速更迭的科技成果(如硬件性能的不断提升、软件功能的不断丰富、新产品推陈出新),以及不断创新的应用场景(如交通、医疗、农业等)。此外,也包括不断进步的方法(如人脸识别问题的解决方案从"手工构造规则"发展到"挖掘任务模式的机器学习",再到"数据驱动的函数学习")[37]。信息科技的发展总是带有鲜明的时代特点,这些特点与学生的生活和学习密切相关。因此,需要在教学的情境创设、问题解决中给予及时的呈现和反映,这是学生认识科技创新的基础。这是"时代性"的第一个意义,即科技始终在快速变化。

但是,成果、场景和方法都只是科技的外在表象,其保持较为稳定的"不变"内核更为重要。在《义教课标》中,它被提炼为数据、算法、网络、信息处理、信息安全、人工智能六条逻辑主线。这就需要在教学中还原学科知识发生的场景,让学生在解决问题的过程中,学会用信息科技学科特有的思维方式进行分析、抽象、设计与创造,从而能够突破一个个具体的技术成果的局限,理解更深刻的学科基本思想方法。这有助于学生理解学科知识与问题解决之间不断相互促进和迭代的关系,让学生不至于陷入僵化的知识窠臼中。学生将能以更具洞察力的方式,理解场景中的"变"与"不变",理解技术的多样性、通用性和发展性。如此,学生才能适应信息科技的快速更迭。这也是"时代性"的第二个意义,即认识到科技自身的发展规律。

把握"不变",就是基于"立德树人"这一根本目标,抓住较为稳定的逻辑主线。学科具有自己独特的结构,学科知识之间有不可割裂的内在联系。掌握这些联系与学科的结构,有助于学生从整体上把握学科和学科知识。有经验的教师常说,学知识要像"串糖葫芦"一样,不能像"用布袋装山药",指的就是要注意所学知识间的联系[38]。构建这些联系离不开对逻辑主线的理解。在小学低年级学段,引导学生学会恰当地使用信息科技手段进行表达和交流,形成利用信息技术的积极态度、良好习惯和基本规范。随着学生年龄的增长,将信息科技的基本概念和基本原理逐步融入与学生认知水平相符的真实情境,引导学生通过多种方式形成对于核心概念的基本认识,理解现实世界与数字世界的关系。

把握"变",要体现应用场景的变化,关键在于要认识到科技总会不断发展这一不变的规律。人类通过不断认识世界和改造世界,促进了科技的不断发展和进步。我们要根据课程基础性、实践性和综合性的性质,引导学生基于学科原理,认识技术发展的脉络。从育人的角度出发,我们应着重培养学生对新技术乐于尝试、勇于探究、理性思考、迁移应用的能力,使其具有适应新技术的基本能力。如此,学生才能跟上技术不断更迭的脚步,避免一味求新求变,或被哗众取宠的技术热点所迷惑、被眼花缭乱的技术应用所吸引,迷失在夸大其词的技术宣传中,失去最基本的技术判断力。我们要根据科学技术进步的新成果,及时更新教学情境,让学生有机会体验信息科技不断发展带来的乐趣与奥妙,从而激发学生探究信息科技的好奇心和创新意识。

## 第三节 常见问题探讨

### 一、科学与技术

**1. 问题**

既然课程名称叫"信息科技",科学与技术究竟是什么关系?

**2. 探讨**

《义教课标》将原理性知识和操作性知识一同纳入学科知识体系,强调从信息科技实践应用出发,注重帮助学生理解基本概念和基本原理,引导学生认识信息科技对人类社会的贡献和挑战,提升学生知识迁移能力和学科思维水平,体现"科"与"技"并重。那么,科学与技术是什么关系?很多教师对此感到十分困惑。

(1)科学与技术的互动

科学的进步通常是由人类对世界的好奇心所推动的。许多科学发现都是之前未有计划去实现的偶发事件,而且在短期内可能没有实用价值。例如,数论是数学中非常古老的一门学问,有几千年的历史,但它只是在近几十年成为信息安全的数学基础之后,才得到更广泛的实际应用。洪堡基金会前主席舒瓦茨认为:"科学研究中大多数颠覆性的发现都不是事前就计划好的。相反,它们都像淘气的小妖精那样突然出现在墙角,因为它们是科学家满腔热忱地探讨未知事物所导致的发现和发明。"[39]

陈关荣认为,科学与技术不是一回事,"火药的发明并没有导致现代化学的创立,指南针的应用并没有导致现代物理学的电磁理论的建立"。[40]人类科学活动的本质是发现客观对象的规律,它解决"是什么""为什么"的问题;人类技术活动的本质是发明和创造满足人们需求的物质,解决"做什么""用什么做""怎样做"的问题。技术是从科学到生产、生活的中间环节,是把科学理论转化为生产力的桥梁。赫伯特·A.西蒙既是一位获得过诺贝尔奖的经济学家,也是一位计算机科学家,他在自然科学、社会科学和思维科学等传统科学领域基础上,提出"人工科学"这一概念,并提出用"人工科学"替代"思维科学"的理念。[41]在对现代科学技术体系的整体构想中,钱学森把科学分为"基础科学""技术科学"和"工程技术"三个层次,"科学"与"技术"两者不再是割裂的关系。

如今,科学与技术已经成为决定科技创新走向的两股重要力量,两者以知识的产生、开发以及应用为纽带,共同形成具有广泛语义内涵的科学技术。科学和技术以一种共生方式进化着,每一方都参与了另一方的创造,每一方也都接受、吸收、使用着另一方。

随着基础研究与应用研究关系模式的不断完善,科学与技术的互动模式也逐渐清晰。现有研究中最为普遍的观点认为,当代科学研究的边缘性、横断性和当代技术开发的交叉性、融合性导致了科学与技术的横向与纵向整合,使科学与技术的关系日趋接近双向、动态的结构模式。

这种科学与技术在信息互馈中螺旋上升发展的模式被称为双螺旋模式(Double Helix Model)。[42]科学与技术互动双螺旋模式示意图如图1-3所示,以横轴为时间轴,一条曲线代表科学发展方向,另一条曲线代表技术进步方向,两者螺旋状交织,共同形成科技创新演化趋势。曲线上的圆点分别代表科学与技术路径中的创新主题,圆点间的连线表示主题间存在关联,实线代表较强关联,虚线代表较弱关联,箭头方向代表主题的相互作用关系。由此可见,科学带动技术模式、技术催生科学模式、科技协同创新模式共同存在。[43]

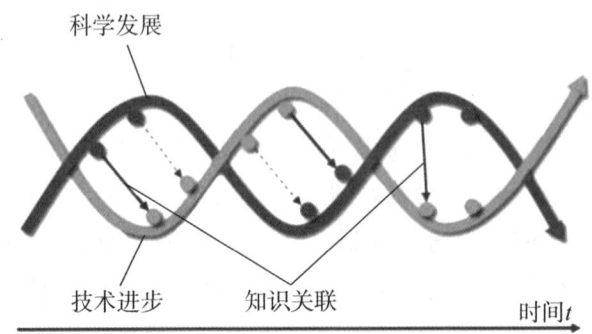

图1-3　科学与技术互动双螺旋模式示意图[42]

(2) 关于计算机科学的争论

虽然计算机科学已经成为全球很多高校的热门专业,但是也有科学家不认为"自然科学"与"人工科学"是同一个科学范畴。如物理学家理查德·费曼认为:"从物理学的意义看,计算机科学不同于物理学,它实际上不能算是一门科学,因为它不研究自然物体,计算机科学研究的是如何让某个东西去做某件事情。"[44]

三位计算机科学领域的先驱艾伦·纽厄尔、艾伦·佩里斯和赫伯特·A.西蒙喜欢用"科学"一词来描述他们所做的工作,但是他们提出的定义与费曼类似,即计算机科学是一门研究计算机的学问。

2004年,美国科学院和工程院设立的"计算机科学基本问题委员会"撰写了一本著作(Computer Science: Reflections on the Field, Reflections from the Field),试图总结过去60年的经验,定义计算机科学研究的基本问题。其主要结论如下:"计算机科学是研究计算机以及它能干什么的一门学科,它研究抽象计算机的能力与局限、真实计算机的构造与特征,以及用于求解问题的无数计算机应用。"它还总结计算机科学的一些特点,例如,计算机科学设计符号及其操作,计算机科学关注多种抽象概念的创造和操作,计算机科学创造并研究算法,计算机科学创造各种人工结构(尤其是不受物理定律限制的结构),计算机科学探索计算能力的基本极限,计算机科学关注与人类智能相关的、复杂的、理性的活动等。[45]

但是迪杰斯特拉对此持不同意见,他认为:"计算机科学并非一门研究机器的学科,如同天文学并非研究望远镜一样。从本质上讲,数学与计算机科学具有统一性。"[46]也有科学家认为,计算机科学是研究计算过程的科学,计算过程是信息变换过程(A Process of Information Transformation)*,即计算过程是通过操作数字符号变换信息的过程[47]。

从思维的角度看,计算机科学不仅提供一种工具和一套知识体系,更重要的是提供了一种从信息变换角度有效地定义问题、分析问题和解决问题的思维方式。用一句话概括:计算思维的要点是精准地描述信息变换过程的操作序列,并使用信息变换过程认识世界、构造性地解决问题。

(3) 大科技观

"计算机科学""计算"等概念在学界有多种不断演化的定义。无论科学家们怎么争论,有一点得到很多专家的赞同:信息科技从无到有,源于人们不断解决"让某个东西做某件事情"的问题,即技术的产生与问题解决密不可分。

与此同时,科学与技术相互促进、密不可分的关系,使得"科技"一词具有更为丰富的含义。《义务教育科学课程标准(2022年版)》指出,科学、技术和工程的相互促进作用日益增强,在广义上,科学涵盖了技术与工程。这是一种新的"大科技"观。

哈伦把"将科学研究中得到的知识运用于工程和技术,以创造服务于人类的产

---

\* "计算机科学""计算"等本质概念在学界有多种不断演化的定义,此处的"计算过程"定义主要依据理查德·卡普的定义稍加修改。见 Karp R M. Understanding science through the computational lens [J]. Journal of Computer Science and Technology, 2011, 26(4): 569-577.

品"作为第13个科学教育的原则和大概念,并进一步阐述"在一些人类活动的领域里,技术超前于科学知识的发现,而在另一些领域里,科学发现先于技术"。"科学、工程和技术之间存在着紧密的联系。在过去的时代里,通常是依靠经验开发技术产品,比相关的科学知识更早出现;而今天,通常是在科学上首先或与技术同时获得知识。科学应用于设计和制作新工具和机器。"[17]

《义教课标》建构的学科知识体系,从信息科技实践应用出发,系统地梳理了学科的科学基础、知识关系和内在逻辑。该知识体系旨在帮助学生理解基本概念和基本原理,具有更完善的科学性及更强的体系性和稳定性。它强调"科"与"技"并重,让学生在理解科学原理、开展实践应用中,既能善用技术,又能知其然,并知其所以然。教师也可以从"大科技"的视角理解信息科技学科的知识体系。

## 二、技术本质的探寻

### 1. 问题

技术究竟是什么?我们该如何理解它?一位教师让学生用关键词描述"信息技术"。大部分学生写的是人工智能、无人机、无人驾驶、AI音箱、人脸识别、指纹识别、以图搜图、远程监控等。我们如何向学生解释"技术是什么"呢?

### 2. 探讨

面向对象概念的提出者艾伦·凯指出:在自然科学中,是大自然给出一个世界,而我们去探索其中的法则;在计算机领域中,是我们自己构造法则,创造一个世界。因此人们常说,科学往往是发现规律,而技术是改造世界。

《普通高中通用技术课程标准(2017年版2020年修订)》中这样定义技术:"技术是指从人类需求出发,秉持一定的价值理念,运用各种物质及装置、工艺方法、知识技能与经验等,实现一定使用价值的创造性实践活动。"

中小学生认为的"技术",往往是人类创造的"技术成果",技术成果蕴含了科学、技术和工程。如前文所述,"科学与技术是密不可分的""技术是科学的应用,技术是工业过程中的社会知识,技术是工程实践",大多数学生似乎都这样认为。那么仅此而已吗?

所有这些答案似乎都不能令布莱恩·阿瑟感到满意,没有哪个答案能触及"技术的本质"这个层次。

(1) 复杂性科学的视角

复杂性科学的奠基人之一布莱恩·阿瑟认为,真相远比这复杂。过去许多技术(如动力飞行等)的诞生都几乎与科学毫无关系。事实上,直到19世纪中期,技术才开始大规模地向科学进行"借贷"。科学之所以在这个时候与技术产生关联,不仅是因为它能对结果提供更多的洞见和更准确的预测,还因为一些新的现象簇开始被揭示。例如,对于电学和化学的现象簇,就其规模而言,如果不借助科学的方法和仪器,人类是无法直接观察到的。所以,断言技术只是科学的"应用"是幼稚的,毋宁说技术是从科学和人类本身的经验两个方面建立起来的。这两个方面堆积在一起,并且随着这一切的发生,科学会有机地成为技术的一部分。科学需要通过观察和推理来获得洞见,但正是利用了方法和设备才使得观察和推理变得可能。[48]

技术无可比拟地创造了人类世界和我们的存在方式。那么,技术这个如此重要的概念究竟是什么?它从何而来?又是如何演化的?

这几乎是个悖论:我们对技术了解很多,但又知之甚少。关于一个个具体的技术,我们知道得非常多,例如,我们清楚计算机的每个部分、计算机的运行方式,甚至知道计算机内部电子的运行轨迹;我们还知道处理器是如何与计算机其他元器件相匹配的,以及它是如何与BIOS(基本输入/输出系统)芯片和中断控制器连接的;我们确切地知道每项技术中存在着什么——因为是我们将它们的所有细节安置到位。技术实际上是人类经验中最完整的已知部分之一。然而,在一般意义的理解上,关于它的本质,我们却知之甚少。

布莱恩·阿瑟不断追问技术的本质,给出技术的三个定义:技术是实现人的目的的一种手段,技术是实践和元器件的集成,技术是可供某种文化利用的装置和工程实践的集合。

同时,他也提出一系列论点。例如,"技术总是进行这样的循环,为解决老问题去采用新技术,新技术又引起新问题,新问题的解决又要诉诸更新的技术""技术具有层级结构:整体的技术是树干,主集成是枝干,次级集成是枝条,最基本的零件是更小的分枝""技术有递归性:结构中包含某种程度的自相似组件,也就是说,技术是由不同等级的技术建构而成的"。

技术是由众多因素构成的复杂系统,系统内部结构及其各因素之间存在着相关性。一项技术的发展和应用往往依赖于其他技术的支持,并且一项技术的进步还可以带动其他相关技术的发展。

在真实世界中,技术是高度可重构的,它们是流动的,永远不会静止,永远不会完结,也永远不会达到完美。技术是一种非常易变的东西,它是动态的,会随时间变化不断形成和发生变化。

在很多人眼里,技术是"死"的,但是阿瑟认为,技术是"活生生"的,它有自己的"进化"方向。他提出所有技术的产生都源自已有的技术,技术是从已有的技术中产生的,是通过组合已有技术而来的。可以假定任何新设备或新方法都是一座通向顶峰的因果性金字塔,一座应用共同原理的技术金字塔,一座包含所有对此新技术有所贡献的先驱技术的金字塔,一座包含那些使新技术成为可能的支撑原理的金字塔。如牛顿所言,"我之所以有这样的成就,是因为站在巨人的肩膀上"。

（2）技术发展与创新

"发明"常常会使人在脑海中浮现出发明家独自与"或然性"作战的情景,这种情景会使人误认为新技术是来自天才紧蹙的眉间的,而不是衍生于已有的技术。那么,新技术只与天才孤独的作战有关吗？按照阿瑟的观点,技术衍生于已有的技术,但是也离不开科技人员创造性的发明。没有科学技术长期的积累和传承,很难在技术创新上有所建树。技术发明和技术活动往往需要综合多种知识和技术。这种综合不是简单的组合,而是在不同情境和条件下,对已有的技术和知识进行有机融合和运用。

熊璋、陆海丰在《信息系统与社会情境与案例》中,给出如下关于 QQ 的创新案例。

### 腾讯的小步快跑,试错迭代策略

QQ(原名 OICQ)在起步阶段模仿了国外的一款即时通信软件 ICQ。腾讯没有停留在简单的产品复制层面,而是将创新运用于许多细微之处,获得用户认可后,再加速前进,一步步迭代,把竞争对手远远甩在身后。下面列举几条微创新实例。

- 用户内容和好友列表从客户端转移到后台服务器。那时,中国网民上网主要集中在网吧,将用户内容和好友列表存储在客户端极不方便,影响软件的用户体验。这一优化正好顺应了当时中国的上网环境。
- 软件体积远小于 ICQ。当时,中国网速很慢,5 MB 的 ICQ 下载需要半小时,而 220 KB 的 QQ 几分钟就能下载完。这一优化使 QQ 得以大范围普及。
- 网络协议采用 UDP。UDP 协议开发难度高,但能大大节约服务器的成本,实现单台服务器支持多个客户端。这一优化缓解了腾讯初创期资金捉襟见肘的境况。

● QQ有个性化头像。ICQ的用户头像固定单一,QQ则提供个性化头像选择。这一优化满足了年轻人追求个性的心理。

一系列细微的创意和设计,使QQ看上去源自ICQ,但其实是更适合中国用户的产品。在后来的10多年里,这个即时通信工具先后迭代更新了100多个版本。

张海霞等分析了信息化移动互联时代的创新产品的发展历程,从让科学家困惑的真空电子管(当时只是觉得不可思议,但还没有实际应用)到量子力学的建立,再到威廉·肖克利在量子力学理论基础上发明的晶体管。第一代真空电子管有体积大、易发烫、极耗电而且易碎的缺点,肖克利的锗材料晶体管作为第二代创新产品恰好可以解决这些问题。之后,科学家用硅来取代传统的锗材料,制造出性能更佳的半导体。随着集成电路工艺的发展、微处理机的应用,今天广为大众使用的个人计算机与手机移动终端应运而生。以上每一个环节都包含着许多创新者的前仆后继,从中我们可以看到每位创新者在原有基础上所做的继承与创新。[49]技术的创新性是衡量一项技术价值的重要指标。人们的需求在不断更新,追求新事物的速度也在不断加快,技术创新的周期变得越来越短。因此,一项当前解决某个问题的创新技术,将来也许会被更有价值的创新技术取代。

阿帕网(ARPA Net)的组织者可能没有想到,这个实验性的网络会成为覆盖全球的庞大网络。同样,当初在UNIX中编写一段程序代码的科学家也没有想到,这段代码将成为这个庞大网络的核心,即实现了互联网通信的TCP/IP协议。[9]如果只是少量计算机之间的访问,则IP地址与域名的对应关系并不需要非常复杂的解析过程,但是,当互联网中有几十亿个网站时,就需要设计一套DNS解析系统,并设计域名的层次结构,以提高解析效率。可见,随着新问题的不断出现,新的策略和解决方案也应运而生。解决问题的方案往往是灵活多样的,这也是信息科技的产品、标准、协议一直在迭代更新的主要原因。

吴军认为,很多人喜欢说"某某技术横空出世"这样的话,渲染一种神秘的氛围,但新技术往往并不神秘。现在很多产品和服务,使用的技术其实都是半个世纪之前的。比如,第五代移动通信技术(5G)中关键的编码技术——低密度奇偶校验码(LDPC),是20世纪60年代提出的。[50]

技术不是凭空出现的,而是人的思维和智慧的产物,是人在认识世界和改造世界的实践中不断发展的,并在问题解决过程中不断创新。因此,了解技术发展的脉络有助于学生理解创新的本质,"问题解决"应成为落实《义教课标》的重要抓手。

## 三、计算与计算机

### 1. 问题

《普通高中数学课程标准(2017年版2020年修订)》中这样定义"数学运算"："数学运算是指在明晰运算对象的基础上,依据运算法则解决数学问题的素养。主要包括:理解运算对象,掌握运算法则,探究运算思路,选择运算方法,设计运算程序……"对于"计算"也有提及:"数学建模过程主要包括……分析问题、建立模型、确定参数、计算求解……"那么,数学中的"运算"和"计算"跟计算机领域中的"计算"是什么关系？"计算"一词似乎有多层含义,该如何理解？

### 2. 探讨

"计算"一词看似简单,但是究竟什么是"计算"？在日常生活中,人们所说的计算常指加减乘除;程序员认为计算是芯片执行指令的过程,倾向于把计算和算法分开;计算机科学家认为,计算是图灵机所描述的数学定义;在哲学家眼里,计算可以是生物进化乃至宇宙本源的奥秘。

《现代汉语词典》(第7版)中对"计算"的解释是"根据已知数通过数学方法求得未知数",这里的"计算"更偏向数学方法。从手工计算到自动计算,人类经历了漫长过程,而计算思想的发展直接推动了现代计算机的产生。"计算"一词暗含了数学与计算机科学之间的内在联系——数学为计算机科学奠定了坚实的理论基础。

（1）溯源的视角

史蒂芬·霍金在《时间简史》的开头讲述了一个"乌龟塔"的故事:一位著名的科学家在做一场天文学讲座,他认为地球围绕着太阳公转,而太阳围绕着一个巨大的恒星团中心公转,但是一名在场的老妇人反驳道:"世界是驮在一只巨大乌龟背上的平板,是一只驮着一只、一直驮下去的乌龟塔！"[51]尽管"乌龟塔"的故事听上去很荒谬,但这种不断溯源,不断思考事物从何而来,探究其所以然,寻求对自然现象的解释和理解的过程,体现了求真的科学精神。

在教学中,我们往往更注重知识本身的学习,易忽略知识是如何被发现的,以及不同的知识之间的渊源和启发关系。对于启迪思想来说,后者显然更为有效。因此,从溯源的角度去认识"计算"是非常有意义的。

早在17世纪,莱布尼茨就提出过一个伟大的构想:将人类的思维像代数运算那样符号化和规则化,并进一步制造出可以进行思维运算的机器,将人类从思考中解放。19世纪,布尔将逻辑变成代数,发展出的布尔代数成为后来计算机内部运算的逻辑基础。实际上,当时的布尔并未想到它日后会被运用到计算机中。1938年,香农提出用布尔代数来实现开关电路,使得布尔代数成为数字电路的基础,使所有数学和逻辑运算都能转换成布尔运算。

20世纪初,一些学者意识到很多问题无法找到解决的方法和答案,即这些问题是不可计算的。20世纪20年代,希尔伯特提出了著名的"判定问题":是否存在一种算法,能够判定逻辑命题是否可以证明成立?如果一个问题可以用算法解决,我们就说它是"可判定"或"可计算"的。对于一个函数,如由两个数得出最大公约数的函数,如果用 $x$ 的值可以计算出 $f(x)$ 的值,我们就说它是"可计算"的[52]。1936年,阿隆佐·邱奇和阿兰·图灵分别独立解决了判定问题,其答案都是否定的,这使得希尔伯特试图用计算来代替推理的计划落空了。

邱奇提出了"$\lambda$ 演算",图灵提出了"图灵机*",斯蒂芬·克莱尼则提出了递归函数。事后看来,这些定义都是等价的,并且或多或少都把计算的过程描述为一系列变换步骤。这种"变换"或"重写"的概念正是邱奇、图灵、克莱尼等人提出的定义中的共通之处,也是今天计算理论的核心。按照这个定义,计算就是在一套规则的指引下,从一个表达式到另一个表达式的逐步变换。[53]

马希文认为,计算机是进行信息处理的工具,其中"信息"指有限长的符号序列,而"处理"的过程就是按预先编好的程序对这种序列做有穷的形式变换,以取得一组新的符号,这就是"计算"(包括数值计算和非数值计算)。[54]

1945年末,图灵已经完成了那篇著名的ACE(自动计算机)报告,这是对计算机的一次完整描述,其中包含了逻辑电路图[55]。图灵说:"当一个人拥有了纸、笔和橡皮,并且遵从某种规则,就成为一台广义上的计算机。"[56]吴军在《计算之魂》中探讨了"计算的本质",并提出一个有趣的思考题:"如何通过指令控制,将一副扑克牌变成一种简单的计算机?"[57]他通过日常生活场景与图灵机的类比,探讨计算机的本质。

为什么图灵机能够成为现代计算机的理论模型?吴飞在《走进人工智能》中

---

\* 图灵并未用自己的名字命名这些机器,他称它们为机器,代表自动机器。阿隆佐·邱奇最先称它们为图灵机,这一说法流传到现在。——摘自克里斯·伯恩哈特《论可计算数——图灵与现代计算的诞生》

认为,邱奇提出的"有效可计算性"是一个重要的概念。现代计算机通常被视为一个有效的计算设备,具有如下性质:由有限多简单和精确的指令组成,这些指令可以用有限多的符号来描述。而且,这种设备总会在有限步骤内产生出一个结果。由于只有图灵机满足这些几乎"机械式"的条件,所以图灵机就成为现代计算机的理论模型[37]。

马丁·戴维斯在《逻辑的引擎》的前言中说:"计算机从20世纪50年代的塞满整个房间的庞然大物,逐渐演变为今天轻巧而强大的、能够完成各种任务的机器。在这个过程中,计算机背后的逻辑始终如一。这些逻辑概念是几个世纪以来,很多科学家一步一步推动的。""尽管电子数字积分计算机(ENIAC)是工程上的极品,但它是一堆逻辑上的东西……计算机实际上是逻辑机器。"[55]

以上讨论的是抽象意义上的"计算",它往往与"计算理论"密切相关。"计算理论是研究计算过程与功效的数学理论,主要包括算法学、计算复杂性理论、可计算理论、自动机理论和形式语言理论等。"[58]"在计算机科学领域,计算理论主要关心以下三个方面的问题:一是采用哪种计算模型(即形式语言理论及自动机理论);二是要解决的问题中,哪些是能计算的,哪些是不能计算的(即可计算理论及算法);三是要多少时间、多少存储空间(即计算复杂性理论)。"[59]

吉尔·多维克认为,从希尔伯特提出用计算来代替推理的宏伟猜想,到可计算理论与构造理论,再到通过计算机进行海量计算来完成证明,"推理"和"计算"在20世纪经历了反复的争斗,而这一过程带来了学科的巨大发展[53]。

虽然计算机出现至今不到百年,然而为了它的出现所进行的探索和研究,早已历经数百年的历史。准确地说,这些探索和研究在当时并不是为了计算机产生而进行的,绝大多数只是无意间为其做了铺垫。20世纪40年代,人们通过逻辑电路实现的计算系统,凭借电流的瞬息速度,成功摆脱了机械的束缚,实现了技术上的飞跃,最终发展成为如今无处不在的计算机。

(2) 中小学课程中的"计算"

如前文所述,"计算"一词在不同语境中有不同的含义。"英文中关于计算的词有两个:calculation 和 computation。calculation 是指将单一或复数输入值转换为单一或复数结果的思考过程,即根据输入的已知值来算出未知值。而 computation 更强调规划、推理、决策,是运用比较复杂的规则与逻辑来解决较为复杂问题的过程,这个过程较数值运算更为复杂,也不一定只与数值有关。正是因为当今电子计算机不但能进行算术运算,还能开展根据规则和逻辑进行推理、规划和决策等复杂运算,所以电子计算机的英文是 computer 而非 calculator(计算器)。"[59]在计算机科学领域中"计算"的内涵更为广泛,点击触屏时确定位置坐标、处理图片、使用网络传输信息时寻找路由都可被视为计算。

在日常生活中,"计算"常被认为是"算术运算",即对有数量大小含义的数值进行加减乘除以及这些运算延伸的数值运算。在中小学数学课程中,"计算"往往与"根据运算法则进行运算"含义接近,如四则运算、求一元二次方程的解、计算长方形的周长、利用公式计算两点之间的距离等。

在中小学信息科技课程中,应让学生认识到,计算机科学领域中的"计算"内涵是非常广泛的,不仅仅包含算法设计与编程中的算术运算、关系运算和逻辑运算,最短路径的选择、网络搜索、语音识别、物联网中都有"计算",通过数字化工具对数据进行排序、筛选、统计是"计算",用枚举法解决问题也是"计算"。教师可以引导学生从计算机物理特性以及计算机内部采用二进制的特点入手,理解"计算"。"依赖逻辑运算可以完成任何底层操作,从这个意义上说,所有计算机的操作都是计算,例如,在数字化工具中进行打开、修改、保存等操作,都可以看作是计算。"[59]

## 四、技术中立的争论

**1. 问题**

A 同学从某平台下载了很多视频,B 同学认为这些视频可能受到版权保护,不应该随意下载。但是 A 同学认为,既然平台提供了下载链接,没理由不能下载。

在"物联网实践与探索"模块中,教师注意到教学提示中有一个举例,"针对无人驾驶车、有人驾驶车混行的交会路口,如何设计最合理的会车及让行规则?"有学生提出疑问:"技术没有好坏,我们只要用无人驾驶车就行了,为什么还要设计让行规则呢?"教师该如何回应?

**2. 探讨**

人们常常听到"技术中立""平台无罪"这样的观点,或者"我是做技术的""我只是搬运工"的言论。互联网领域有一个"避风港原则",大致意思是技术的开发者与提供者只要"不知道或者也没有合理的理由应当知道"技术被用于侵权和违法,就可以免于承担连带责任。那么,技术是中立的吗?

(1) 对"技术中立"的争论

"技术中立"是指技术发展和应用按照自身规律演进,不受人的控制和左右,技术是没有价值取向的工具。"技术中立"一词最早出现在 1984 年美国的"环球电影制片公司诉索尼案",指产品和技术本身的使用并非其提供者所能控制,即功能中立,因而提供者不应为技术被用作侵权工具而负责。

兰登·温纳坚定地捍卫技术中立,他主张技术是完全中立的,技术仅仅是工具,被人类所使用,善恶美丑和利害是非并不是由技术决定的。

约瑟夫·皮特反对温纳的观点,他认为这将技术过度物化了,剥夺了人类本应为技术进步所担负的责任,以这种前提推断出技术具有中立性和自主性是严重错误的。如果技术有某种自主性,那也是模糊和微不足道的。例如,计算机被制造出来,不可阻挡地进入市场,发明者对其没有控制权,这可以说是技术自主,但也可以说并不自主,因为后续的技术发展还取决于人如何应用它。持类似观点的学者认为,技术无法脱离价值,技术以价值框定现实世界,因此技术不是中立的。

(2) 对"技术中立"的反思

无论是从技术哲学还是从社会伦理的视角看,技术不可能绝对"中立"。"技术中立"主要包括功能中立、责任中立和价值中立三种内涵。例如,因训练人工智能算法模型的数据具有选择性偏差,使得算法具有偏见或价值非中立。技术反映了设计者的偏好和偏见,因而技术从一开始就不是中立的。技术的发展一直是一把"双刃剑",技术特性也决定了必须以价值理性来修正工具理性。

越来越多的人注意到算法黑箱和算法偏见等新的社会问题,同时也注意到,算法技术的应用在满足用户个性化需求时带来的新的法律问题。当平台利用算法推荐技术不可避免地提供了侵害他人著作权的作品时,如何评判算法推荐技术的性质?如何界定平台有无过错?如何判定平台承担的法律责任?这些问题引发了人们广泛的讨论。

由于系统平台具有对用户网络行为的存储和跟踪功能,算法可以对用户的浏览、购买、分享等行为数据,进行快速计算、过滤、分析和权衡,向用户推荐新的信息,谋求商业利益。一些观点认为,智能推荐算法在应用实践中表现出一种"伪中立性"特征,在其研发和实施中都体现了设计者的价值倾向。另一些观点从历史逻辑的角度出发,认为应该跳出"技术中立"的思维框架,转而走向"技术向善"。

随着技术对社会生活的负面影响日益增加,人们开始对"技术中立"进行反思,并关注到了"技术伦理"这一概念。其中,算法伦理强调把道德准则和伦理规范融入算法中,在兼顾各方利益的同时使算法系统"向善"发展,其核心主旨是利用智能算法对社会的可持续发展作出贡献,不断产生积极影响。

也有观点认为,推荐算法表现为用机器代替人工进行信息流的刷新和推送,因此,用算法推荐与主动推荐行为不同。在算法推荐技术广泛发展和应用的当下,算法引发著作权纠纷的问题已诉诸司法。例如,在全国首例算法推荐案中,北京爱奇艺科技有限公司(简称爱奇艺公司)认为北京字节跳动科技有限公司(简称字节公司)运营的今日头条App,利用算法推荐技术,将用户上传的截取自某电视剧的短视频向公众传播并推荐,播放量极高,侵害了爱奇艺公司的信息网络传播权,法院最终判定字节公司构成帮助侵权。[60]在世界范围内,已有多国出现了算法推荐服务提供者侵犯著作权的相关案例。

(3) 技术向善的呼吁

如今,各种"大数据杀熟"案例屡见不鲜,人工智能技术设计者将"技术中立"作为幌子,遮掩其侵权行为,逃避法律监管。技术中立在数字全球化时代面临越来越大的困境。"技术向善"是人们发出的正向呼吁[61]。我国《算法推荐管理规定》将应用算法推荐技术界定为"利用生成合成类、个性化推送类、排序精选类、检索过滤类、调度决策类等算法技术向用户提供信息",涵盖范围广泛。

在某知名作家诉北京百度网讯科技有限公司侵害著作权案中,法院认为:"作为依靠数以千万计的他人作品实现自身商业经营的百度公司,应当对维护他人著作权抱有善意……对因显而易见的因素应当知道的侵权文档,百度公司除了履行针对一般侵权文档的注意义务,还需充分发挥主动性,履行更高的注意义务……这种更高的注意义务要求百度公司应更加注重百度文库经营管理规范化的问题,从而切实保护著作权人权利。"在爱奇艺公司与字节公司的侵权案中,法院认为:"因为存在获取更多优势、利益与带来更大侵权风险并存的上述情况,字节公司与不采用算法推荐、仅提供信息存储空间服务的其他经营者相比,理应对用户的侵权行为负有更高的注意义务。"[62]因此,在《义教课标》的实施中,在"了解人工智能带来的伦理和安全挑战,增强自我判断意识和责任感"方面,要利用真实的案例引发学生的思考,培养学生的思辨能力,引导学生思考个人应尽的责任、企业应尽的责任、国家法律法规的要求,树立科技向善的价值观。

综上所述,我们有如下的教学建议:
- 技术源于问题,教学要以问题为导向。

技术是一种解决方案。技术是不断更新迭代的,为解决老问题去采用新技术,新技术又引发了新问题,新问题的解决又要诉诸更新的技术。无论我们如何精心设计,在基础教育阶段,都无法呈现所有的技术要点和细节。同样,即便是同一个场景,如"智能停车场""校园一卡通",现实生活中因场景的复杂性、限制条件的多样性、硬件设备的多样性,技术解决方案也不尽相同,教学中能呈现的往往只是典型场景及其解决方案。

- 技术发展于继承,教学要呈现技术发展的线索。

教学要重视技术的发展性和阶段性,注重技术之间的联系,而非将技术看作是固定不变的事实。

- 技术创造离不开生活,教学要重视与生活的联系。

技术的解决方案往往在生活中能找到类似的原型。要将抽象的技术术语、概念以及晦涩难懂的思想方法与学生的生活紧密联系,促进学生通过联想、类比、模拟、游戏等方式理解概念。

- 技术不是孤立存在的,教学要有多学科的视角。

信息科技是一个多学科交叉的领域,与物理、数学等学科有极强的内在联系。如信息安全领域常用的 RSA 算法之所以安全,其背后有数学原理支撑——求两个素数的乘积比较容易,而对一个大整数进行质因数分解则非常困难,到目前为止,人们还没有找到能够对大整数进行质因数分解的高效算法,所以 RSA 算法很难被破解。在教学过程中,教师要善于利用数学和物理的基础知识,同时避免高等数学等超越初中生认知能力的内容成为学习障碍。

- 技术会影响思维方式与价值观,教学要有正确的引导。

随着技术的飞速发展,技术与社会、技术与科学、技术与环境等关系都日趋复杂,教师要引导学生树立科技向善的基本价值观。

# 第二章

# 新内容——"科"与"技"并重的课程内容

内容问题是课程改革的核心问题，内容标准是解决学生学什么和教师教什么的问题，内容标准的构建实际上是对"什么知识最有价值"这个经典教育学问题的回应。从知识进化来看，只有最有价值的知识才有传承的必要，才能在知识进化链上处于更有利的位置；从人的发展来看，个人无法而且也没有必要"遭遇"所有的知识，他只需要最有价值的知识即可。

《义教课标》的学习内容面目焕然一新，这种"新"不仅体现在新的技术发展成果，更体现在从"什么知识最有价值"向"知识最重要的育人价值是什么"的视角转变。通过对这一问题的回答，建立学生成长和发展的意义结构系统和目的价值链。[63]

国内外教育界关于知识问题的讨论不绝于耳，在课程史上，斯宾塞的时代（19世纪）就已经对"什么知识最有价值"进行过深入的讨论。当时评判知识价值的不是科学性，而是知识本身的实用性，只要能够达到实用的目的，这些知识都是值得学习的。王策三认为"知识是个百宝箱"，原本这只是个隐喻，喻知识之珍贵、喻其丰厚的教育价值、喻其得之不易[64]，因其可能指向只重知识不重人而引发了学界对知识与育人、知识与能力、知识与经验的争论。

余文森认为：知识的作用无可替代，就像地图一样，虽然"不能代替实际的旅行"，却"是一个总结，一个对以往经验有准备、有顺序的观察，可以作为将来行为的向导。它指出了方向，它便于控制，它防止无益的停滞不前，并指出最迅速和最可靠达到预期效果的途径"。多年课程改革的实践告诉我们，学科知识是形成学科核心素养的主载体。[38]

如果说斯宾塞那个时代人们需要选择有用的知识,时至今日则需要从有用的知识中做进一步选择。随着基础教育定位为奠基学生的素养发展,选择课程内容的标准逐步从实用性转向科学性,或者说从有应用价值的知识中根据科学性进行二次选择。这样选择出来的知识依然具有实用性,但它的价值已经偏向用知识的科学价值培育学生的学科能力与学科素养[65]。

陈华、吴刚平认为,从里层结构和载体意义来看,以学科知识为基础的课程内容,是经过筛选的人类智慧的结晶,承载着推动学生成长和发展的重要功能,具有促进学生思想、精神和能力发展的内在力量,是学科知识与学生发展之间的一种价值关系和意义关联。从表层结构和载体形式来看,课程内容总是以特定领域的专门术语、概念、事实、公式、模型、方法、原理等符号系统和逻辑形式,来表征学生应该且可能达到的认识成就、能力高度、情感态度、精神境界等内蕴意义,是学生获得成长和发展不可替代的中介和平台。

《义教课标》跳出狭隘的工具论,基于学生认知基础,在有限的学习时间内,精选内涵丰富且有价值的新内容,"不应过分追求知识体系的系统性",而是关注学生的学习体验和收获。这些新内容可以为学生的发展提供三个视角:

一是给学生一张"路线图",让学生了解信息科技的过去、现在与未来,在认识来龙去脉的基础上感受科技进步中人类的智慧。如对于人工智能,要认识到"人工智能历史是由一个一个细节构成的,事中有理,理中有事,须弥芥子,大千一苇"[37]。

二是给学生一台"透视仪",让学生拥有不同的眼光,能从日常生活的技术表象中看到蕴含其中的"设计与构造"原理,穿透科技应用的表面现象,看到内在真正的科技精髓,揭开科技奥秘的"冰山一角"。

三是给学生一台"望远镜",让学生能跳出具体内容,看到更多科技创新实例,更宏观地了解科技的整体面貌和应用多样性,并把目光转向与信息科技相关的交叉学科,认识到学科之间的相互渗透、交叉和综合是前沿知识生产的常态,理解要学好信息科技还要打好坚实的多学科(如数学、物理等)基础。

新内容能更好地满足学生对应用背后原理的好奇心,让学生在"知其所以然"的过程中获得更深入的学习体验,领悟科技博大恢宏、精彩纷呈的魅力,促进学生思想、精神和能力的发展,从而更加热爱科技、追求创新。

第二章 新内容——"科"与"技"并重的课程内容

## 第一节 拓宽科技视野

课堂上,把师生凝聚成一个共同体的是什么呢?帕克·帕尔默在《教学勇气》一书中提出了一个有意思的概念——伟大事物。"如果我们想在课堂上形成一个彼此坦诚相处的求真共同体,我们必须将第三方——即某件伟大事物——置于教学的圆心……,诸如此类伟大事物是教育共同体赖以生存的聚焦点,正是我们围绕着它们并试图了解它们——宛如人类的初民围聚在火堆边一样——我们才成为体现本色的求知者、教学者、学习者。"这里说的伟大事物,是求知者聚集其周围的主体,譬如:生物学中的基因和生态系统、哲学和神学中的符号和指称、工程学中瑕瑜互见的原料、管理学中的系统论原理等[66]。

互联网、物联网和人工智能都可以算作伟大事物。1990年秋,仅有31.3万台计算机接入互联网,5年后,这一数字接近1000万,到2000年底,与互联网相连的计算机已经超过1亿台[67]。2023年8月,中国互联网络信息中心(CNNIC)发布第52次《中国互联网络发展状况统计报告》:截至2023年6月,我国网民规模达10.79亿人,我国网站数量为383万个。互联网的宏大已是不争的事实。1991年,物联网从"咖啡壶实验"开始形成雏形。随着技术和应用场景的不断发展,通过"万物互联",物联网实现了人类社会与物理系统的深度融合。物联网和互联网虽然只有一字之差,但其本质有很大不同。互联网是以人为核心的,而物联网是以物为核心的。大到汽车,小到台灯、茶杯,都可以是物联网中的一个实体。物联网的规模要远大于互联网,其复杂程度也远超互联网。互联网是物联网的基础,物联网是互联网的延伸,两者具有紧密的联系[68]。掌握人工智能知识,驾驭人工智能技术,学会智能地解决问题是人类面向未来、迎接挑战的绝佳途径[69]。六十余年来,人工智能几起几落的发展,绘就人类对智能行为模拟和构造的壮丽画卷。

但是作为"数字原住民",学生的科技视野往往局限在他们身边能体验到的技术,能使用到的设备,能看到的科技应用场景。是不是一个学生拥有的数字设备越先进,体验的场景越多,就意味着他的科技视野越广阔呢?

如前文所述,人们往往从技术的外部将技术当作独立的对象来看待,如蒸汽机、发电机等,这些技术被当作看不见内部的箱子。用内森·罗森伯格的术语说就是"黑箱"。技术被"黑箱"藏了起来,其内部无法显现。[48]于是学生的科技视野也就只能局限在人机交互界面上。使用者并不会仅仅由于操作熟练就自然成长为技术的理解者。

从培养核心素养的角度看，了解科技的奥秘，领悟学科独特的思想方法，以及在一定程度上了解"黑箱"中技术运作的机制和原理，更有助于学生理解一个事物是如何产生的，它背后的科学原理又是什么。这能让学生透过复杂的表象，接触到最本质的东西。除了对科学家和工程师解决问题的智慧表示赞叹之外，学生也可以深入了解科学家和工程师的思考过程，这对如何思考问题、创造性地提出自己的想法都有帮助。当然，并非所有的科技原理学生都需要了解，如前文所述，个人无法而且也没有必要获得所有的知识。

## 一、原理的启蒙

学生在日常生活中积累了丰富的技术应用经验，但是多停留在操作层面。以互联网为例，学生在日常生活中对互联网应用的真实体验往往是"点击一下"或"扫码"的便捷与轻松。可是，这些看似简单的操作的背后原理是什么？

庞大的互联网、便捷的日常应用、发达的现代通信科技，它们都是如何发展起来的？又有哪些核心技术？为什么技术标准之争与大国博弈有关？这些问题也许会让学生感到困惑。虽然"点击一下"的背后原理极其复杂，但是当学生了解到网络协议、设备、算法等诸多要素支撑互联网有序运行，知道支付过程中密码、验证等复杂的安全策略，他们便能在解惑过程中逐渐建构起对互联网的理解。

互联网是极其复杂的，隐含了人类处理"复杂且庞大问题"的智慧。海量的数据、复杂的网络结构、不同的网络应用以及遍布全球的用户，面对这种巨大的复杂性，我们不能用常规方式来解决问题。在整个"互联网应用与创新"模块的学习内容中，处处都蕴含着这种"不一样"的思维方式。

究竟如何认识"互联网应用与创新"模块内容的育人价值？作为学习内容的互联网，其范畴极为广泛，知识体系庞大且艰深。即便是高等院校的专业人才，也未必能全面认识互联网应用领域。《义教课标》中的"互联网应用与创新"模块由互联网及其影响、互联网基本原理与功能、互联网创新应用、互联网安全四部分内容组成。该模块既有对典型应用的体验和实践，也有对应用背后原理的初步了解以及安全意识的培养。

**内容举隅：DNS解析** ▶ ▶ ▶ ▶

在《义教课标》的"互联网应用与创新"模块中，关于DNS解析的内容要求分析如表2-1所示。

## 第二章 新内容——"科"与"技"并重的课程内容

表2-1 关于DNS解析的内容要求分析

| | 简单的操作 | 简单操作背后基本原理的启蒙 |
|---|---|---|
| 内容要求 | 使用互联网搜索、遴选、管理并贡献有价值的数据和资源。 | 知道网络中数据的编码、传输和呈现的原理。 |
| 要点举例 | 输入网址访问网站,例如,知道网址的基本格式、使用浏览器浏览网页。 | 网站域名的解析过程,例如,知道网站域名与IP地址之间的对应关系、知道域名的层次结构、知道域名解析的简单过程。 |

当学生输入网址时,浏览器一般会迅速加载相应页面。虽然计算机只能处理1和0,但是浏览器能执行许多操作,使得我们的计算机能够在数以亿计的服务器中找到目标,成功建立连接,最终让我们能与一个网页进行交互。

在这个过程中,学生很难体会到其中的一个关键步骤的本质是域名与IP地址的转换,用术语来说就是"域名解析"。域名解析看似非常简单,大部分学生会认为"有一张域名和IP地址的对照表就行了"。这个方案在小范围、小规模的网络结构中也许是可行的,但是难以解决十几亿网站的域名解析这个"复杂而庞大"的问题。学生用朴素的直觉形成的方案显然存在太多的缺陷和不足,如一张表、一台域名服务器根本难以容纳互联网的海量网址。如果不能用传统的"对照表"解决问题,那么如何解决这样的复杂问题呢?这就为发展学生的计算思维提供了契机。

**教学设计案例** ▶ ▶ ▶ ▶

### DNS 域名解析

**活动1**:验证IP地址与网址的关系

第1步:分别利用IP地址和网址访问同一网站,观察和记录查询到的网站内容。

第2步:交流各自的发现,推测两种方法都能访问同一网站的原因。

**活动2**:设计一个能将域名转换为IP地址的方案

问题1:如果有100个网站需要进行域名解析,如何设计解析方案?画出示意图。

问题2:如果有1亿个网站需要解析,如何设计解析方案?画出示意图。

问题3:如果只有一个域名服务器,存在什么风险?

问题4:如果是多个域名服务器,它们之间应该怎样协作,才能提高解析效率?

**活动3**:用域名服务器查IP地址

第1步:使用域名解析命令查询2~3个网站。

第 2 步:观察和记录查询到的 IP 地址。

第 3 步:讨论与交流,在哪里可以查询到域名对应的 IP 地址?

**活动 4**:在教师的指导下,绘制域名解析示意图

要求 1:以"树"型方式绘制多级域名服务器示意图,并标识对应的服务器名。

要求 2:用箭头表示解析过程。

要求 3:在箭头上标识解析构成的序号。

**总结与拓展**:

思考 1:在域名解析示意图中,哪个域名服务器最重要?为什么?

思考 2:阅读我国关于域名根服务器的相关资料,思考自主可控的重要性。

——案例改编自　上海市回民中学　董鑫

因为网络中有十几亿个网站,加之还需要考虑安全问题,所以域名解析是一个"复杂而庞大"的问题。由于构造"对照表"的方法效率太低,学生不得不重新思考这个问题,探讨如何提高解析效率,从而理解域名的"层级性"以及多个层级服务器之间协作的重要性,了解"接力"完成域名解析的过程。在此过程中,学生认识到"域名根服务器"的重要性,激发他们对自主可控问题的思考。

### 内容举隅:搜索引擎 ▶▶▶▶

在《义教课标》的"互联网应用与创新"模块中,关于搜索引擎的内容要求分析如表 2-2 所示。

表 2-2　关于搜索引擎的内容要求分析

| | 简单的操作 | 简单操作背后基本原理的启蒙 |
| --- | --- | --- |
| 内容要求 | 使用互联网搜索、遴选、管理并贡献有价值的数据和资源。 | 知道网络中数据的编码、传输和呈现的原理。 |
| 要点举例 | 使用搜索引擎,通过关键词搜索数据和资源,例如:分析需求,提炼关键词;对搜索结果进行鉴别和筛选;获取和下载信息。 | 知道使用互联网搜索的简单原理,例如,理解搜索意图(分词技术)、寻找搜索答案(网络爬虫)、对相关结果进行排序(排序算法)、快速反馈结果(存储和索引)。 |

搜索引擎能帮助我们在浩如烟海的网络中寻找问题的答案,好的搜索算法能提高执行效率。然而,什么是搜索?为什么可以进行搜索?如何理解搜索的结果?输入关键词后点击一下,就能得到许多搜索结果,这个过程究竟是怎样的?为什么要筛选搜索结果?怎么看待竞价排名带来的价值观冲突?这些问题无疑都在学生

的脑海里留下太多没有解释的空白。

搜索引擎的工作过程相当复杂,包括爬取、索引、检索、链接分析、网页反作弊、用户搜索意图分析、云存储、网页去重、分词、排序、存储等技术,特别是当前融入图片搜索、音乐搜索等智能技术后,其工作过程更加复杂。网络爬虫的基本架构是什么?常见的爬取策略是什么?搜索引擎如何给搜索结果排序?各种链接分析算法之间是什么关系?如何分析用户真实的搜索意图?相关搜索是如何做到的?如何对网页进行去重?什么是情境搜索?什么是实时搜索?……这些问题一旦展开都非常棘手。因此,"互联网应用与创新"模块的重点在应用与创新,同时对搜索的简单原理也有所涉及。

**教学设计案例** ▶ ▶ ▶ ▶

**理解搜索意图(分词技术)**

*活动 1*:用关键词"奥运会"搜索,观察搜索结果与关键词的关系

<u>奥林匹克运动会的微博 微博</u>

 奥林匹克运动会 12月18日 21:00 来自微博网页版 【#2024年江原冬青奥会# 项目巡览】雪车📍比赛场馆:阿尔卑西亚滑行中心(Alpensia Sliding Centre)🗓 比赛时间:2024年1月16日至1月23日#青奥会#…

微博

**搜索结果 1**

学生交流:有些词被标记出来了,如"奥运会""奥林匹克运动会",说明搜索引擎把关键词"奥运会"的同义词"奥林匹克运动会"也作为关键词了。

*活动 2*:搜索"奥运会举办了多少届?"并观察搜索结果

<u>奥运会举办了多少届? - 百度知道</u>

 2个回答 - 回答时间: 2022年12月27日
最佳答案:十四、第14届,1948年伦敦奥运会,地点:英国伦敦,时间:1948年07月29日-1948年08月14日。十五、第15届,1952年赫…

百度知道

奥运会一共开过多少界?都是几几年开的?
1个回答 2022年12月13日
最佳答案:奥运会截止到2019年一共开了31届。时间分别为1896、1900、1904、190…

**搜索结果 2**

学生交流：被标记的词有的不是连在一起的，而是分开的，比如"奥运会"和"多少"是分开的，不仅顺序有改变，词的划分和组合方式也不一样。有些输入词语的近义词也被标记了。

**活动3**：探讨搜索的简单原理

问题1：什么是分词技术？

例如，"奥运会举办过多少届"可以被切分为"奥运会/举办/多少/届"。再如，"萤火虫为什么会发光"可以被切分为"萤火虫/为什么/会/发光"。

问题2：如何进行分词？

例如"我是中学生"，可以用字符串匹配的方法，根据最大切分原则分词。如果单词表中有"你、我、他、是、中学、中学生"，则匹配"中"时，先查不到该词，再匹配到"中学"，继续匹配到"中学生"，最终分词的结果就是"我/是/中学生"。

——案例改编自蒲菊华、熊璋《有问必答的智能搜索》

## 教学设计案例 ▶▶▶▶

### 排序相关结果（排序算法）

**活动1**：探索对搜索结果进行排序的策略

问题1：按照怎样的标准进行排序？

问题2：哪些是可以用于排序的指标？

问题3：如何给网页打分？根据打分进行排序，有哪些排序方法？例如，网页内容与分词的匹配程度高则加分，网页经常被点击则加分，网页的更新日期更近则加分，网页经常打不开则减分……

**活动2**：设计搜索引擎的排序策略

**搜索引擎排序策略**

| 指标 | 加分 | 减分 |
| --- | --- | --- |
| 网页内容与分词的匹配度 | 匹配度高 | 匹配度低 |
| 是否为官方网站 | 官网 | 非官网 |
| 网页近期被点击次数 | 点击次数高 | 点击次数低 |
| 网页的更新日期 | 网页较新 | 网页陈旧 |
| 网页被链接加权次数 | PR值(PageRank，即网页级别)较高 | PR值较低 |

**活动3**：使用模拟网站 PR 值变化的软件，观察网页值的变化，查看代码

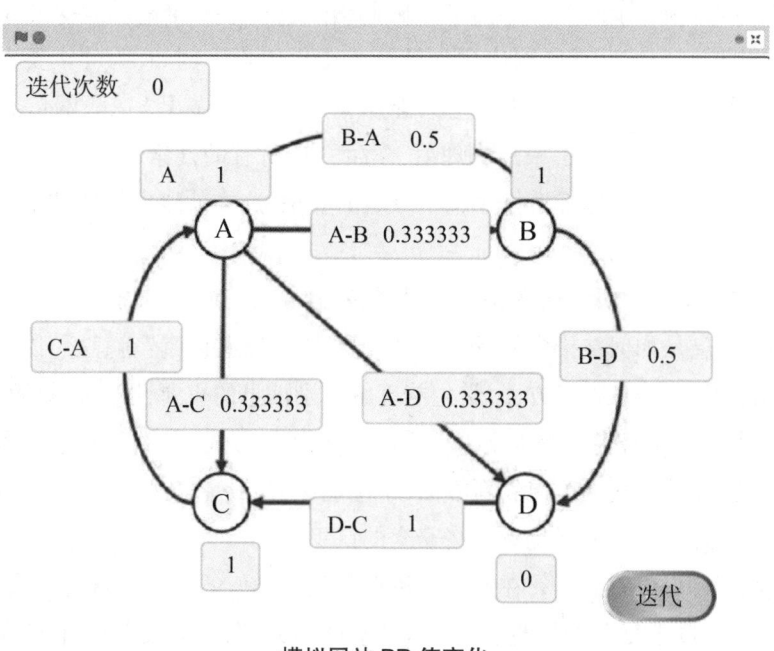

模拟网站 PR 值变化

（程序代码略）

**反思与拓展：**

1. 搜索结果都是可信的吗？如何筛选搜索结果？
2. 在移动终端搜索时，为什么用户的"位置"信息很重要？

——案例改编自　上海市黄浦区教育学院　徐嫣琼<br>上海市民办明珠中学　邱晶豪

　　为什么说"知道搜索的简单原理"有助于学生认识搜索的本质，扩大学生的科技视野？一项对上海市6年级学生的调查表明，大部分学生都使用过搜索引擎，并在大众点评、淘宝、导航等 App 中搜索过信息，但是对"描述搜索过程"这个问题，大部分学生的描述仅限于"关键词匹配"，将该过程等同于文字处理软件中的"查找/替换"功能。这显然与学生已有的"关键词匹配"的查找经验有关，从而导致这种误解的产生。全世界有十几亿个网站，在互联网海量的信息中，为什么很快就能得到搜索结果？为什么输入关键词后，相关的或者类似的搜索也会出现在搜索结果中？可见学生还没有意识到，对于在海量互联网信息中的搜索，仅凭原有"关键词匹配"的经验是不够的，在方法上必须有"新"的创造。

通过对搜索过程的初步认识，学生可以体验爬取、索引、去重、排序等简单的搜索过程，并认识到复杂问题是如何被分解和建模的。这种全新的解决复杂问题的思路为学生更好地解开互联网应用中的疑惑提供线索。例如，为什么要对搜索到的信息进行筛选和鉴别？以往学生只能从信息来源上做出"互联网信息良莠不齐"的解释。当认识搜索引擎的原理后，学生知道所有的搜索结果都来自爬取、索引、去重、排序等方式，也知道排序基于一定的算法，这样就能更好地理解为何要筛选搜索结果。

学生在应用搜索引擎搜索、筛选信息的基础上，理解了"关键词是如何被计算机处理的、信息是如何被排序的、影响排序的结果有哪些因素"等，这可以提高学生多方面的素养：在信息意识方面，学生能理解鉴别信息的重要性；在计算思维方面，学生能初步感悟如何将问题转化为计算机能处理的方式，以解决海量信息搜索这类复杂问题；在数字化学习与创新方面，学生能更有效、更安全地使用互联网；在信息社会责任方面，学生能强化对网络安全的认识。

搜索引擎只是一个缩影，在初中学段还有很多类似的内容，值得挖掘其中的育人功能。对于过于复杂的原理，教师不宜生硬地讲授，而是要从学生日常应用出发，选择较为核心的、易于理解的学习内容，让学生根据应用经验，由表及里，逐渐认识和解析原理。

通过对工具应用背后的运行原理的探求，学生得以了解原理的奥秘，犹如拥有一台"透视仪"。这台"仪器"不仅揭示事物的内在结构，还引导他们完成从单纯的使用者到真正的理解者的转变。这样的体验让他们在实际操作中拥有更多的洞察力和判断力。

## 二、方法的启迪

"真正重要的东西是看不见的"，互联网、物联网与人工智能中充满令学生好奇和值得探索的内容。7~9年级的三个内容模块虽然是相互独立的，但它们在真实的场景中是融合的。《义教课标》既有对互联网、物联网和人工智能的应用体验，又兼顾对基本原理的认识和理解。生活中处处可见各种互联网应用、物联网和人工智能产品，它们通过友好的用户交互界面，帮助人们以更便捷、高效的方式投入学习、生活和工作，提高生活质量。这些应用的背后离不开科学家和工程师设计与构造的规则和独特方法。计算机运行的底层逻辑是二进制与数字逻辑电路，日常生活中各种便捷的智能应用背后是数据、算法与算力，各种互联网创新应用的背后离不开互联网协议。我们需要让学生拥有一台"透视仪",看到应用背后这些"看不见"的规则和方法。

**内容举隅:自然语言交互** ▶ ▶ ▶ ▶

在《义教课标》的"人工智能与智慧社会"模块中,关于自然语言交互的内容要求分析如表2-3所示。

表2-3 关于自然语言交互的内容要求分析

|  | 应用 | 应用背后的简单原理 |
| --- | --- | --- |
| 内容要求 | 体会人工智能技术正在帮助人们以更便捷的方式投入学习…… | 初步了解人工智能中的机器学习等方法。分析典型案例,对比计算机传统方法和人工智能方法处理同类问题的效果。 |
| 要点举例 | 使用人工智能工具解决问题,例如,使用人工智能工具,用自然语言与机器进行交互。 | 了解计算机传统方法和机器学习方法,对比它们的差异,例如,体验用计算机传统方法处理自然语言,体验机器学习的实现方式,对比它们在方法和效果方面的特点。 |

学生的学习主要是为了积累对世界的认知经验。这些经验一部分来自理论性的传统知识体系,另一部分来自实践智慧。学科核心素养强调学生在接受事实性知识或概念性知识的同时更要注重实践智慧的获得。实践智慧关注的是普遍与特殊的联结,因为它包含了特殊事实的知识,所以只能由学生从特定的情境和学习经历中获得,即从直接经验中建构。这样的直接经验建构需要一定的时间成本。如何在有限的课时内为学生创设必要的活动、提供必要的学习经历,这直接关系到学生学科核心素养的形成。

例如,设计可供学生体验和实践的人工智能学习经历,是帮助学生理解人工智能的关键。我们可以基于学生已有的知识基础,结合已有的编程环境,借助人工智能机器学习平台,让学生初步体验人工智能处理问题的方法,领悟"人工智能"中"智能"的简单原理,理解数据和算法对人工智能的重要作用。

**教学设计案例** ▶ ▶ ▶ ▶

聊天机器人——自然语言交互

*活动1*:了解初级聊天机器人

任务：观察以下初级聊天机器人的代码，思考如何实现"有问有答"。

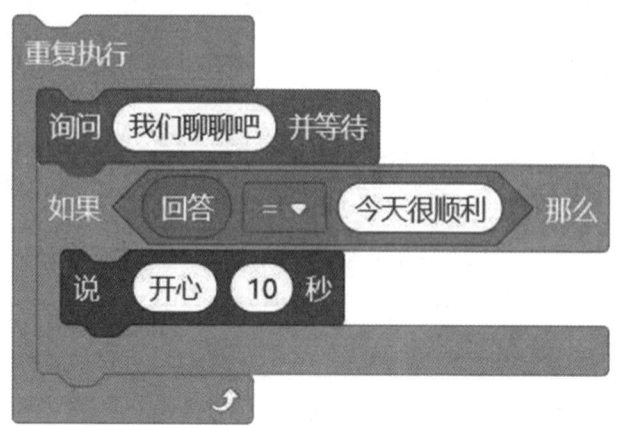

初级聊天机器人程序（部分）

思考：以上程序中的聊天机器人，虽然有问有答，但是只能回答一个问题，该如何改进？

**活动2**：设计中级聊天机器人

任务：增加初级机器人的聊天内容，使之能回答更多问题。

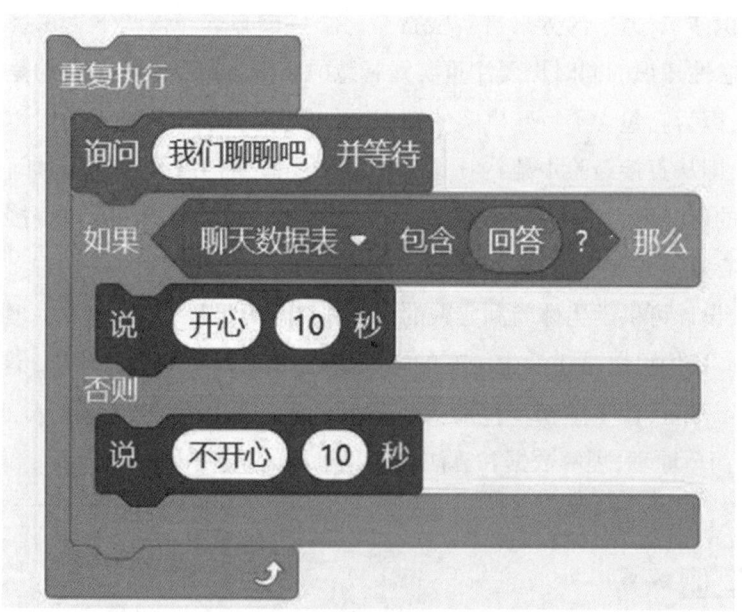

中级聊天机器人程序（部分）

（程序代码略）

思考：以上程序为初级聊天机器人增加聊天数据库，使之成为"中级聊天机器人"。中级聊天机器人虽然已经能做到"有问必答"，但是精准性差，经常会出现"答非所问"的现象，该如何改进？

**活动3**：了解高级聊天机器人

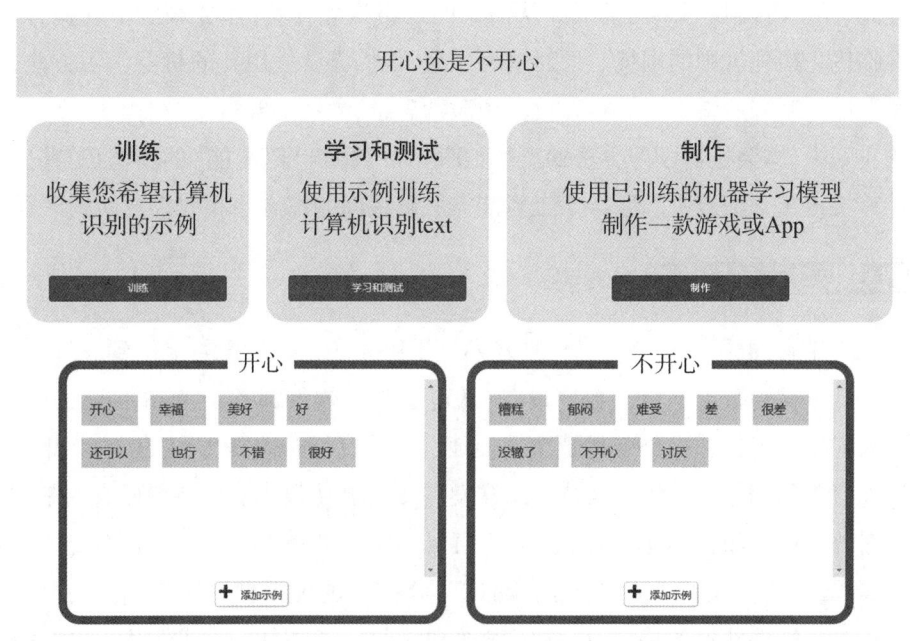

机器学习界面

新知学习：教师引出一种新的解决方法——机器学习，指导学生在编程软件中调用相关的库。

任务：使用机器学习的方法，输入"训练"数据，经过"学习和测试"，使之成为"高级聊天机器人"。

思考：机器人能根据用户输入的语句，判断他是开心还是不开心。"高级聊天机器人"既有数据支持，也有机器学习模型来完成数据分析，体现出一定的智能。

**总结与拓展：**

请继续思考，这个"高级聊天机器人"仍然存在缺陷（比如只能判断开心或不开心），如何进一步改进？

——案例改编自　上海市华东师范大学第二附属中学(紫竹校区)　吴庭婷

在以上案例中，教师设计了以不断优化聊天机器人的对话能力为主线的三个活动，让学生体会从计算机传统方法到机器学习方法的改进历程。活动 1 让学生使用分支结构，输入单个数据进行人机对话，实现机器人"有问有答"；活动 2 使用多数据列表，使机器人随机回答问题，做到"有问必答"；活动 3 使用机器学习，预先输入训练数据，使机器人初步做到"有问智答"。随着聊天机器人"智能"程度的不断提高，学生将面临一系列挑战。从简单的逻辑推理开始，任务难度不断提升，学生面临优化推理规则的困境。面对这一挑战，他们尝试使用新的机器学习方法，从茫然无措到略有所得。学生将在挑战中激活思维，激发实践智慧，在操作、观察、调试的实践中，体会机器学习方法的奥秘，获得对"数据"与"智能"的新认识，并感受用计算机传统方法解决问题与人工智能方法解决问题在方法和效果方面的区别。

### 内容举隅：电子邮件协议 ▶▶▶▶

几十年来，电子邮件这种通信技术发生了巨大变化。从拨号上网到光纤接入，从个人计算机到智能手机等数字设备，从电子邮件软件到基于 Web 页面的邮箱，尽管人们发送邮件的操作变得越来越便捷，但其背后的 SMTP 协议自 1982 年至今一直没有大的变化。不管通信技术怎样发展，SMTP 协议仍然保持着原有的基础框架。对普通用户而言，SMTP 协议是"不可见"的，但恰是这种不可见、不变的东西发人深思，是它构成了便捷的电子邮件等丰富多彩的虚拟世界的基础。大部分学生知道电子邮件地址的格式，能熟练发送和接收电子邮件（包括带附件的邮件），但如果要让他们理解技术背后的简单原理，那么就必须去了解那些不变的东西。那些长时间不变的且处处被用到的东西，往往更有意义。

在《义教课标》的"互联网应用与创新"模块中，关于电子邮件的内容要求分析如表 2-4 所示。

表 2-4　关于电子邮件的内容要求分析

| | 应用 | 应用背后的简单原理 |
|---|---|---|
| 内容要求 | 学会收发电子邮件。 | 知道电子邮件协议的简单原理。 |
| 要点举例 | 知道电子邮件地址的格式，熟练发送和接收电子邮件（包括带附件的邮件）。 | 知道电子邮件协议的常见类型，知道 SMTP 协议的简单规则，体验按照 SMTP 协议撰写一封邮件的过程并测试结果。 |

为了便于普通人使用复杂的技术，程序员开发了各种便捷的邮件软件。人们通过一键操作便可发送邮件，完全不用思考邮件的发送机制。然而，认识电子邮件

## 第二章 新内容——"科"与"技"并重的课程内容

协议,恰恰要求我们思考"如果没有电子邮件软件怎么办"。学生要像当年开发邮件软件的工程师和科学家一样,遵循电子邮件协议,用原始的代码执行命令(可使用 Telnet 软件来模拟客户端与服务端的通信过程)。通过这种方式,原本在邮件软件背后的工作机制就能直接呈现出来。

◎------------------------

**教学设计案例** ▶▶▶▶

### SMTP 协议

**活动 1:认识协议**

教师展示 RFC821 规范,说明 RFC821 规范的作用,通过对部分代码的解释,学生认识到"协议"的基本要素:命令、命令格式以及对话顺序。

**活动 2:探究协议的核心图示**

由于学生不可能去完整阅读近 70 页的 SMTP 协议原始技术文档,教师可选择其中的核心内容,用图示的方法展现出来。

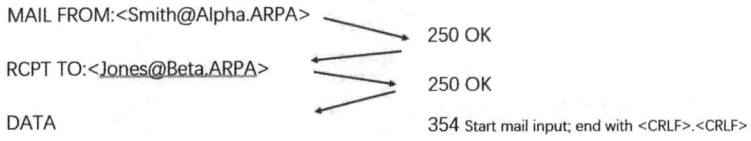

SMTP 核心部分举例

以上选取了 SMTP 协议所规定的客户端与服务端通信的核心部分。从左到右是客户端发往服务端的信息,从右往左是服务端发往客户端的信息,从上到下是对话的顺序。

需要注意,教学中的重点不是具体的命令,而是命令格式和对话顺序。

**活动 3:测试协议**

学生尝试运行协议,观察及再现 SMTP 客户端和 SMTP 服务端的对话过程,将对话过程视作实验研究的对象。

可以使用图形化编程软件调用 SMTP 模块,也可以直接用命令。以下 SMTP 示例*表示 Smith@ Alpha. ARPA 发邮件给 Jones@ Beta. ARPA、Green@ Beta. ARPA

---

\* 该示例改编自 Jonathan B. Postel 的 *Simple Mail Transfer Protocol*。

和 Brown@Beta.ARPA(假设主机 Alpha 与主机 Beta 直接互联)。

```
S: MAIL FROM:<Smith@Alpha.ARPA>
R: 250 OK
S: RCPT TO:<Jones@Beta.ARPA>
R: 250 OK
S: RCPT TO:<Green@Beta.ARPA>
R: 550 No such user here
S: RCPT TO:<Brown@Beta.ARPA>
R: 250 OK
S: DATA
R: 354 Start mail input; end with <CRLF>.<CRLF>
S: Blah blah blah …
S: … etc. etc. etc.
S: <CRLF>.<CRLF>
R: 250 OK
```

SMTP 示例

该 SMTP 示例含义是邮件已经被 Jones 和 Brown 接收,Green 没有在 Beta.ARPA 注册邮箱。可以由学生在邮箱中接收邮件,测试邮件是否成功发出;也可以由教师进行测试和展示。

学生成功发送邮件并不意味着他们就真正理解了协议的本质,教师要解释为何服务器能够响应客户端的命令,并重点解释关键过程和步骤。这里并不需要让学生完整地读懂软件代码,只需要读懂其中的核心语句即可。

**总结:**

有了以上的观察和交互体验过程,教师就可以引导学生对 SMTP 协议的本质属性进行归纳。可以总结两个要点:一是 SMTP 协议是由一份标准化的文档所定义的;二是 SMTP 协议所规定的,是为实现邮件传输而进行定义的命令、命令格式与对话顺序。

**拓展思考:**

随着移动互联网的出现,在手机上收发邮件的协议(IMAP)与 SMTP 协议相比,应该具有什么特征?

——案例改编自　上海市位育中学　陈凯

在以上案例中,学生先阅读和分析 SMTP 协议的规定,再编写 SMTP 服务器和客户端代码,然后观察 SMTP 服务器和客户端的运行效果。虽然不同的源代码使用的程序设计语言不同,具体的代码实现也不同,但它们都遵循 RFC821 规范进行网络通信。通过阅读和理解源代码,学生可以打开协议的"黑箱",理解协议的基本内容,并归纳出 SMTP 协议的本质属性。

SMTP 协议只是一个简单的示例,在信息科技的世界里,还有很多协议和标准,并且随着技术的不断发展,协议也在迭代和更新。互联网的复杂是不争的事实,但互联网又是有序的,一系列协议和标准支撑着这种秩序。互联网作为学习内容,它是复杂且多样的,但它自身也是和谐统一的技术世界,蕴含了人类解决复杂而开放的问题时特有的思维方式。

## 第二节 探索科技奥秘

今天,数字设备已经十分普及,智能产品无处不在,它们被设计得越来越方便、实用,以至于很多人几乎不再对它背后的奥秘感到好奇。如果问学生它们是如何实现的,很多学生会说,其背后是"算法""人工智能",然而他们所说的"算法"或"人工智能"都只是模糊的说法。每个学生都有探索奥秘的好奇心,他们渴望了解是什么让如此精妙复杂的机器、智能产品以及丰富多样的互联网应用成为可能。了解这些奥妙,感悟其中蕴含的智慧,重新审视自己的思维方式,初步感悟"计算之道",都是学生获得进步的契机。

在普遍崇拜技术外表而忽视其深层本质的今天,学生该如何认识和理解这一技术世界?我们希望当学生启动计算机时,脑海里浮现的不仅是桌面上的文件和办公软件,还有伟大的数学家和逻辑学家;当学生上网时,脑海里浮现的不仅是获取信息的方法,还有昼夜不停的数据流动与程序运作;当学生使用智能产品时,他们不仅能感受到快捷、便利,也能在脑海里浮现科学家和工程师实现这些智能的方法创新。

### 一、复杂与简洁

如前文所述,简单操作的背后是复杂的系统。那么,复杂系统的内部又是什么呢?"当我们仔细考察一个计算机系统时,往往会惊叹其内部的复杂性。"[70]伦纳德·里德在《铅笔的故事》中,通过一支铅笔的诞生过程,讲述了复杂的经济学理论。抽象是解决复杂性的利器,它使复杂问题变得简洁,通过对复杂问题的初步学习,学生可以形成敏锐的问题意识,认识到即使再复杂的事物,其实也是由简单的元素根据一定的规则组合而成的。

例如,要使用户输入网址后能看到网页,需要服务器、路由器等网络设备协同工作,并经历一个非常复杂的流程。如果服务器部署在云端,云计算也需要借助各种协议来达成大规模机器间的合作。互联网、物联网或人工智能都涉及复杂问题。解决这些复杂问题的恰恰都是简洁的方法。"任何计算机都能由少数几种简单的基本元件集合而成……它们在形式上与最简单的门电路是类同的。"[41] 计算机硬件非常复杂,但其基础都是简单的逻辑门电路;计算机能处理各类信息,但不论是何种形式的信息,在计算机内部都是以二进制的形式存储的;人工智能有很多应用,但都离不开数据与算法。如前文所述,科学是复杂的,为了掌握这种复杂性,必须用一些关键的概念,帮助学生建立初步理解。

**内容举隅:分层协议** ▶ ▶ ▶ ▶

在《义教课标》的"互联网应用与创新"模块中,关于分层协议的要求分析如表2-5所示。

表2-5 关于分层协议的要求分析

| 内容要求 | 初步了解互联网协议,知道网络中数据的编码、传输和呈现的原理。 |
|---|---|
| 学业要求 | 从现实应用中体会互联网是如何将复杂的远程数据传输和通信等问题逐步简化为分解、编码、传输和重新组合等一系列规则(协议)的。 |
| 教学提示 | 思考互联网 TCP/IP 协议是如何将复杂问题一步步分层、分解,直至细化到网络设备和具体算法能处理的程度。 |

如何处理复杂问题?温顿·瑟夫在《伟大的计算原理》一书的序中这样写道:"好的设计有许多有用的性质,这让我想到一句名言——整洁自有回报,因为你可以在需要时找到整理好的东西。好的设计也自有回报,因为它有助于理解复杂性,并且具有通过演化、修正设计以达到新目标的能力。在互联网设计中,我们从阿帕网汲取了教训,因为它无法在规模上再次扩展。然后我们设想了系统功能的分层并规范化层级间的接口,结果是在保持这些接口稳定的情况下,容许不同层在接口

间实现与再实现的巨大灵活性。"[71]科学家采用的数据分包、协议分层、最佳路由等使复杂的问题以简洁的方式得以解决。

以访问网页为例,在浏览器中输入URL,浏览器并不知道对应的IP地址,它需要用DNS协议进行域名解析。一旦获得IP地址,浏览器便发出请求,这一过程使用了HTTP协议或安全性更高的HTTPS协议。随后,浏览器将封装后的数据包交给下一层传输层。传输层使用TCP或UDP协议传输数据包。传输层将数据包封装完毕后,将数据包交给网络层。网络层使用的是IP协议,在数据包增加的IP首部里会有源IP地址以及目的地IP地址。随后,封装好的数据包再交给数据链路层,网卡负责将数据包发送出去。路由器收到数据包后,判断下一步的传输路径。上述流程还只是走了一半,在接收的过程中,不断重复对数据包进行回溯处理,从下一层传递到上一层,直至到达浏览器,并显示访问的网页内容。可见,即便是一个简单的网页浏览过程,对整个网络来说也是非常复杂的。处理复杂问题,既需要抽象与建模,也需要考虑工程实现的问题。

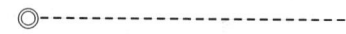

**教学设计案例** ▶ ▶ ▶ ▶

### 分层——复杂中的简洁

**活动1**：图示传输过程

以图示的方式,绘制将一段文字从发送端A远程传输到接收端B的过程,尽可能细致地在图示中标注传输的细节。

**活动2**：模拟传输游戏

在班级中模拟盒子游戏,每个盒子中放一张字母卡片。第一排为发送人,最后一排为接收人,中间的学生为传递人,将需要传递的文字放在盒子中,每一个角色都要思考如何在盒子上添加必要的信息。

**活动3**：整理传输过程

将整个过程以表格的形式进行整理,明确每个角色的工作以及如何与他人交接盒子。

**活动4**：认识网络协议中的分层原理及其过程

某层执行任务时,需要上一层提供必要的信息,同时为下一层提供所需的信息(如送达的下一个地址等)。每通过一个分层都会附加一定的额外信息,这些信息既是准确传输数据所必需的,又可以在出现异常时帮助及时回溯数据。每层都有相应的网络协议。

**活动 5**：演示实验

在模拟环境下，教师展示一次信息传输并抓包的过程并截图，让学生观察其中"Protocol"（协议）一列的信息。

| Time | Source | Destination | Protocol | Length | Info |
|---|---|---|---|---|---|
| 1 0.000000 | 192.168.69.2 | 192.168.69.1 | TCP | 74 | 34059 → 80 [SYN] Seq=( |
| 2 0.000059 | 192.168.69.1 | 192.168.69.2 | TCP | 74 | 80 → 34059 [SYN, ACK] |
| 3 0.000153 | 192.168.69.2 | 192.168.69.1 | TCP | 66 | 34059 → 80 [ACK] Seq= |
| 4 0.000282 | 192.168.69.2 | 192.168.69.1 | HTTP | 511 | GET /test/ethereal.ht |
| 5 0.000330 | 192.168.69.1 | 192.168.69.2 | TCP | 66 | 80 → 34059 [ACK] Seq= |
| 6 0.021452 | 192.168.69.1 | 192.168.69.2 | HTTP | 468 | HTTP/1.1 200 OK  (tex |
| 7 0.021629 | 192.168.69.2 | 192.168.69.1 | TCP | 66 | 34059 → 80 [ACK] Seq= |
| 8 0.021755 | 192.168.69.2 | 192.168.69.1 | TCP | 66 | 80 → 34059 [FIN, ACK] |
| 9 0.022677 | 192.168.69.2 | 192.168.69.1 | TCP | 66 | 34059 → 80 [FIN, ACK] |
| 10 0.022715 | 192.168.69.1 | 192.168.69.2 | TCP | 66 | 80 → 34059 [ACK] Seq= |

**信息传输并抓包的截图**

**拓展思考：**

数据传输分层使每一层只完成相对简单的任务，生活中还有哪些用类似的"分层"思想解决问题的方法？

——案例改编自　上海市闵行区七宝文来学校　王敏

在教师的引导下，学生通过自己的思考，理解远程数据传输和通信的基本策略。在这一过程中，他们还要探讨如何将问题分解为若干子问题，并按照子问题之间的逻辑进行逐层分解，使每一层只需完成相对简单的任务。

"在网络分层模型中，信息自上而下移动，每经过一层，上层信息都会被放入一个更大的'信封'中。我们可以把 TCP 协议想象成俄罗斯套娃，在接收端，信息自下而上移动，每经过一层，就拆掉一层'信封'。"[72]

在很多解决复杂问题的方法中，广泛存在"分层"的思想，这可以看作是抽象和分解问题的一种方式。例如：人们经常把计算机系统分为硬件层、操作系统层、应用软件层三个层次；物联网中也有"分层"，物联网的运行，一方面要把感知到的数据上传到网络中进行数据处理，另一方面要向应用设备发送指令、信息，控制设备的状态，人们通常将物联网的结构分为感知层、网络层和应用层三层。沃德斯顿认为，"为解决 CPU 与 RAM 在速度方面的性能差距（也称处理器与存储器的鸿沟），科学家有效利用了时间局部性和空间局部性，设计存储层次结构"，按照成本和速度进行分层（如外部存储器、主存储器、二级缓存、一级缓存等）。[46]

要注意的是，"没有任何理由指望将完整设计分解为功能组分的方式是唯一的,很多情况下,可能存在极不相同的多种可用分解办法"[41]。

### 内容举隅:人为分类检索与关键词搜索 ▶▶▶▶

在《义教课标》的"互联网应用与创新"模块中,关于互联网应用中数据的要求分析如表 2-6 所示。

表 2-6 关于互联网应用中数据的要求分析

| | |
|---|---|
| 内容要求 | 了解常用互联网应用中数据的构成;在"互联网+"的情境中,体验在线学习、生活和交流的新模式。 |
| 学业要求 | 知道在常见应用中,如何组织网络数据…… |
| 教学提示 | 挑选若干具有互联网特点的典型应用,指导学生通过与同类传统应用的对比分析,发现并提炼其中的网络特性…… |

马丁·坎贝尔-凯利等在《计算机简史》一书中回顾了雅虎网站与谷歌网站的发展历程。雅虎网站由大卫·费罗与杨致远创建,最初只提供简单的列表服务。到 1993 年底,这项服务仅列出 200 个网站,但已将当时全世界大部分网站收入囊中。然而,万维网在 1994 年呈现爆炸性增长,费罗与杨致远需对每天上线的新网站进行筛查、排序并编制索引。1994 年底,雅虎的日点击量首次突破 100 万。1995 年他们开始雇用员工来维护并扩展索引。这与威尔斯对"世界脑"的设想极为类似:"大批工人……致力于完善这一人类知识索引,并使其保持在最新状态。"

谷歌同样是专注于协助用户检索网络信息的网站,拉里·佩奇与谢尔盖·布林的研究彻底改变了在互联网上查找信息的过程。佩奇对有关互联网数学特征的项目深感兴趣,他与布林合作,利用"网络爬虫"采集反向链接数据(即链接到特定网站的链接),并根据按重要性排名的反向链接开发出"PageRank"算法——提供链接的网站越重要,对链接所指向网站的页面排名影响就越大。这项技术不仅为更有效的网络搜索奠定基础,而且也无须再组建团队来人工编制索引。

尽管搜索工具背后是复杂的数学原理,但是谷歌的搜索页面清爽而简洁,而雅虎等网站的页面显得杂乱无章。谷歌的搜索页面设计最初有助于加快访问速度,但其首页很快也因"禅意地运用空白"而受到好评。[73]

随着技术的不断发展,分类检索和关键词搜索技术融合使用的趋势日趋明显,同时人工智能、导航定位等技术也不断接入,为用户提供功能更强、更便捷的搜索服务。

**教学设计案例** ▶ ▶ ▶ ▶

**分类检索与关键词搜索**

**活动1**:体验分类检索与搜索引擎

1. 选择常见的网站(如新浪),观察主页中的分类栏目,试着查找特定信息;选择常见的搜索引擎,观察其主页的特点,试着搜索特定信息。比较两种方式的效率和效果。

2. 观察两个网站主页的界面与特点。

| **新闻** | 军事 | 国内 | 国际 | **体育** | NBA | 英超 | 中超 | **博客** | 专栏 | 专题 | 精品 |
|---|---|---|---|---|---|---|---|---|---|---|---|
| **财经** | 股票 | 基金 | 外汇 | **娱乐** | 时尚 | 女性 | 育儿 | **教育** | 留学 | 高考 | 读书 |
| **科技** | 手机 | 众测 | 创事记 | **汽车** | 报价 | 买车 | 新车 | **房产** | 二手房 | 家居 | 彩票 |

网站1 主页截图

网站2 主页截图

**活动2**:比较两种方式搜索信息的特点

1. 讨论交流现在人们更习惯使用搜索引擎搜索信息的可能原因。

2. 讨论交流按照信息内容进行分类的方式有什么缺点。

**活动3**:观察分类检索与关键词搜索相结合的网站

1. 选择2~3个网站,交流为什么越来越多的网站既有清晰的分类,又有关键词搜索。这样做的优势是什么?

2. 交流在这些网站中,还有哪些更智能的方法可以提高信息搜索的效率。

在讨论复杂事物时,要注意区分复杂性、规模与简单性。"如果我们讨论的是国会图书馆的简单性或复杂性,随着书籍数量增加到千万册,存放这些图书的数英里*

---

\* 1 英里 ≈ 1.61 千米。

长的书架也要相应地增加,分类卡的数目亦然。但是就图书馆的结构来说,尽管这种增长能给人们十分深刻的印象,我们也难以认为这是复杂性的增加。单细胞机体转化成多细胞机体,是向复杂性增加跨出了一步。而牛犊体重的增加或者水藻数量的增加则不提高复杂性。""由于基本结构没有变化,所以它仍然是简单的。"复杂性往往与规模相关,但是规模的增加并不必然带来复杂性的增加,复杂性的关键在于结构以及"按照怎样一种方式来排布和安置这些元件及其相互作用方式,才能使系统整体可靠运行"。[41]

## 二、统一与多样

赫伯特·西蒙在《关于人为事物的科学》中,引用了一个谚语"愿望难成事实","假如我们总能确定精确反映任务环境样式的那个多变的内在系统,那么设计也就成了愿望的同义词。"[41]信息科技的宏伟大厦由人类设计与建造,既有统一的规则,又有多样的功能,充分体现了人类解决问题的灵活性和多样性。

**内容举隅:物联网中的感知** ▶▶▶▶

在《义教课标》的"物联网实践与探索"模块中,关于物联网中的感知的要求分析如表 2-7 所示。

表 2-7 关于物联网中的感知的要求分析

| 内容要求 | 探索物联网中数据的采集、处理等基本功能。 |
|---|---|
| 学业要求 | 根据学习任务的需要和可用的实验设备,设计并搭建具有数据采集、实时传输和简单控制功能的简易物联网系统。 |
| 教学提示 | 指导学生实践并掌握从物联设备中读取、发送、接收和使用数据,了解这些过程背后的物联网协议及其主要特点。 |

"物联网实践与探索"模块的内容,大部分围绕物联网的"感知、采集、传输、反馈、控制"基本要素展开。该模块聚焦物联网的简单原理和操作实践,强调在"工程实现"层面的综合运用能力。

物联网建立在互联网基础上,通过射频识别系统(RFID)、红外感应系统、卫星定位系统等信息传感设备,按照约定的协议,将需要连接的物品相互连接,进行信息交换,从而实现物品识别、定位、跟踪、监控和管理。智能标签是一种常见的物联网应用,人们用标签来标识一个物体及其特征,如条形码、二维码、RFID 等,以此来进行对象识别并获取相关信息。生活中常见的感知模块众多,包括RFID读写器、二维码及其识别器等,通常应根据需要进行选择。

**教学设计案例** ▶▶▶

自助结账中的智能标签

**活动1**:认识扫描二维码自助结账并记录过程

学生观看超市自助收银的视频,记录顾客操作的关键环节和流程。

思考:有没有更快捷的结账方式?

**活动2**:认识使用RFID自助结账并记录过程

学生先观看2个视频:在学校图书馆中,学生放下一堆书,系统自动识别所有书的信息,不需要图书管理员逐本扫描。在某家卖场中,顾客把购物篮放到指定的位置,机器自动识别购物篮中的所有商品并结账。然后记录2个场景中的关键环节和流程。

思考:什么技术使收银台能一次性读取所有商品信息?

**活动3**:思考交流

教师展示RFID标签的实物,简要介绍RFID的主要特点,并提出2个问题让学生思考和讨论。

问题1:二维码和RFID标签各有什么优势?

问题2:RFID还能应用在什么场景?

如何高效地获取数据?扫描二维码比人工处理的效率更高且不容易出错,但它不能适应所有应用场景,还存在只能逐一扫描的弊端。RFID等技术的出现解决了一些问题,并提高了数据获取效率。技术发展就是这样不断推陈出新,通过灵活多样的策略满足日新月异的应用需求。

以IP地址的设计过程为例,最初,设计者认为,IP地址使用4字节已经足够为全世界所用,并没有预料到互联网应用的发展如此迅速。后来,设计者面对挑战,想出了新的解决方案——IPv6,以解决IP地址资源枯竭的危机,而且IPv6还改进了数据报文格式,支持更多的服务。

可见,随着新问题的不断出现,相应的新策略也会应运而生,解决问题的方案往往是灵活多样的,这也就是信息科技领域的产品、标准、协议一直在更新迭代的主要原因。

**内容举隅：多样的协议** ▶ ▶ ▶ ▶

数据传输的需求是多样的，因此，相应的解决策略和方法也应不同。运输包裹时，人们可以选择不同的运输公司，每家公司都提供相同的基本服务，但又各有特色。与之类似，根据对特定的服务质量的要求，应用层的软件可以选择是通过传输层的 TCP 协议还是 UDP 协议来传输数据。为特定的问题选择更优的策略，体现了人们在处理问题时的灵活性和针对性。

TCP 协议和 UDP 协议之间有一些区别。TCP 协议需要先告诉目的地有报文要发送，等目的地确认后才开始发送；而 UDP 协议在发送报文前不需要建立这样的连接，它仅按照所给的地址发送报文。TCP 协议通过确认和分组重发来确保一个报文的所有片段都被成功传输到目的地，因此，TCP 协议被称为可靠协议；而 UDP 协议不提供这种重发服务，被称为不可靠协议。此外，TCP 协议提供流量控制和拥塞控制，而 UDP 协议没有。

所有这些区别并不意味着 UDP 协议是一种不好的协议。毕竟，基于 UDP 协议的传输层比基于 TCP 协议的更精简，因此，如果一个应用有能力处理 UDP 协议的潜在影响，那么基于 UDP 协议的传输层会是更好的选择。例如，UDP 协议的高效使得它成为 DNS 查找和许多流媒体选择的协议。但是，因为电子邮件在时间上不太敏感，所以邮件服务器使用 TCP 协议传送电子邮件[16]。

**教学设计案例** ▶ ▶ ▶ ▶

### UDP 协议还是 TCP 协议？

**活动 1**：分析需求

分析"看视频"和"发送邮件"两种不同的网络应用的需求，从数据传输的可靠性和高效性两个方面进行比较。

**活动 2**：认识 UDP 协议和 TCP 协议的区别

通过对比，认识 UDP 协议和 TCP 协议的区别。

```
                    传输层
        ┌──────────────┬──────────────┐
        │   TCP 协议    │   UDP 协议    │
        │  比较"可靠"   │  比较"高效"   │
        │ 但不太"高效"  │ 但不太"可靠"  │
        └──────────────┴──────────────┘
```

**认识 UDP 协议和 TCP 协议的区别**

**活动 3**：演示实验

通过抓包软件，展示"看视频"和"发送邮件"的抓包截图，验证两个不同的协议在实际网络传输中的具体工作过程。

**活动 4**：思考交流

TCP 协议和 UDP 协议还可以应用在哪些场景？写出假设并说明理由，寻找资料验证猜想。

发送音频和视频数据的时候，数据必须在规定的时间内送达，不然就会错过播放时机，导致声音和视频的卡顿，像 TCP 协议一样通过接收确认响应来检查错误并重发可能不是最佳选择。此外，音频和视频数据中缺少某些数据包并不会产生严重的问题，只是会产生一些失真或者卡顿，一般都是可以接受的。在这些不需要重发数据，或者重发了也没什么意义的情况下，使用 UDP 协议发送数据的效率会更高[74]。学生可以通过对不同应用场景的分析，在理解 TCP 协议和 UDP 协议特点的基础上，结合实验验证，体会解决问题策略的多样性和灵活性。

相比互联网遵循 TCP/IP 协议（每个设备都可以遵循该协议加入互联网），物联网有很多协议，所运用的技术也不同，如蓝牙、NB-IoT、Sigfox、LoRa 和 ZigBee 等。不同场景中的通信可以使用不同的协议，这种灵活性极大地促进了物联网的发展和广泛应用。需要注意的是，教学中不要过于强调概念本身的界定。《解读》指出，物联网中的"物物通信"来源于不同领域，因此尚无统一的物联设备规范与物联网协议体系，甚至哪些"物"可算作"物联设备"仍存在争议，作为物联网中合格的"物"应该具备什么样的数据存储及处理能力，在不同应用场景中的要求通常不一样，所使用的互联协议也不尽相同。[23]

# 第三节　培养科学精神

知识的意义在于它具有促进人的思想、精神和能力发展的力量。作为人类的认知成果，知识蕴含着启迪思想、情感、价值观乃至整个精神世界的普适意义。这种意义的存在，使学生通过知识习得建立价值观成为可能，并在探索和解决问题的过程中，激发学生的理性与务实精神、创新精神，塑造学生勇于挑战和坚毅的品格。

## 一、自主可控意识

我国把科技创新、创新人才培养摆在重要位置,"自主可控""原始创新""原创精神"已经成为当前十分重要的话题。自主可控技术对中国未来发展非常重要,但这并不意味着要让学生在中小学阶段就研发出自主可控的技术,而是要引导学生认识到,国家要实现高质量可持续发展,必须掌握各种关键技术,必须有原始创新,要让学生从小就有探索精神和创新追求,树立正确的世界观,这是课程关注自主可控最重要的原因。

核心信息技术自主可控直接关系国家产业安全、经济安全。"一个互联网企业即便规模再大、市值再高,如果核心元器件严重依赖外国,供应链的'命门'掌握在别人手里,那就好比在别人的墙基上砌房子,再大再漂亮也可能经不起风雨,甚至会不堪一击。"[75]

《义教课标》指出,学生应具备信息社会责任,能认识到网络空间秩序的重要性,理解自主可控技术对国家安全以及互联网和物联网未来发展的重要意义。信息安全是六条逻辑主线之一,课程实施中应将国家安全主题教育有机融入,注重创设真实问题情境,结合在线社会中的应用实例,引导学生了解信息安全的重要意义,发现其中潜在的风险,了解信息安全、自主可控技术关乎国家、社会、家庭、个人的切身利益,树立正确的安全观[1]。

**内容举隅:自主可控和网络安全相关要求** ▶ ▶ ▶ ▶

在《义教课标》各模块中,关于自主可控与网络安全的要求分析如表 2-8 所示。

表 2-8 关于自主可控与网络安全的要求分析

| | "互联网应用与创新"模块 | "物联网实践与探索"模块 | "人工智能与智慧社会"模块 |
|---|---|---|---|
| 内容要求 | 增强自觉维护网络安全与秩序的意识和责任感,全面提升数据安全意识。 | 了解物联网中发展自主可控技术的意义,了解自主可控生态体系对我国国家安全的重要作用。认识物联网中自主可控技术的重要作用。 | 了解人工智能带来的伦理与安全挑战,认识到为保障智慧社会的安全发展自主可控技术的必要性。 |

(续表)

| | "互联网应用与创新"模块 | "物联网实践与探索"模块 | "人工智能与智慧社会"模块 |
|---|---|---|---|
| 学业要求 | 知道如何注册或更改用户信息、设置合理的安全密码,具备识别网络谣言和不良数据的基本能力。 | 认识物联网中自主可控技术的重要作用。 | 知道人工智能可能的科技发展方向和安全挑战,了解智慧社会及自主可控技术的地位。 |
| 教学提示 | 针对某些特定应用场景,指导学生注册用户标识、设置合理密码、严格遵循身份验证流程、使用网盘备份文件、对重要数据文件和个人隐私信息的保存及传输进行加密等,帮助学生认识网络安全的重要性,掌握保护重要数据和个人信息的基本手段。 | 通过真实或模拟的特定场景,帮助学生了解身边的物联设备对塑造网络虚拟身份的作用,使学生养成自觉保护个人隐私、树立维护虚拟数字世界秩序的意识。 | 无。 |

根据《义教课标》的要求,一些教材或参考资料选择了真实案例。例如,《信息科技 第五册》(电子工业出版社出版)提供新闻供学生阅读:"央视'3·15'晚会揭露了某些商家使用在门店安装的摄像头进行人脸识别,用于消费者管理的问题。顾客进店后在完全不知情的情况下就被采集了人脸数据,这些信息一旦被泄露,将严重威胁个人的财产、隐私安全。"在此新闻基础上,教材设计了项目活动:随着图像处理和人工智能技术的发展,不少"换脸"应用走红网络,只要动动手指,就可以将自己的脸替换成别人的脸。请你体验"AI换脸",你认为"AI换脸"在生活中的应用是否存在安全风险?说说你的理由,并谈一谈我们应当如何进行防范。

**教学设计案例** ▶ ▶ ▶ ▶

### 自主可控——雪人计划

**活动1**:阅读两则新闻(摘要)

新闻报道1:"雪人计划"打破根服务器困局　全球互联网有望实现多边共治

来源:科技日报 2015年6月24日

根服务器是国际互联网最重要的战略基础设施,是互联网通信的"中枢"。由于种种原因,现有互联网根服务器数量一直被限定为 13 个。基于全新技术架构的全球下一代互联网(IPv6)根服务器测试和运营实验项目——"雪人计划(Yeti DNS Project)"今天正式发布,该计划将打破根服务器困局,全球互联网有望实现多边共治。该计划对我国网络主权和安全利好。

新闻报道 2:工信部批准中国信通院设立域名根服务器

2019-12-06 21:28　来源:新华社

工信部已批复同意中国信息通信研究院设立域名根服务器及域名根服务器运行机构。访问互联网时,要经过一个由域名到 IP 地址的转换过程,这个过程是通过域名解析系统来实现的(需要域名服务器)。绝大多数互联网应用依赖其实现网络资源的寻址和定位。域名根服务器是互联网最为核心的系统和最为重要的基础设施之一,事关网络运行和信息安全。

**活动 2**:小组讨论三个关键词

结合已有关于域名解析和 IP 地址的相关知识,小组围绕三个关键词"域名解析、域名根服务器、IPv6"展开讨论,思考为什么"域名根服务器事关网络运行和信息安全"。

**总结与拓展:**

在对域名解析进行思考的基础上,进一步拓展到对整个互联网的深入思考,如路由器的自主可控问题、网络数据的跨境流动问题等。

——案例改编自　上海市华东师范大学第二附属中学(紫竹校区)　吴庭婷

以上案例中,学生通过阅读新闻报道,分析新闻要点,结合域名解析的关键知识,在讨论中认识到国家在自主可控方面所做的努力。

要注意的是,教学中应避免把"自主可控"仅仅当作"自主可控技术"。除了解决技术问题,还要培养国家安全意识。教师要让学生既意识到自主可控和数据安全的技术问题,也认识到自主可控是一个复杂而长期的问题。教学中应选择真实案例,呈现客观事实,以法律为依据,分析其中存在的问题,要通过自主可控意识的培养,激发学生科技强国和科技报国的决心。

中国工程院院士卢锡城认为,自主可控的根本目标是安全可控。值得关注的是,在经济全球化的开放形势下,简单地用"国产化"或"有自主知识产权"来表征产品的自主可控容易产生误导。国产的产品中可能包含仍然受制于人的技术"命门";"有自主知识产权"的产品中可能包含技术上尚未完全掌控的开源资源。衡量自主可控水平的"尺子"应是安全可控程度。

信息领域面对的是人为构建的虚拟世界,其规则多元化,因此形成了特有的竞争特点:产业链纵向长,可跨多个国家;产业链横向抱团,以核心技术和产品为龙头,以利益为纽带,形成大企业扛旗、众多企业参与的抱团竞争的"利益共同体";构建有竞争力的体系仅凭单个或者几件产品还不够,要有相互关联紧密的产品群。

自主可控要遵循技术发展规律。无论是硬件还是软件失去自主可控,根源问题是基础研究问题,是核心技术存在差距。弥补基础研究和核心技术差距绝非一朝一夕就能完成,自主可控战略只能立足持久战,脚踏实地、一步一步地去夺回失去的阵地。

自主创新不等于闭门造车,而是应该尽可能共享人类文明发展的成果。但要依据"安全可控"准则,"搞清楚哪些是可以引进但必须安全可控的,哪些是可以引进消化吸收再创新的,哪些是可以同别人合作开发的,哪些是必须依靠自己的力量自主创新的"。我国自主可控战略实施正处在关键时刻。自主可控的重要目标是能主动吸纳基础研究和核心技术攻关成果,摆脱技术受制于人的状况,走出一条自主可持续发展的道路。

## 二、理性务实精神

《义教课标》中的学习内容凝聚了科学家和工程师的智慧,具有促进学生思维、精神和能力发展的内在力量,对于培养学生的理性精神、科学精神、务实精神以及促进思维发展具有不可替代的作用。

**1. 理性精神**

在中小学教学中,理性精神主要指学生能够在比较复杂的技术和生活情境中,从感性走向理性,把握事物之间的关联,认识信息科技发展的脉络,形成重数据、讲论据、有条理、合乎逻辑的品质[76]。它指向严谨思考、慎思明辨、追求真理、实事求是、积极反思、勇于怀疑和批判的思维方式。诺桑·S.亚诺夫斯基认为,"人类的理性是有边界的,如果我们执意相信理性是无所不能的,就会被理性的局限所限制,从而导致缺乏足够的想象力和探索精神"[77],用理性寻找理性的局限是理性思维的高级层次。

信息科技课程内容本身就蕴含了丰富的理性精神,例如,为应对技术应用两面性的批判而产生的诸多应用规则(如阿西莫夫提出的"机器人三原则")、人工智能的"六大原则"(公平、可靠和安全、隐私和保障、包容、透明、负责)。学生在社交媒体中交流思想、分享知识时,也能意识到网络霸凌、隐私泄露、信息过载等问题,认识到社交媒体的优势和潜在危害。我们应引导学生遵守道德规范和科技伦理,促使他们在数字世界与现实世界中健康成长。

### 内容举隅:人工智能与智慧社会 ▶▶▶▶

《义教课标》中"人工智能与智慧社会"模块的部分要求分析如表 2-9 所示。

表 2-9 《义教课标》中"人工智能与智慧社会"模块的部分要求分析

| | |
|---|---|
| 内容要求 | 理解人工智能的特点、优势和能力边界。<br>了解人工智能带来的伦理与安全挑战,增强自我判断意识和责任感,做到与人工智能良好共处。 |
| 学业要求 | 知道人工智能可能的科技发展方向和安全挑战。 |
| 教学提示 | 通过对常见人工智能应用的分类和分析,引导学生发现其中存在的不同实现方式,认识各种实现方式的计算过程,了解其适用的场景。 |

在"人工智能与智慧社会"模块的内容要求中,"理解人工智能的能力边界"非常重要,这有助于学生从感性走向理性。1986 年,我国著名科学家马希文在休伯特·德雷福斯的《计算机不能做什么——人工智能的极限》一书的"校者的话——代中译本序"中指出:推广计算机时,应采取科学的态度,……比如 20 世纪 70 年代末,人们过分强调计算机在生产自动化方面的作用,甚至把应用的目的片面地理解为节约劳动力。……终致使我国计算机应用的日程表向后推迟了若干年。……如果漫不经心地把没有经过科学论证的命题应用到社会生活中,我们很可能再次付出代价。实际上,主张计算机能代替人脑的,不仅我国学术界有,国际学术界更是大有人在。这就使许多外行人更容易轻信[78]。人们之所以会轻信,就是缺少理性精神,缺少重视论据和合乎逻辑的品质。

吴军在《计算之魂》中指出,一些不了解人工智能背后技术的人,凭着幻想猜测它的能力,他们忘记了计算机和人工智能的能力有数学上的边界。这一边界,就如同物理学上无法超越的光速极限或绝对零度极限一样,其在最根本的层面上限制了人工智能的能力。这一边界与技术无关,仅取决于数学本身的限制。

在数学领域,也只有一部分问题我们能够判断是否存在答案。在有答案的问题中,有一些是可以通过图灵机解决的,即可计算问题。当然图灵机是一种理想状态的计算机,它所谓的有限时间可以非常长,因此,现实生活中的计算机能解决的问题(即工程可解问题)是可计算问题的子集。那些计算复杂度等于或超过指数函数的问题,都属于在工程上无法解决的问题。当前人工智能可以解决的问题,并没有超出图灵机可计算问题的范畴。[57]

人工智能显得很聪明,能做越来越多的事,主要是因为很多问题过去没有找到转变为数学问题的桥梁,现在找到了。但是无论怎样发展,人工智能的能力都不可能超出"可计算"的范畴。迄今为止,计算机相关理论和技术的发展,都没有超越图灵机的范畴。也就是说,20世纪30年代图灵为计算机能解决的问题设定的范围,至今还没有被超越。因此,我们将注意力放在利用人工智能解决现有问题上比杞人忧天或者异想天开更有意义。

在选择教学资源时,要避免使用夸张或模糊的智能应用场景,应该让学生体会如何精确界定问题、设计实用且有效的步骤、合理使用数据、不断调整和优化算法、验证运行结果、审慎得出结论等,这些是对学生实事求是和客观理性精神的培养。认识技术的局限性,理性地看待各种物联网、互联网和人工智能的应用,理解它们能做什么、如何影响我们、它们的限制是什么以及它们正常运作的条件等,对于培养学生的科学精神至关重要。

在教学中,也可以开展专门的活动。以探究数据的价值为例,可以选择适量的、多样的和多维的数据,让学生经历数据采集、数据清洗、数据分析、数据可视化呈现等过程。通过实践,学生可以更好地理解如何审慎对待数据分析的结果,并了解数据驱动决策对社会发展的意义以及其自身存在的局限性。

**2. 务实精神**

如果说理性精神更偏重认识层面,那么在实践层面的工程实现更加注重务实精神的培养。《解读》对工程实现进行了详细的阐述:"信息科技中的科学原理、计算思维和处理过程最终通过工程设计实现对人类社会的影响。当代信息科技的工程实现是面向各行各业中的问题,进行问题界定、模型建立和运用、数据采集和分析、运用计算思维设计解决方案,并在实施中不断优化方案的完整过程。这一过程包含问题解决者在问题解决标准和各种约束条件下的各种权衡。"[23]

工程实现与单纯的"设计"不同,往往需要学生亲身参与,需要考虑约束条件,需要在权衡中做出明智的决策,需要从实现的角度调整设计方案,去除理想化或幼稚化的设计。每个广泛使用的软硬件产品或应用系统,都必然涉及科学原理、思维方法、处理过程和工程实现,需要软件、硬件、环境等共同架构。因此,在信息科技课程的学习过程中,当学生解决真实问题时,他们会不断体验与思考上述几个方面。这有助于学生深化对科学与技术的理解,并进行迁移与应用。在调整方案、测试调试、优化成果的过程中,学生的务实品格也会得到有效提升。

**内容举隅:物联网实践与探索** ▶▶▶▶

《义教课标》中"物联网实践与探索"模块的部分要求分析如表 2-10 所示。

表 2-10 《义教课标》中"物联网实践与探索"模块的部分要求分析

| | |
|---|---|
| 内容要求 | 通过简易物联系统的设计与搭建,探索物联网中数据采集、处理、反馈控制等基本功能。 |
| 学业要求 | 根据学习任务的需要和可用的实验设备,设计并搭建具有数据采集、实时传输和简单控制功能的简易物联系统。 |
| 教学提示 | 通过分析典型物联应用、使用物联设备、搭建简易物联系统等途径,指导学生实践,并掌握从物联设备中读取、发送、接收和使用数据。 |

务实精神意味着脚踏实地而非夸夸其谈,能灵活地根据实际情况和客观条件解决问题,能克服困难做出成果而非只是停留在想法层面。搭建简易物联系统是将设计方案"工程化"和物化的过程。在这一过程中,学生一定会遇到很多在设计阶段未能预料的难题,面临未能如愿实现的失败和挫折。这些挑战为他们提供了反思需求分析的现实性和传感器选择的合理性的契机。通过分析预期效果与实际工程化结果之间的差异,学生能够发现设计中的缺陷并加以改进。在教师指导下,学生通过动手操作和实践,"一砖一瓦"地搭建,排查每一个错误,直至达成预期效果。在这个试误、探究和实践的过程中,学生无法忽略任何一个程序、模块、参数或硬件等细节,避免用不合理的方案完成原型搭建,也不能用马虎的原型设计代替成品。务实的品格就是在这样富有想象力的设计和严谨的工程化测试过程中逐渐养成的。

## 三、创新实践精神

我国高度重视创新人才培养,"数字化学习与创新"是信息科技课程的核心素养之一。《关于加强新时代中小学科学教育工作的意见》指出,要激发中小学生的好奇心、想象力和探求欲,引导学生广泛参与探究实践,做到学思结合、寓教于乐。

这为如何培养中小学生的创新精神指明了方向。

直至今日,在谈论科技发展历程时,人们往往只关注那些成功的科技成果。然而,纵观科技的发展历程,成功往往是充满了机缘巧合的复杂过程,由多个因素促成。一项对上海市中学生的调查显示,当被问及"用几个词来描述你对信息科技的认识"时,大部分学生的回答聚焦在"酷、炫、创新、便捷、功能强大、令人惊讶……"等词汇,然而,对于"失败、挫折、艰难、困苦、智慧、勇气、创造、坚守……"等学生较少提及。此外,当被问及"你知道哪些科技领域的人员或科学家"时,只有少数学生知道科学家的贡献。

如果学生只停留在对科技创新成果感兴趣,而缺乏对创新从何而来的好奇心,那么,他们对创新的认识是不全面的。只有让学生参与实践探究,激发他们对科技创新的好奇心、想象力和探求欲,他们才能从实践中汲取创新方法、创新精神,并深刻领悟科学家解决问题的坚毅品格,以及我国科学家致力于科技强国的精神。

**1. 认识创新成果,体验创新方法**

虽然对创新成果的认知仅仅是培养创新精神的第一步,但这一步是至关重要的。为了展现我国在信息科技领域的建设成就,我们必须为学生提供具有说服力的真实案例,使他们深入理解科技创新如何推动社会的各个领域产生变革,但仅仅停留在对科技创新成果的认知层面是远远不够的,我们更须设计具有启发性的体验活动,帮助学生领悟创新的思路和方法,并了解行业专家是如何运用独特的方法创造性地解决实际问题的。

`内容举隅:互联网应用` ▶ ▶ ▶

在《义教课标》的"互联网应用与创新"模块中,关于互联网应用的要求分析如表 2-11 所示。

表 2-11 关于互联网应用的要求分析

| | |
|---|---|
| 内容要求 | 通过在线活动,分析互联网应用的特征。<br>认识到互联网带来的新媒体、新社交、新资源对学习和生活的影响。 |
| 学业要求 | 通过短视频等互联网工具或平台,进行沟通交流……<br>知道在常见应用中,如何编码、组织、传递网络数据。 |

随着互联网应用不断丰富,通过网络传输静态图像和文字内容的功能已不能满足现代生活的需要,人们越来越多地要求利用网络实时传输音频和视频,但是带

宽的限制是个很大的难题。这就对网络传输技术提出了新的要求。流式传输技术就是为了解决这个难题而发展起来的,该技术被广泛应用于视频点播、视频会议、远程教育、远程医疗和在线直播系统中。

**教学设计案例** ▶▶▶▶

### 流 式 传 输

**活动1**:对比在线视频和下载到计算机中的视频

第1步:打开网站,观看在线视频;

第2步:打开某视频下载网站,将指定的视频文件下载至计算机后播放观看,记录视频文件的属性。

问题1:在线视频有怎样的特点?

思考交流:对比在线视频与下载后的视频的观看体验。例如:两者在播放时进度条存在明显区别;在任意拖动进度条的时候,在线视频会比下载后的视频有更长的延迟……

**活动2**:流媒体与网络协议

问题2:猜测一下,在线视频的传输方式是怎样的?

小组讨论:猜测在线视频传输的方式,并写出关键词。

教师讲授:流媒体的数据流随时传送、随时播放,像流水一样发送,只是在开始时有一些延迟,可以大大缩短用户的等待时间。流式传输不仅使启动延时大大缩短,而且不需要太大的缓存容量,解决了用户必须等待整个文件全部下载完才能观看的问题。

以小组(至少4人)为单位,设计并展示一个角色扮演游戏,模拟呈现出UDP协议和TCP协议的过程,突出它们的不同。

问题3:什么情况会优先选择使用流媒体?你从技术创新中得到哪些启发?

流媒体的应用也有很多创新——远程教育、视频点播、在线直播、视频会议和远程医疗等。

——案例改编自 上海市同洲模范学校 陈聪

当学生流畅地观看在线视频时,往往不会对"为何能流畅看"加以思考。这需要教师引导学生发现问题,如带宽有限而视频文件太大,两者之间的矛盾该如何解决? 流媒体技术的出现,不仅解决了在线看视频的问题,也衍生出更丰富的互联网应用。

课程中有很多内容都可以从应用场景出发,引导学生理解原理。例如,可以围绕网页从静态到动态的演变、网络内容如何从简单的文本和图片发展到更加丰富多样的形式等问题,让学生在实验环境下体验互联网应用从单一到丰富、从低效到高效、从简单到复杂的发展过程,体验科技不断继承和发展的过程,这能促进学生深入理解知识之间的联系,领悟技术创新的价值,并激发他们对发明创造的兴趣和热情。在学生经历问题解决的过程中,我们不仅要注重让学生获得成功的学习体验,让他们了解科学家和工程师不断创新的方法,而且要设计具体的实践任务,让学生体验创新之不易,在不易中接受挑战。

**2. 培养坚毅品格**

培养学生的坚毅品格至关重要。坚毅品格的培养并非一蹴而就的,它源于挑战困难的决心、坚持不懈的毅力,以及接受失败并从失败中学习的智慧。课程为学生提供了丰富的实践机会,帮助他们在面对挑战、克服困难的过程中,逐渐培养出坚毅的品格。

首先,可以让学生了解信息科技的发展历程,从科技发明的源头上学习知识。信息科技的发展历程中充满了失败和成功的案例,既有山重水复疑无路的困境,也有柳暗花明又一村的转机。通过学习这些案例,学生可以深入了解科技发展的来龙去脉,从中汲取前人的经验教训。

其次,要有意识地让学生经历设计与优化的过程。学生需要亲自动手进行实践操作,从设计到实现再到优化,每一个环节他们都需要付出努力和耐心。通过这样的实践过程,学生可以体验到创新的艰辛与乐趣。

最后,要让学生感悟信息科技中蕴含的人类解决问题的智慧。信息科技的发展是人类智慧的结晶,其中蕴含了无数科学家和工程师的智慧和汗水。通过学习,学生可以深刻体会到人类解决问题的智慧和方法,从而激发探索未知领域的勇气和决心。

例如,以"计算机之间如何互连成网络"为单元问题,鼓励学生从简单到复杂,尝试设计连接方案。在教师的引导下,让学生经历网络连接设备(集线器、交换机、路由器等)从无到有、从低效到高效、从简单到复杂的问题解决过程,体验不断继承、发展和创新的过程,感悟解决方案中凝聚的科技工作者的智慧,促进学生深入理解知识之间的联系,理解技术创新的价值,激发他们发明创造的热情。

科技是在试误、迭代中进步的。要向学生呈现科学家和工程师在逆境中百折不挠、自强不息的感人故事,让学生感受科技工作者为追求理想艰苦奋斗的精神。通过对信息科技发展历程的回顾,学生可以看见科学技术发展的真实过程。科技史并不是科学家和工程师的成功史,而是也有大量失败的经历。

德国哲学家韦伯曾讲过:"在每一个历史事件背后,必须有一种精神。"查尔斯·巴贝奇为把"分析机"的图纸变成现实,耗尽了自己全部的财产。晚年的他已经不能准确地发音,甚至不能有条理地表达自己的意思,但是他仍然百折不挠地坚持工作。最终仍未能造出"分析机"。同样,阿达·奥古斯塔一生也都在孜孜不倦地探究"分析机",最终只能怀着成功的美好梦想英年早逝。但他们为计算机科学留下了极其珍贵的精神遗产,包括 30 种不同的设计方案、近 2000 张组装图和 50 000 张零件图。信息科技课程应让学生认识到科学历程的艰辛,感受到自强不息、敢于怀疑、敢于创新、不怕失败的科学精神。通过对知识的深入分析,了解真实的人物和故事,学生能更理性地看待成功与失败,养成坚毅的品格。

**内容举隅:专家系统与机器学习** ▶ ▶ ▶ ▶

在《义教课标》的"人工智能与智慧社会"模块中,关于机器学习的要求分析如表 2-12 所示。

表 2-12　关于机器学习的要求分析

| | |
|---|---|
| 内容要求 | 初步了解人工智能中的搜索、推理、预测和机器学习等不同实现方式。<br>分析典型案例,对比计算机传统方法和人工智能方法处理同类问题的效果。 |
| 学业要求 | 了解人工智能的三大技术基础,知道目前常见的人工智能实现方式。 |

早期的人工智能应用,尝试直接定义公理、命题和规则,用这些公理、命题和规则写成的程序经过计算机处理后,呈现一定的智能。目前的人工智能与传统的用计算机程序解决问题是不同的。这个不同主要表现在人工智能应用需要训练,其决策来自从数据中习得的模型而非程序本身,而用计算机程序解决问题则是根据事先写好的程序进行运算,其决策来源于程序代码。[79] 以识别手写数字为例,过去采用计算机图形学的方法,编写程序按一定的规则进行计算,程序能运用的规则越复杂,识别的效果越好。现在采用人工智能的方法,识别的能力已有极大的提升。

要落实"对比计算机传统方法和人工智能方法处理同类问题的效果"这一内容要求并不容易。如果仅由教师讲解和分析,学生难以参与,也就难有体会。如果只是提供两个不同的程序(或工具),告诉学生其中一个是传统方法,另一个是人工智能方法，然后对比它们的效果(如图像识别的不同方法)，那么学生获得的只是两种方法表面的效果差异，并不能理解方法之间的内在差异。而且大部分学习材料囿于篇幅，只能简略呈现人工智能的发展历程。人工智能何以发展？人类如何探索？为何会出现低谷？科学家和工程师又如何在坚持和创新中走出低谷？所谓"方法"的创新究竟是指什么？面对这些问题，学生依然感到茫然。只有设计出能让学生参与和体验的活动，学生才能从类似"亲历"的过程中体验解决问题的方法的局限，感受方法创新的真正意义。

**教学设计案例** ▶ ▶ ▶ ▶

### AI 家庭医生——专家系统初探

*活动 1*：构建"AI 家庭医生"医学知识规则

观看"全科 AI 给病人看病"的视频，分析 AI 问诊的一般过程。

问题 1：交流医学知识的表示方式。

实践：以感冒的诊断为例，使用编程软件组合 3 个症状，设计诊断规则，诊断出不同类型的感冒。

*活动 2*：实现"AI 家庭医生"问诊与诊断功能

问题 1：如何通过已有医学知识规则来实现诊断？

问题 2：如何存储 AI 与患者的对话过程？

问题 3：如何通过已有医学知识规则建立 AI 的"推理"能力来实现诊断？

实践：拖动、搭建相关积木，实现问诊与诊断功能。通过医学知识规则的建立和存储、诊断程序的搭建，理解专家系统知识规则的表示及知识推理的基本原理。

*活动 3*：设计与优化"AI 家庭医生"诊断方案

问题 1：如何增加更多医学知识规则？

实践：设计增加更多医学知识规则的解决方案，比较不同方案(如"增加规则进行推理""以第一次推理的结果，作为第二次推理的开始")的差异。

问题 2：如果增加更多的规则，如何继续优化程序？

*总结*：

思考专家系统的优势和局限，了解人工智能的发展历程，认识技术的发展并非一帆风顺，往往要经历挫折和困难。

——案例改编自　上海市实验学校　陆伶俐

在人工智能的学习中,专家系统是一个不可或缺的内容,但它常常被忽视。专家系统不仅是机器学习的前身,更是让学生感悟技术发展不易、问题解决方法重在创新的关键载体。20世纪70年代,由于计算机性能不足,早期很多程序无法在人工智能领域得到应用,而且没有足够大的数据库来支撑人工智能算法进行深度学习,导致人工智能进入第一次低谷。20世纪80年代,出现了"知识库+推理机"的专家系统。该系统能根据一个或多个专家提供的知识和经验进行推理和判断,并可以模拟人类专家做出决策。但是专家系统仍需要人工定义规则,这项工作不但费时费力,而且在语音识别、图像识别等自然输入的应用场合中难以实施。这导致人工智能进入第二个低谷期[80]。从20世纪90年代中后期开始,人工智能研究逐渐走出"寒冬",研究重点由教给机器某领域内的特定知识变为让机器自动学习知识。机器学习、深度学习等得到快速发展。

通过体验专家系统,学生将亲身经历其设计与改进的过程。他们不仅能感受到应用"知识库+推理机"后,系统性能提升所带来的成就感,也逐渐认识到专家系统的局限性和技术进步的不易,理解出现技术"低谷"的必然性。在这个过程中,学生会逐渐意识到,技术发展并非一帆风顺,而是充满了曲折和挑战。

当学生认识到专家系统的局限性时,他们自然会对机器学习产生兴趣。通过比较专家系统和机器学习在解决问题上的差异,学生将更深入地理解方法创新的重要性。他们将明白,每一次技术的突破都离不开对既有方法的改进和创新,创新是推动技术发展的真正动力。在这个过程中,学生将更加珍惜每一次学习的机会,以更积极的心态面对困难,这将成为他们未来面对各种挑战时的宝贵财富。

## 第四节 常见问题探讨

### 一、难度与深度

**1. 问题**

原理的学习会不会带来难度升高?以前的课程内容以信息处理为主线,学生主要学习工具应用,而新课程内容增加了原理性知识,这显然增加了课程深度,会不会导致课程难度的增加?

**2. 探讨**

人们往往会混淆课程难度与课程深度这两个不同的概念,认为课程越深就越难。其实,增加科学原理必然增加课程深度,但是未必会增加难度。在某些情况下,对原理的学习并不意味着是艰苦和困难的,原理的解释性反而会减轻学生机械记忆的负担。很多一线教师最担心的不是课程难度升高,而是难度升高带来的一系列教学挑战。难度与深度是一对既有相关性又有区别的词,容易令人混淆。

(1) 课程难度与深度的含义

黄甫全认为,课程的实质问题是课程难度。因此,深入地认识和把握难度问题具有现实意义。第一位系统研究课程难度问题的学者是赞可夫,他为我们揭示了难度"这个概念的含义之一,是指克服困难。……另一个含义,是指学生的努力"。"我们指的不是任意一种难度,而是要能认识现象的相互依赖性及其内在的本质联系的难度。"[81]

对人的认识来说,万事万物的发展都客观地存在着难度问题,自然、人类社会和思维的发展莫不如此。难度是客观的,但同时又是认识主体的一种主观体验。在认识活动中,主体不断克服其体验到的难度。没有认识活动,没有主体的体验,就没有事物的难度可言。

从教育活动中主体和客体的相互作用来分析,课程难度分为绝对难度和相对难度。课程的内核是经过选择、组织和规范后的人类知识和经验。在将人类知识和经验转化为课程时,在广度上有量的多少之分,在深度上有质的高低之别,在进度上有时间的长短之差。课程难度对课程客体自身来说,是绝对难度。

当课程进入实施阶段,同一个学生对不同绝对难度的体验、不同的学生对相同绝对难度的体验,都是有差异的。有经验的教师知道,影响课程难度的因素有很多,比如学生的认知起点、认知基础、知识储备、问题的复杂程度、烦琐程度、抽象程度、内容是否远离生活经验等。因此,课程难度是一种人的主观活动的产物,既具有主观性,又具有客观性。

此外,课程难度是由小到大、由低到高的几个阶段难度组成的一道动态上升的阶梯。在教育活动过程中,教师要求的高低、家长要求的高低、学生自我要求的高低、教和学的方法适宜与否、教学条件等相关因素的状态,都会导致课程难度的变化。总之,课程深度是影响课程难度的一个重要因素。

(2) 课程难度的刻画模型

刻画课程的难度是非常困难的,人们往往凭借自己的经验进行直观评价。史宁中、孔凡哲等人从影响课程难度的三个主要因素(课程深度 S、课程广度 G 和课程时间 T)入手,构建了刻画课程难度的定量模型,并以我国义务教育阶段数学学科几何课程中的典型主题为例进行了具体分析,定义和分析课程难度系数 N,建立函数关系式:$N=f(S,G,T)$。

课程深度泛指课程内容所需要的思维的深度,它是一个非常难以量化的要素,涉及概念和数学原理的抽象程度以及概念之间的关联程度(徐利治、郑毓信称之为"数学抽象度"),还涉及课程内容的推理与运算步骤。

课程广度是指课程内容所涉及的范围和领域的广泛程度,可以用通常所说的"知识点"的多少进行量化。

课程时间是指完成课程内容所需要的时间,可以用"课时"多少进行量化。[82]

关于课程深度,史宁中、孔凡哲认为,可以用数学抽象度分析法来量化。根据徐利治、郑毓信《数学抽象方法与抽象度分析法》的抽象度分析法[83],依据知识点之间的抽象关系,可以把一个单元或知识序列的知识点绘制成有向平面图。

后续,史宁中、孔凡哲对模型进行了新的诠释,采用给目标动词赋值的办法来刻画课程深度,即用课程目标要求高低的标志目标动词来量化课程深度。

以上数学领域关于课程内容深度和难度的刻画方法,可为在信息科技学科中理解难度和深度之间的关系提供借鉴。

(3) 认知负荷理论对理解课程难度的启示

20 世纪 70 年代,随着认知心理学研究的深入,认知学习理论在教学设计中的基础地位日益凸显。在教学设计中,人们普遍遵循两个原则:一是依据学习过程设计教学过程,二是以学生已有知识及其结构作为教学起点。然而在教育实践中存在一个不可否认的事实:即使教学满足了上述两个条件,学生遇到复杂的学习任务时,依然会出现明显的认知困难。为了解释这一现象,澳大利亚心理学家斯威勒等基于一系列研究结果,提出了著名的认知负荷理论。[84]认知负荷从何而来?马克斯、库珀和斯威勒指出,面对既定的认知任务,个体产生的认知负荷主要来自以下三个方面。

一是学习材料的性质。一般说来,如果学习材料包含的元素之间的关联度较低,给学习者带来的认知负荷就较低;反之,如果学习材料包含的元素之间的关联度较高,给学习者带来的认知负荷就较高。例如,当学生逐个学习存储单位(如比特、字节等)时,之所以感到轻松,是因为它们之间的关联度小,带来的认知负荷低;当需要学生比较多个文件的存储容量大小时,之所以感到困难,是因为不同的存储单位之间具有高关联度,需要换算才能得出结果。又如,相较于学习"传感器的分类","根据需要选择合适的传感器"难度更高。

二是学习材料的呈现。同样的学习材料,如果以不同的方式组织和呈现,将会对学生的认知负荷产生不同的影响。例如,如果把物联网的三层结构以图示的方式呈现,它给学生带来的认知负荷会比文字呈现的方式要小。这是因为后者需要学生在大脑中构建物联网的结构关系。

三是学习者的已有经验。如果学生已经掌握了足够的与学习内容相关的知识,并能够自主应用这些知识,那么他们就能迅速将要处理的信息整合到已有的知识框架中,减少信息处理的单元数量,降低学习过程中的认知负荷。例如,当学习UDP 协议时,如果学生已经有了关于网络协议、TCP/IP 协议、数据包的知识,那么他们就能更容易理解 UDP 协议。相反,如果学生没有掌握相关基础知识,那么他们可能难以理解 UDP 协议。

**3. 教学建议**

课程深度的增加是有意义的。虽然互联网、物联网以及人工智能的原理具有一定的抽象性,这些领域的应用创新和实践探索以及人工智能算法体验也有一定的深度,并带来难度的增加,但是这些有深度的内容是培养计算思维不可或缺的载体,也是学生进行应用与创新的必要基础。

不论技术呈现出多少种外在应用形式,都不会偏离其本质。就如同不论扫地机器人的外形有多少种,其内部依然是感知、控制、人机交互等基本思想方法的运用。相比以往仅从技术的角度去学习(如了解机器人的构成、功能,掌握机器人的操作),《义教课标》的内容更加注重过程与控制的原理,学生看到的不再只是机器人的"表象",而是机器人内在的控制机制,这些都是计算思维培养过程中必不可少的"深度"。

如前文所述,课程深度的增加并不一定会导致难度的增加。影响学习难度的因素有很多,如学生的认知起点、认知基础、知识储备、问题的复杂程度、烦琐程度、抽象程度、内容是否远离生活经验等,但是深度会影响难度。如何处理这些矛盾?庞维国梳理了认知负荷理论已揭示的 12 种认知负荷效应,我们可以从中获得一些具体的教学指导,以下列举部分。

(1) 有效调控学生的认知负荷,控制难度

梅耶等人认为,有效的教学设计可以降低学生的内在认知负荷(由学习材料的难度带来的负荷),这可以通过任务分割来实现。

以传感器的教学为例,传感器的作用是个学习难点。设想这样一个场景:学生正在观看一部包含详细解说的关于"传感器"的视频,但由于播放速度比较快,学生没有足够的时间去深度处理信息。然而,如果在连续的视频播放过程中,教师主动暂停,把视频分解成若干片段,学生就有时间从每个片段中选择图像和文字,进行更为充分的认知加工,从而更好地理解和分析视频内容。例如,在播放一段讲解汽车安全行驶过程中传感器作用的视频时,教师可以运用"标注"技巧,强调学生需要观察的关键点(如汽车后视镜中出现的警告标记等),视频结束后,回溯视频并引导学生详细讨论这些细节背后传感器的作用,帮助学生产生更为直观的理解。\*

(2) 提供样例

斯威勒等人的研究揭示了一个现象:当处理复杂的任务挑战时,展示已解答的实例能够显著提升学生的问题解决能力,这被称为解答样例效应。通常,解答样例能够明确展示问题解决的逻辑路径,提供清晰的关键信息,并通过减少盲目尝试,减轻了学习者的认知负荷。

然而,过度依赖解答样例可能导致学生浅尝辄止,不再认真地研究待解问题,颠倒了解答样例与待解问题的主次。为规避这种困境,研究者提倡使用部分解答的样例,鼓励学生自主填补缺失环节,这样既可以减轻他们的认知负荷,又可以促进知识的迁移。例如,在设计"智能蔬菜大棚"系统时,教师可以先提供温度控制子系统作为样例,引导学生在样例的基础上,继续完成光照、土壤湿度等子系统的设计。

(3) 增加关联认知负荷

在总体认知负荷不超载的情况下,增加关联认知负荷更有助于学习和迁移。变式效应(即变化问题情境)可以引导学生对相互关联的信息之间的关系做出解释,由此促进理解和学习。例如,教师可以让学生对"门禁系统""ETC 系统""公交卡系统"等多个场景中电子标签的作用进行解释,尽管这会提高学生的认知负荷,但也能推动知识的迁移。这是因为,问题情境的变化有助于学生洞察问题及其解决策略的共性,分辨其中的无关特征,增进学生的理解。此外,想象效应、自我解释效应也可以实现类似的效果,在此不再赘述。

(4) 优化学习情境和材料

来自现实生活的场景,有利于学生体验到学习与真实世界的关联,将所学知识、技能向真实世界迁移。但从认知负荷理论角度看,现实生活的场景中隐含的丰

---

\* 本案例由上海市奉贤中学陆姝贤提供。

富信息对于有效学习所需的认知加工并非都是必要的。以"智能停车场"为例,如果过于强调情境的"真实",提供现实生活中实际使用的"智能停车场"设计资料,会使太多不必要的信息掺杂在情境中,导致学生不能将注意力集中在与任务相关的信息上。研究发现,现实生活的学习材料会在一定程度上干扰学生从中抽取深层原理,学生仅根据事物的表面属性做出反应,这使得学生对抽象概念的理解和学习变得困难。

(5) 关注认知负荷的相对性

减少外在认知负荷并非意味着要把学生学习过程中的认知负荷降低到最小。研究表明,在认知负荷的两极,无论是负荷过低还是过高,都会使学习效果降低。因此,当学习情境具有低信息加工需求时,通过增加挑战,可以增加认知负荷,从而提升学习的效果;当学习情境具有极高的负荷要求时,应把认知负荷降低,使之达到更易于管理的水平。

(6) 不要贪多求全

有些教学出现了脱离基础知识、片面追求高科技前沿的内容,这是需要教师特别警惕的。不能认为学生学得越多、越深,他们的核心素养就越好。对于信息科技领域的知识,初中生既学不完也记不全,超过学生的认知负荷,不仅无效,而且容易让学生失去兴趣和信心。

## 二、概念定义困境

**1. 问题**

在备课过程中,教师总是力求精准呈现概念,为此寻找了大量资料,但常发现其中很多概念和术语的定义都有差异。如何处理这样的问题呢?例如,传感器的定义和命名方式有较大差异,教学中究竟该使用哪个定义?又如,在备课"TCP/IP协议分层"时,不同的资料对分层的说法不一致,怎么选择?再如,物联网结构究竟是三层还是四层?

**2. 探讨**

在"物联网实践与探索"模块中,物联网没有统一的定义,有的教材采用了比较通俗的描述,如"物联网就是物物相连的互联网"。而对于物联网的结构,有的分三层"应用层、网络层和感知层",有的分四层"应用层、平台层、网络层和感知层",也没有统一的认识。

在该模块中,传感器是一个不能回避的概念(术语),但是由于其定义和命名方式的差异很大,给教学带来一些困扰。以传感器的定义为例,不同教材的说法不尽相同,有的采用了国家标准,有的采用了其他参考资料,如下所示。

◆ 传感器是能感受被测量并按照一定的规律转换成可用输出信号的器件或装置,通常由敏感元件和转换元件组成。(国家标准 GB/T 7665-2005)

◆ 传感器是一种检测装置,能感知被测量物体或环境的信息,并能将感知到的信息按一定规律变换成为电信号或其他所需形式的信号输出,以满足信息的传输、处理、存储、显示、记录和控制等要求。(《普通高中教科书 信息技术 必修2 信息系统与社会》,上海科技教育出版社)

◆ 传感器是一种检测装置,能检测外界信息,并将信息转化为数字信号或模拟信号输出。(《信息科技 第三册 八年级上》,电子工业出版社)

◆ 传感器是一种能将感应到的信息,按照一定规律转换成可输出电信号的器件或装置,转换元件可将敏感元件感应到的物理量(温度、湿度、亮度)或化学量(酸碱度、浓度)等转变成电信号。(《义务教育教科书 信息科技 八年级下》,浙江教育出版社)

◆ 传感器指能检测、采集物理世界的各种信息,并将信息转换为以电信号形式表示的数据采集设备。(《普通高中教科书 信息技术 必修2 信息系统与社会》,人民教育出版社)

不同的教材采用了不同的定义,有着细微的差异。如对于输出信号,有的认为是"电信号或其他所需形式",有的认为是"数字信号或模拟信号",有的认为是"电信号"。又如,有的教材认为敏感元件感应到的是物理量,有的则认为感应到的是物理量、化学量和生物量。再如,对于传感器的组成,有的教材提出传感器由"敏感元件、转换元件、信号调节与转换电路"三部分组成,但也有教材提出不同的组成结构。

如果概念的定义还只是细微差异,那么各册教材在传感器的命名方面,差异更大,尤其是不同硬件产品的命名方式五花八门,且很难统一。以下是几册教材出现的传感器名称的举例:

红外传感器、超声波传感器、温度传感器、温湿度传感器、湿度传感器、声音传感器、沉降传感器、风速风向传感器、索力传感器、GPS 位移传感器、视频监控传感器、应力应变传感器、光线传感器、光传感器、距离传感器、重力传感器、加速度传感器、指纹传感器、霍尔传感器、光敏传感器、声敏传感器、热敏传感器、气敏传感器、味敏传感器、力敏传感器、按键传感器、触摸传感器、光学心率传感器、磁场传感器、皮电传感器、水位传感器、雨滴传感器……

可见,有的传感器按照被测量的信息来命名,如温度传感器、光线传感器、声音传感器等;有的传感器按照其原理来命名,如红外传感器、霍尔传感器;有的传感器是按照功能命名的,如指纹传感器、距离传感器、风速风向传感器;有的则是按照类别来命名,比如光敏传感器、热敏传感器、气敏传感器等;还有的是综合性的命名方式,如光学心率传感器等。五花八门的命名方式给教学带来一定的困扰,例如,当讨论在"保护盖关闭后,平板电脑会关闭屏幕"的情境中使用了什么传感器时,很多学生不理解为什么不是"距离传感器"而是"霍尔传感器"。不仅学生会产生困惑,很多教师也对此感到困扰。

尽管信息科技学科中的"科"非常重要,但是与自然科学相比,信息科技学科很多概念的内涵不够清晰。由于很多概念往往基于人们的总结和归纳,而这种归纳未必能达成共识,因此"抠字眼"式的概念解析并不一定能为教学带来正向价值。虽然大多数自然科学领域中的公式与定理经过多年仍然保持不变,但是在信息科技领域,对同一个概念的认识和理解未必能达成共识,这必然带来不同的概念把握方式。

例如,关于"人工智能",它存在很多不同的定义,并且难以达成共识。再如,关于"网络协议",开放系统互连参考模型(OSI)将网络协议分为七层。尽管七层协议在理论上更为系统和合理,但是在具体实施时并不实用。因此人们采用了更为实用的五层协议,也有很多教科书写的是四层协议,且各层的名称、解释也不尽相同。因此过于追求概念的精准定义,是不切实际的。

**3. 教学建议**

信息科技学科中的很多概念和术语都有这样一些特征:它们既蕴含了科学原理,又广泛应用于各种真实的产品、软件或硬件中;它们既有一定的学术严谨性,也有一定的模糊性,其边界不甚清晰。如何看待概念以及站在何种立场上理解知识,这的确是需要谨慎面对的问题。

(1) 认识概念定义严谨性的意义

很多人孜孜不倦地追求概念的"严谨性",但是追求严谨性的真正意义是什么?以数学为例,严谨性对数学发展的作用是什么?关于这个问题,阿蒂亚有过一段精彩的描述:"我们必须要再次记住,数学是人类的一种活动,我们的目的不仅是要发现什么,而且要把信息传递下去……严格的数学论证的作用正在于使得本来是主观的、极度依赖个人直觉的事物,变得具有客观性并能够加以传递,我并不想拒绝直觉带来的好处,只是强调为了能向他人传播,所获得的发现最终应以如下方式表达:清晰明确、毫不含糊、能被并无开创者那种洞察力的人所理解……"也就是说,严谨性源于传播的需要。

史宁中认为:"数学结论的发现,依赖的并不是一般性,也不是严谨性,而是主观的个人直觉,只是为了便于他人的理解、便于交流、便于研究,数学的严谨性才变得异常重要。但是我们也应当看到,因为严谨性的功能不在于发现知识,而在于解释知识,因此严谨性仅仅是数学思维的一个特征,而不是数学思维的本质。"[85]

(2) 概念定义的模糊性不可避免

既然严谨性是为了交流和传播,那么人类能在多大程度上以严谨的方式对概念进行解释?或者概念的定义到什么程度才能称之为严谨?遗憾的是,语言的模糊性是不可避免的。

诺桑在《理性的边界》中指出,一个人要掉多少头发才会被认为是光头?这种颜色是深红色还是褐红色?所有这些问题都和模糊性的概念有关。模糊性会出现在并不总是有严格定义的词汇上。当然,我们还必须区分模糊陈述和歧义陈述、模糊陈述和相对陈述,如"杰克很聪明"可能是真的,也可能是假的,取决于和他比较的人是谁。即便增加更多信息,模糊性的描述通常也无法变得清晰。"如果有1根头发的人被认为是光头,有3根头发的人呢?"如果用逻辑推导下去,1000万根头发依然是光头,但这肯定不是真的,这就是"光头悖论"及"堆垛悖论"(即多少粒麦子才能组成一堆?)。模糊性不是认识论的问题,而是本体论的问题,模糊性超出了理性的边界。[77]

(3) 从教育立场看概念定义

既然信息科技课程中许多概念本身还在发生变化,它们只是当前阶段人们的认识成果,而且可以预见这种变化还将持续,那么对这样的概念就要保持一定的开放性,认识到严谨性的功能在于解释而非发现知识,理解人类在表达和解释时难以避免的模糊性。

这也与我们的"知识观"有关。作为"事实的知识"观念流传甚广,批判课程理论的代表人物之一吉鲁这样分析:"知识好像是客观的,因为它是外在于个体或强加于个体的。知识不再被视为一种可探询、可分析、可批判的东西,恰恰相反,它变成了一种被管理和被掌握的东西,知识从生成自我意义系统的自我形成过程中被剔除了。"教育立场下的"知识观",对我们认识学科概念,有如下启示:

一是学生立场。静态的"知识观"隐含着这样的假定,知识的掌握是至高无上的,知识掌握量的增长实现着人的发展。但是前人的认识成果对儿童的成长而言,仅仅具有"假定性意义"。教育立场下的知识,不仅具有客观知识本身固有的假定性意义,还是为学生提供反思和创造的对象。

二是价值立场。对待"知识",我们不能只从"科学立场"出发,仅仅把握"真",而应注重知识对学生的发展价值,赋予其"成长意义"。如物联网、传感器是学生认识物理世界和数字世界的纽带,学习这些概念,对学生认识万物互联有着重要的意义。

三是对学生成长而言,知识应该是可征询、可分析、可批判的对象,应该在人类丰富的学习过程中,生成新的意义。不能把知识仅作为一种成果、定论、工具、产品,或者是放之四海而皆准的真理。

(4) 精简概念,兼顾权威与通俗

既然很多学科概念难有一致的定义,那么教师就会有困惑。以网络协议为例,OSI定义了七层模型,有的教材采用五层模型,有的采用四层模型,甚至有的教材对同一层的命名也不同,那么该选择哪个说法呢?

如前文所述,"人工智能""网络协议"等概念往往是人为的设计、界定与总结。这些概念与问题解决有密切的联系,而问题解决的方法往往并非唯一,而且方法本身也在发展。因此,很多概念都难有精准的定义。认识这一点,有助于我们跳出刻板的教条主义,不过分追求定义的精准性和统一性,而将重点放在问题解决以及与之关联的思维发展上。

以网络协议为例,究竟让学生学习七层、五层还是四层协议? 其实它们都是对的,在这个前提下,哪一个解释更有利于学生的思维发展,就优先选择哪一个。因此,对于"网络中如何进行数据传输"这一问题,教师可以先以简单的四层协议作为示例,将重点放在"分层"这一思想方法上,在学生学有余力的情况下,再通过问题引导,让学生知晓协议还有不同的划分方式。

此外,在处理概念时,一方面要通俗易懂,另一方面也要重视严谨性,这两个方面是相互联系的。如前文所述,尽管语言的模糊性不可避免,但是解释知识需要严谨性,没有严谨性和权威性而谈通俗性和普及性,那是"以其昏昏,使人昭昭"[86]。更重要的是要根据自己的理解,用类比、图表、背景介绍等各种手段把一种专业表达阐释清楚,把学术语言用学生能接受和理解的语言讲出来,让学生理解。

最后,要特别注意的是,教学中要尽可能精简概念,尤其不能堆积概念,用一个新的概念解释另外一个新的概念。因为对任何一个概念的学习,学生都要付出记忆、理解或掌握的学习代价。语言专家讲过一个通俗的例子,在我国古代,形容"马"的字超过40个,如"骓""骃""骐"等字,每个字对应不同特征的马(例如,骃是浅黑带白色的杂毛马,骐是青黑色有如棋盘格子纹的马),而现在大多数情况下只需要用一个"马"字就能笼统描述,减轻了记忆和运用这些字的负担\*。因此,要基于教育立场,明确概念对学生的成长意义。如学习网络协议的分层,不是为了记住各层的名称,而是为了理解分层对网络通信的意义。

(5) 学科概念有形成和发展过程,要保持一定的开放性

信息科技中很多概念的内涵也有形成和发展的过程,要认识学科概念形成的来龙去脉。以"物联网"这一概念为例,从历史发展的角度看,1998年美国麻省理工学院自动识别中心的学者在公开演讲中提出"物联网"这一概念,最初的设想是通过 RFID 及传感器技术让计算机对物理世界进行感知和识别,在无人干预的情况下汇聚数据信息。2005年国际电信联盟(ITU)在信息社会世界峰会发布的《ITU 互联网报告 2005:物联网》中,对物联网的定义是:通过将短距离的移动收发器内嵌到各种配件和日常用品中,使人与人、人与物、物与物之间形成一种新的交流方式。随后的时间里,物联网的定义不断发生变化。我国在《政府工作报告——2010年3月5日在第十一届全国人民代表大会第三次会议上》中将物联网解释为:通过信息传感设备,按照约定的协议,把任何物品与互联网连接起来,进行信息交换和通信,以实现智能化识别、定位、跟踪、监控和管理的一种网络,它是在互联网技术上延伸和扩展的网络。

由此可见,物联网的概念是逐步发展和完善的。随着技术发展,我们可以预见,在不久的将来,物联网的定义极有可能再次发生变化。传感器也同样,随着技术不断发展,传感器的功能也将逐渐丰富。因此,面对这一类还在变化和发展的概念,在没有必要追求精准定义的情况下,我们可以选择一种在当前阶段得到共识的说法,而非追求一个固定的描述。对这样的概念定义,我们就要保持一定的开放性。基于教育立场,我们更需要让学生认识到这种开放性。

---

\* 该语言学的案例,由上海市教师教育学院(上海市教育委员会教学研究室)陈祯指导完成。

（6）关注应用的多样性和可能性

如前文所述，对于学科概念的定义，我们不能仅从"科学立场"出发，只把握"真"，还应关注其对学生发展的价值，赋予学生"成长意义"。

例如，传感器命名的多样化在短期内，仍然会是常态，如何处理这样的概念？这就需要回到《义教课标》的内容要求，如"通过实例感受万物互联的场景……""通过对身边真实应用场景中物联网的分析……""使用实验设备搭建物联网系统原型"。可见，传感器的作用体现在可以作为设备，用于搭建系统并处理数据，也可帮助学生分析真实场景、认识物联协议等，也就如《解读》所说："传感器种类繁多，应用广泛，是物联系统中非常关键的设备，……是本模块涉及的技术问题之一，但应防止将传感器本身作为关注的重点。"

因此，在教学中遇到类似"传感器"这样的概念和命名问题时，我们需要注意对杂乱的命名进行必要的规范和筛选，采取相对一致的命名或归类方法。更重要的是，我们应将教学重点放在功能和作用上。这样，即便学生在不同场合下遇到不同方式命名的传感器，他们也能聚焦其功能和技术参数，不至于给选择和使用带来困扰。

鉴于此，教师可以有意识地将设备的功能和名称进行关联，例如：在智能手环的传感器中，加速度传感器可以判断佩戴者是否在移动；温度传感器可以测量皮肤的表层温度；光学心率传感器可以检测心率；光传感器可以感知周围光线情况；根据环境光线的不同，光线传感器可以采集光线数据。

教师也可以采用名称与应用场景结合的方式，例如，利用光线传感器自动调节屏幕背光的亮度，利用距离传感器检测手机是否靠近耳朵，利用重力传感器实现手机横竖屏智能切换，利用霍尔传感器实现翻盖自动解锁、合盖自动锁屏等功能。

同一种传感器采用不同的算法，还可以实现不同的功能。在某高中教科书中列举了很多例子，如智能手环中的加速度传感器，除了实现计步功能外，通过特定的算法，还可以监测用户的睡眠状况；磁场传感器，除了可以制作电子指南针以外，还可用于制作电子金属探测器。同时，传感器技术也在不断发展，如光学心率传感器可用于检测用户的心率，皮电传感器可以更准确地监测用户的运动状态。（《普通高中教科书 信息技术 必修2 信息系统与社会》，浙江教育出版社）

（7）提升学生阅读技术资料的能力

由于传感器在不同的实验系统（教学中使用的智能开发板）、产品、资料中命名方式以及应用方式各不相同，而且没有统一的标准，未来还会发明和应用更多的传感器。因此,为了使学生能适应这种变化,我们需要在教学中注重培养学生阅读技术资料的能力,并在此基础上提高他们根据实际需求灵活选择设备的能力。

如果场景比较简单,一个粗糙的方法是"望文生义",看传感器的名称推测传感器的功能,根据需要选择相应的传感器。以走廊节能灯的设计为例,如果声音达到一定的响度就亮灯,在这种情况下,初学者可以通过简单的联想,自然地选择声音传感器来解决问题。要特别注意的是,"望文生义"的弊端也非常明显,一是容易误判,二是容易忽略传感器自身的技术参数,这些都会影响方案的设计,需要教师指导学生阅读技术资料中关于功能和参数方面的关键信息,做出细致而周全的设计。

**教学设计案例** ▶▶▶▶

### 选择温度传感器

**情境**:在学校厨房的整体改造方案中,为了进一步提高安全性,增加了对热水温度的监测,需要增加温度传感器,并将温度数据通过网络传输到厨房总控制的终端中。请用一个热水瓶模拟搭建温度监测系统,实现远程读取热水温度的目标。

**活动材料**:多个型号的温度传感器、热水瓶、物联网实验套件。

**发现问题**:某个小组选择了一个温度传感器,安装在瓶口(产品参数见下图左侧),但是实验总是失败。尤其当温度较高时,总是得不到精准的数据。

**反思**:教师让学生在实验系统中查找自己选择的温度传感器的技术资料,阅读传感器的测量范围。

**改进完善**:小组发现,由于热水瓶的温度会超过50℃,原来选择的传感器测量范围是0℃~50℃,因此不能满足需求。更换为测量范围更大的传感器(产品性能描述见下图右侧)后,成功完成搭建任务。

| 产品参数 | 产品性能描述 |
|---|---|
| ・供电电压:±5V<br>・接口类型:数字<br>・温度范围:0℃~50℃(误差±2℃) | ・类型:数字模块(总接线口)<br>・可用于检测周围空气温度<br>・温度测量范围:−55℃~125℃<br>・测量精度:±0.5℃(−10℃至85℃范围内)<br>・9位~12位A/D转换精度<br>・分辨率:0.5℃ |

两种传感器的技术资料

在这个案例中,学生看似选择了正确的传感器,却由于没有考虑具体参数而导致实验失败。教师应指导学生认真阅读关于传感器的技术资料,指出阅读重点。在日常教学中要特别注意以下两点:一是提供的阅读资料不能太复杂,由于传感器自身结构的复杂性,因此需要将阅读资料做一定的简化处理,避免过多冗余信息给学生带来额外的负担;二是如果阅读的是原始资料,要指出阅读重点,让学生关注功能描述是否满足实验需求、检测范围是否覆盖具体测量要求,忽略其他过于复杂的内容。

### 三、学科思想方法

**1. 问题**

计算思维的定义中有思想方法,"计算思维是指个体运用计算机科学领域的思想方法……"思想方法听上去很深奥,到底什么是思想方法呢?是否有明确的对计算机领域思想方法的总结?

**2. 探讨**

科技的魅力不仅仅是产品创新带来的美感和便捷,也在于科技中蕴含的独特的思想方法。那么,计算机科学领域的思想方法(以下简称"学科思想方法")是什么呢?

在中国科学院科学公开课"走进人工智能——人工智能的发展与应用"中,王金桥做过一个有趣的对比,在人工智能的实现方法中,一种方法被称为"鸟飞派",另一种方法被称为"空气动力学派"。"鸟飞派"最早源于飞机发明之前,它认为人类设计飞机应该完全遵循鸟类飞翔的逻辑,但这使得飞机的发明陷入了长期停滞,因为事实证明模仿鸟飞翔的方法行不通。幸运的是,后来人类通过掌握空气动力学发明了飞机,最终设计出来的飞机也不用像鸟一样扇动翅膀。"鸟飞派"人工智能意为模仿人类的智能让机器具有智能的方法,"空气动力学派"人工智能意为采用数据和算法驱动的方法。可见"鸟飞派"和"空气动力学派"背后的思想方法是不同的。

"鸟飞派"从经验出发,让计算机模仿人的思维方式,试图获得智能,这个做法被证明有很大的局限性。"空气动力学派"从智能问题的本质出发,让计算机通过数据和算法解决智能问题。今天人工智能的进步,主要是走"空气动力学派"道路的结果。

思想方法常被称为"知识背后的知识"。从广义上讲,学科知识既包括学科事实、术语、符号、概念、原理(即学科的表层结构,或称为狭义的学科知识,如计算机系统包括软件系统和硬件系统),也包括学科方法、学科思想、学科观念、学科精神等"隐性的内容"(即学科的深层结构,它们是学科知识的重要组成部分,是学科核心素养最重要的源泉和基础)。"学科思想与学科方法是学科专家提出的对学科发展和学科学习最具影响力的那些观念、思想和见解,是'知识'背后的'知识',是学科的精髓与灵魂。"思想和方法既有区别又有密切联系,思想的概括程度要高一些,方法的操作性更强,一般两者难有严格的区分。

  数学和科学领域的学科往往有一套比较成熟的思想方法。以数学为例,史宁中认为思想方法是有层次的,他把数学基本思想方法归结为三个核心要素:抽象、推理和模型。[85]"基本思想方法"派生出一些数学思想方法,如等量替换、数形结合、递归法、换元法、分类思想、方程思想、函数思想等。尽管"抽象、推理和模型"三个基本思想方法得到专家的普遍认可,但是其派生出的思想方法究竟有哪些?学界也未有统一的认识。王永春提出了 22 个较低层次的数学思想(如集合思想、逐步逼近思想等)[87],也有专家提出类似但不同的观点。

  信息科技课程的发展历程比较短,但是人们对计算机科学领域所独有的思想方法是有共识的,只是对学科思想方法的提炼还不成熟。尽管在《义教课标》中,对计算思维的定义"个体运用计算机科学领域的思想方法"中包含了"思想方法",但是并未对其展开阐述。作为一门在蓬勃发展中的新课程,要提炼思想方法是困难的,但也是迫切的。有很多专家学者对此孜孜以求,提出了自己的观点。以下选取一些学者的观点,可以作为一线教学的参考。

  徐志伟、孙晓明认为,计算思维的要点是精准地描述信息变换过程和操作序列,并用信息变换认识世界,构造性地解决问题。计算思维的四种具体表现形式是逻辑思维、算法思维、网络思维和系统思维。在此基础上,他们提出了计算过程和计算思维的 10 种理解,包括"自动执行、正确性、通用性、构造性、复杂度、连通性、协议栈、抽象化、模块化、无缝衔接",其中,无缝衔接是指计算过程在计算系统中流畅地执行,两个相邻的步骤之间需要无缝过渡,没有缝隙和瓶颈。如果觉得 10 种理解太多,也可以用更简约的方式理解:自动、通用、算法、联网、抽象。[47]

  彼得·J.丹宁和克雷格·H.马特尔在《伟大的计算原理》中将计算的重要原理分为 6 类,提出如表 2-13 所示框架。

表2-13 计算的重要原理

| 类别 | 关注点 | 示例 |
| --- | --- | --- |
| 通信 | 信息在不同位置之间的可靠传输、计算 | 最小长度代码,错误修复代码,文件压缩,加密/解密。 |
| 计算 | 可计算性 | 问题计算复杂性的分类,不可计算问题的特点。 |
| 记忆 | 信息的表示、存放与读取 | 所有的存储系统都具有层级结构,没有任何一个系统能够实现对不同存储信息的等时访问。 |
| 协作 | 有效地利用多个自主的计算实体 | 使得所有参与者具有相同知识的协议,能够消除不确定性结果的协议。 |
| 评估 | 度量系统是否表现出预期的计算行为 | 预测系统的吞吐量和响应时间,设计实验来测试算法和系统。 |
| 设计 | 通过特定结构的软件系统实现可靠性 | 复杂系统可以被分解为一组交互的模块和虚拟机,模块之间可以形成层级结构。 |

每一类原理反映了理解计算的一种视角,是观察计算领域知识空间的一扇窗口。同时它们之间也并非完全不相交。例如,互联网既可以从"通信"的角度理解,也可以从"协作"或"记忆"的角度理解。

《计算机科学概论(第13版)》对比了AP计算机科学原理课程框架(简称AP CSP课程框架)中的"持久性理解"和"学习目标"部分,列举了20多条计算机科学原理的概念框架,例如:

- 根据二进制序列构建的各种抽象,可用于表示所有数据。
- 多层次的抽象用于编写程序或创建其他计算工作。
- 模拟使用抽象来产生新的理解和知识。
- 算法可以解决许多但不是所有的计算问题。
- 算法是可由计算机执行的精确指令序列,是使用程序设计语言实现的。[16]

AP CSP(2020秋季)在五个大概念(创造性开发、数据、算法与编程、计算机系统和网络、计算的影响)的基础上,提出了一些持久性理解,有助于理解学科思想方法,例如:

- 开发人员使用以用户为中心的迭代设计过程进行创建和创新,该过程包含了实现/反馈周期,并为实验和探索留下了充足的空间。

- 存在计算机无法解决的问题。即使计算机能够解决一个问题,它也可能无法在合理的时间内解决这个问题。
- 计算机在内部表示数据的方式不同于为用户解释和显示数据的方式。程序被用来将数据转换为人们更容易理解的表示。
- 程序可以用来处理数据、发现信息和创建新的知识。
- 程序中语句的排序和组合方式决定了计算结果。
- 程序员将问题分解成更小、更易于管理的部分。通过创建过程和改变参数,生成可以复用的程序。程序员利用已经测试过的代码,更快地编写程序。
- 并行和分布式计算利用多台计算机来更快地解决复杂的问题或处理大型数据集。

可见,尽管学界对学科思想方法的提炼各具视角,但都力求从零碎的学科事实性知识中,提取最具影响力的观念、思想和见解。遗憾的是,目前学科思想方法的系统梳理仍然需要时间去沉淀和达成共识,以上这些提炼可以为我们理解计算机科学领域的思想方法提供借鉴。

**3. 教学建议**

(1) 认识一般性与特殊性

如前文所述,"抽象、推理、模型"是数学的三个基本思想方法,它们是否可作为计算机科学领域的思想方法?抽象、建模是一般方法,并不是数学独有的,很多学科都有,但是它们在数学中进一步凸显了学科特点,因此更常见的说法是数学抽象、数学建模等。计算思维的定义中也有抽象与建模,与数学抽象和数学建模有相似之处也有差异。"数学建模"是对现实问题进行数学抽象,计算机科学领域的"建模"更强调"算法"和"自动化",一些无法建立数学模型的问题,也可以利用计算机高速和自动化的特点进行处理。数学抽象的结果是"核心变量、变量的规律及变量之间的关系,用数学符号表达"[21],那么"什么是计算机科学抽象的特点呢?……将一类数据及其操作合起来称为数据抽象,也称数据类型或数据结构;控制多个步骤如何组合起来实现计算过程的操作抽象称为控制抽象。数据抽象和控制抽象是计算机科学的抽象特色的重要体现"[45]。建议在分析《义教课标》的内容模块时,要认识思想方法的一般性和学科的特殊性,尤其要从计算机领域的特殊性思考教学内容。

(2) 明确呈现、潜移默化并长期坚持

思想方法是蕴含在学习内容中的,有些是明显的,有些是隐含的。从实际教学的角度看,思想方法概括程度高,与具体内容之间的联系不够,容易脱离具体实际,也就是俗话所说的"越抽象越脱离实际",不利于学生理解以及教师在教学中进行把握。因此,认识学科思想方法,要结合具体的问题,以学习内容为载体,以六条逻辑主线为线索,加强与学生经验的联系,提炼和概括可让学生理解和感受的学科思想方法,通过具体的示例说明,通过适时总结和提炼明确呈现。但是不要急于把思想方法告诉学生,基础教育阶段的重点是让学生体验、感受和领悟,通过学习经验的日积月累,领悟学科思想方法。

## 四、课程内容结构化

**1. 问题**

"通过核心素养的提炼和课程内容的结构化,纲举目张,有效归纳和整合学科知识点,促进育人方式的转变。"这一改革主张是理解课程内容的重要视角。可什么是"课程内容的结构化"?

**2. 探讨**

张紫红、崔允漷认为,关于"课程内容是什么"这一问题,按照"形式—内涵"的划分,对课程内容的不同理解主要包括"学科—知识"说与"活动—经验"说两大流派。要理解课程内容结构化还应澄清"结构化"的含义,那么"结构化"又意味着什么?

"结构"一词在不同的学科领域具有不同的内涵,其共同特征在于注重事物之间、整体与部分之间的关联,而结构化可以被视为实现这一目的的过程。课程内容结构化需要将课程内容视为一个整体,其中,课程内容的要素主要包括学科知识、学习者经验以及两者之间的相互作用。这意味着不能简单地将课程内容等同于学科知识或者学习者经验,它们都只是要素之一。更重要的是,如何探寻课程内容诸要素之间的相互关系,以及如何将这些关系清晰地呈现出来。这正是课程内容结构化所要解决的问题。

课程内容结构化的本质内涵在于作为学习经验的结构化,它强调以学习逻辑整合学科逻辑与心理逻辑,重组学习经验,从而实现结构与功能的统一。有怎样的课程内容结构,就有什么样的价值功能[15]。

在一线教学的具体操作中,谈及"结构化"往往有多种语境。一是在谈及教学内容时,指向的是"学科知识的结构化",意为提取内容要素,建立内容要素之间的联系,结构化的成果常常会以"树型""网状""鱼骨状"等表现。通过表达学科知识中不同抽象程度的概念之间的联系,提升单元教学设计品质,帮助学生建立思考问题和解决问题的框架。相比教授孤立的知识点,这种方式更有助于培养学生的核心素养。随着人们对学科思想方法研究的深入,越来越多的教师开始把学科的思想方法纳入学习内容结构化的过程中,从而丰富了结构化的内涵和层次。强调学科知识的结构可以追溯至60多年前,当时以布鲁纳和施瓦布为代表的结构主义学派提出了"学科结构"的概念。这场举世瞩目的学科结构运动源于一种假定:任何学科都拥有一个基本结构。掌握学科的结构就是以允许许多事物有意义且相互关联的方式来理解该学科。习得结构就是学习理解事物如何相互关联。菲尼克斯认为,如果一门学科的知识是按照某些模式而组织的,那么当我们完全理解这些模式时,足以使得许多符合学科设计的特定要素变得清晰。

另一种谈及"结构化"的语境,是在谈及单元教学设计时。此时,"结构化"往往指向单元教学设计的"结构化",是"多节课"或"多个活动"的结构化,意在描述一个单元内多节课(或多个活动)之间的联系。这不仅涉及知识的先后关系,还更多地从目标、重点、能力、情境、活动等方面展现各节课之间的内在联系。这种结构化的目的是强化学习视角,把"学习经验"进行结构化。

### 3. 教学建议

阿兰·柯林斯在《什么值得教?》一书中,提出了三种不同的科学模型,分别是分析现象结构的结构模型、分析现象的因果或功能的因果和功能模型、描述现象的动态行为的行为模型。其中,结构模型(时间分解或阶段模型、树状模型)及因果和功能模型可为我们研究课程内容结构化提供借鉴。

有趣的是,关于结构与功能的关系,我们或许能从生物学中得到一些启示。《普通高中生物学课程标准(2017年版2020年修订)》指出,科学的生命观念的内涵包括"具有结构与功能相适应的观念以及生物进化观念"。赵占良认为,关于功能观,首先要认识到功能与性质是不同的概念。化学讲物质的结构决定性质,性质是物质本身的特性;生物学讲结构具有功能(即"有什么用"),功能是作为部分的结构对整体的贡献,这是结构与功能关系的实质[88]。

(1) 结构模型——时间分解或阶段模型

时间分解或阶段模型的目标是把一个实体分解为不重复的部分,并详细说明每个部分之间的关系。理想的阶段模型是几个阶段线性连接且不重叠,如图2-1所示,每个阶段可以有多个特征。

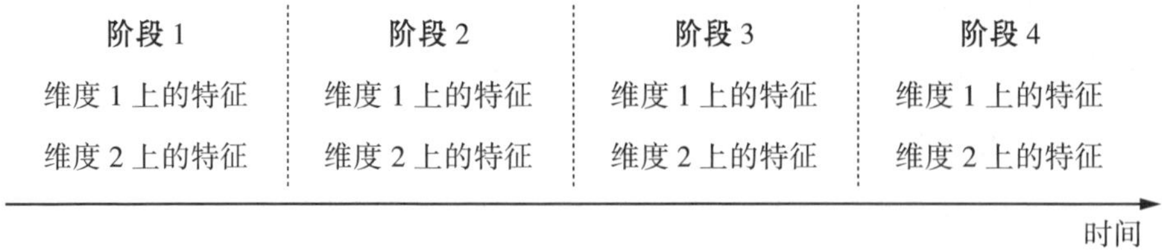

阶段 1
维度 1 上的特征
维度 2 上的特征
阶段 2
维度 1 上的特征
维度 2 上的特征
阶段 3
维度 1 上的特征
维度 2 上的特征
阶段 4
维度 1 上的特征
维度 2 上的特征
时间

**图 2－1　阶段模型**

阶段模型往往是线性的，各阶段往往不能随意调整先后顺序。例如，图 2－2 描述的是"物联网实践与探索"模块中某单元结构，该单元围绕搭建一个能自动调节光照强度和土壤湿度并可远程监控的"智能小花园"展开，其内容结构按时间顺序由 4 个阶段组成，每个阶段的特征为学生的主要任务。

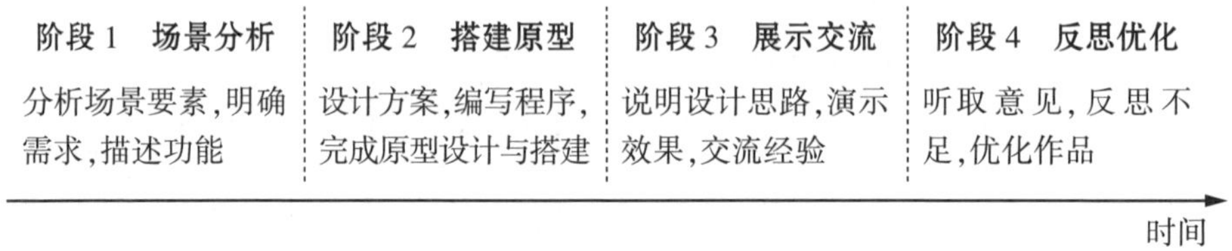

阶段 1　场景分析
分析场景要素，明确需求，描述功能
阶段 2　搭建原型
设计方案，编写程序，完成原型设计与搭建
阶段 3　展示交流
说明设计思路，演示效果，交流经验
阶段 4　反思优化
听取意见，反思不足，优化作品
时间

**图 2－2　阶段模型示例**

（2）结构模型——树状模型

树状模型是一种常见的结构模型，其层级约束条件要求这些要素必须被分解成相似类型的子系统（满足相似性这个约束条件）。例如，教师结合"过程与控制""物联网实践与探索"和"人工智能与智慧社会"三个模块的部分学习要求，设计了"校园安全卫士"项目，结构如图 2－3 所示。（案例提供者：上海市黄浦区教育学院附属中山学校　宋玲莉）

校园安全卫士
头盔佩戴检测
红绿灯识别
体温检测
智能门禁
机器学习初体验
使用KNN算法进行头盔佩戴检测
图像识别
红绿灯识别算法与验证
温度传感器
设计温度报警器
物联网
设计智能门禁

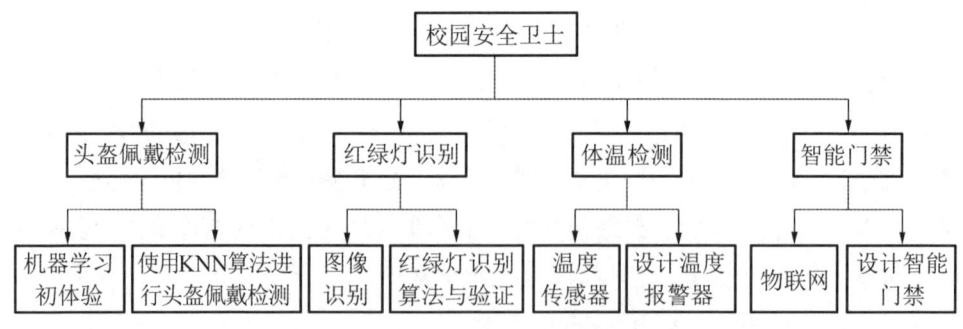

**图 2－3　"校园安全卫士"项目结构**

在这个项目中，需要全面思考校园安全问题，在需求分析的基础上，设计校园安全卫士所需的功能模块，并对各功能进行抽象、分解，制订相应的解决方案。4

个子任务都以设计和完成一个作品(或作品原型)为目标,并通过编程实践,验证解决方案。每个子任务都包含场景分析、原理认知和应用迁移三个学习过程。

树状模型的设计可以基于教材的自然章节,再进行细化。以"人工智能与智慧社会"模块的内容要求为例("通过分析典型的人工智能应用场景,了解人工智能的基本特征及所依赖的数据、算法和算力三大技术基础"),图 2-4 示例中,选择教材的某个自然章节,建构"示范""知识""项目"三个内容框,通过分析教材内容及课程标准,分别对其扩充内容。"示范:体验与 AI 下棋"起到的作用是提供"场景",便于学生从这一场景示例中认识三要素。在此基础上,重点在"知识:人工智能的三要素",进一步对三要素进行展开和深入,并且强调它们之间不可分割的紧密联系。最后基于对知识的了解,开展活动"项目:分析语音助手",通过编程调用语音识别模块,在操作中加深对语音识别与三要素之间的内在关系的理解。我们可以在每个内容要点的框图下,继续细化下一级内容要点。在这个树状模型中,三个任务的顺序若有调整,每个任务的重点和要求也应做相应的调整。

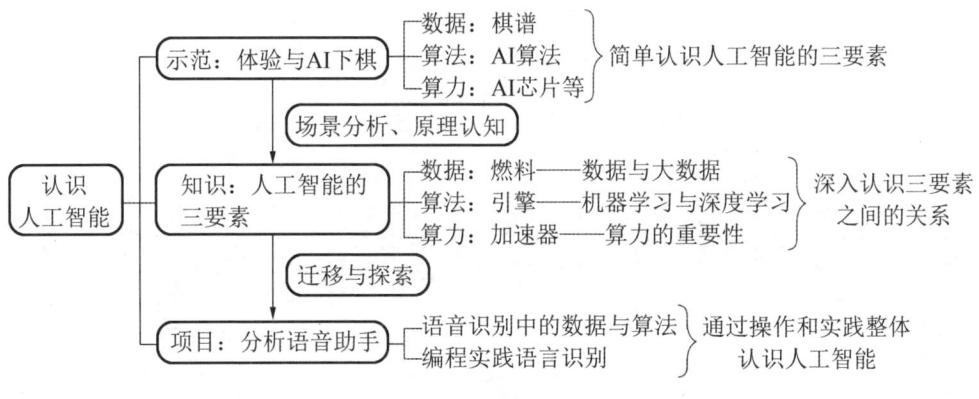

图 2-4 树状模型示例

威金斯和麦克泰格认为,"要产生有意义和难忘的学习,学习流程必须不断地在'整体—部分—整体'与'学—做—思'之间反复进行",这也是在分析内容结构时必须考虑的联系。在以上示例中,从"体验与 AI 下棋"到"分析语音助手",学生从整体体验开始,深入学习每个要素,再到对 AI 实例的整体分析,达成"了解人工智能的三大技术基础"这一内容的学习要求。

(3) 因果和功能模型

因果和功能模型可分为因果链分析、问题中心分析、多因素分析、形式和功能分析等。其中,问题中心分析最基本的形式是把一个事件分成问题和解决问题所需的行动,这些行动会产生预期的结果和副作用,而副作用往往引出要解决的新问题;多因素分析是因果关系的一种常见方式,常用自变量和因变量来表示,自变量之间的逻辑关系用"或""与"进行关联;在形式和功能分析中,结构是由实现这个功能的不同部件(部分)组成的,机制是该结构实现这个功能的过程。如前文所说,生物学中"结构与功能相适应"的观点对我们设计课程内容结构的启发是:相同的学习内容,可以根据不同的功能,设计不同的结构。例如,关于物联网的基本原理,图2-5所示为两种不同的结构,第一种结构旨在认识物联网的基本原理,第二种结构旨在从物联网三层结构的角度分析和解决问题。

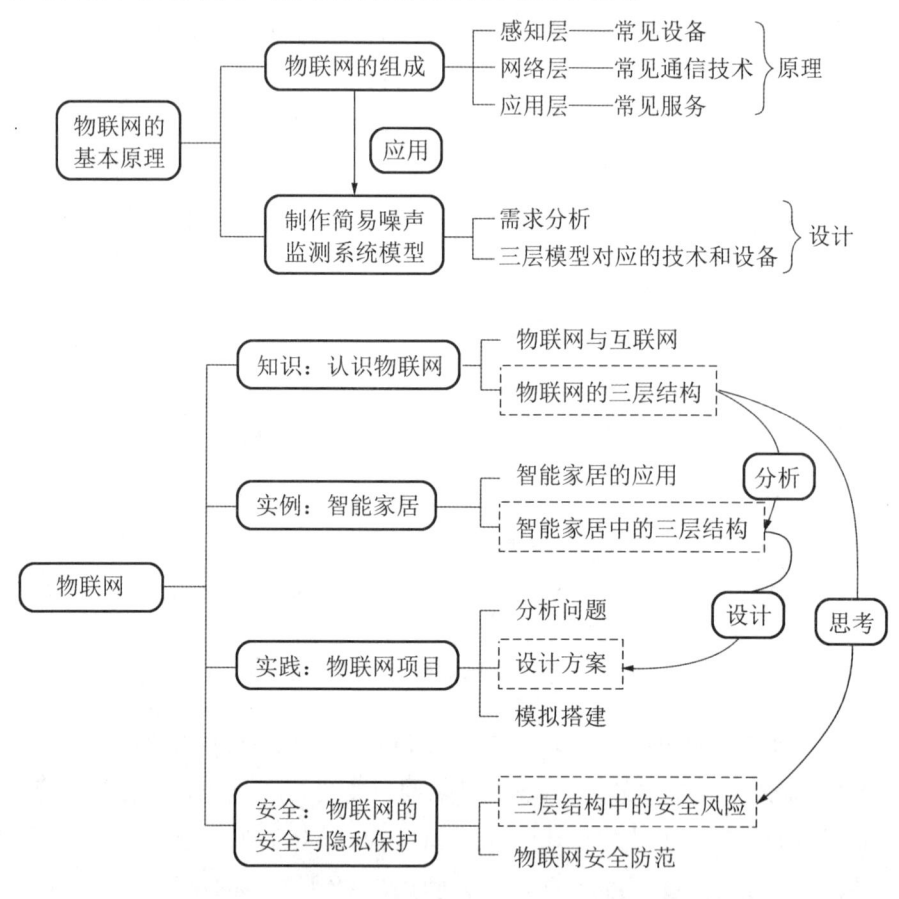

图2-5 两种不同的内容设计结构

无论哪种结构,都需要体现学科的基本原理和典型的探究方法,并以学生的学习经验为基础进行组织。泰勒提出了组织课程内容的三条标准:连续性、顺序性和整合性。连续性是课程内容的直线式重复;顺序性在连续性的基础上,对课程内容的深度、广度提出了更高的要求。我们判定学生能否学会的关键在于学生已有的认知结构和技能。因此,分析教材内容时需要不断追问"要使学生学会这个知识与技能,前提是要掌握哪些知识与技能"。加涅关于学习的基本观点是,更复杂、更高级的学习是建立在基础性学习的基石之上的。应让学生先学会辨别,再学习概念和规则,最后将学习到的原理用于解决问题。学科典型的探究方法不仅可以体现学习经验,而且可以使学习经验得以结构化。虽然这种方法不能提供现成的答案,但它会为分析问题提供清晰的思路和方向。

值得注意的是,信息科技学科的知识往往不像自然科学领域的学科那样具有较强的结构性,项目、活动和内容常交织在一起。从教学的角度看,结构化有利于把握课程内容的线索和层次,同时也能体现学生学习经验的不断丰富和增长。正如杜威所说,"教育的本质就是经验改造和生长",体现"谁在学""学什么"和"怎么学"三要素之间的不同类型的关系结构。

综上所述,学科知识是"百宝箱"。虽然知识并不等同于素养,但是知识的重要性不可忽视。只有拥有必备的学科知识,才有可能获得期望的"素养"。"素养"的发展需要坚实的根基。杜威认为,对学生体验和经历的重视并不是以牺牲知识为代价的。教学的价值在于避免"知识"仅被呈现为文字"符号",要让学生能感受到知识本身蕴含的魅力,帮助学生拓展个体经验无法触及的广阔科技视野和思维空间。每个知识都有一个问题背景,因此,如何设计问题以激发学生的思维是教学设计的重点。很多概念的内涵不断发生变化,我们需要保持开放的头脑。最后,知识本身及其应用蕴含伦理和价值观,但它们往往是隐形的,我们要看到在概念、技术、产品、软件、硬件中隐含的"理念和价值判断"。

# 第三章

# 新教学——学科实践的挑战

核心素养是怎样形成的？机制是什么？余文森认为，学科知识与学科活动是形成学科核心素养的两翼，学科知识是形成学科核心素养的主要载体，学科活动是形成学科核心素养的主要路径[38]。张华认为，学科实践是发展核心素养的必要条件，"知识+实践=素养"[89]。

新的义务教育课程方案将学科实践视为深化教学改革的四大方向之一。什么是"学科实践"？崔允漷认为："简单来说，学科实践是指具有学科意蕴的典型实践，即学科专业共同体怀着共享的愿景与价值观，运用该学科的概念、思想与工具，整合心理过程与操控技能，解决真实情境中的问题的一套典型做法。"[90]

安桂清认为，作为一种与学科专家工作类似的专业实践，学科实践以体现学科独特性的方式渗透于各科课程标准之中。例如：语文学科将"识字与写字""阅读与鉴赏""表达与交流""梳理与探究"作为基本的语文实践；历史学科要求学生在历史情境中，以任务为引领，通过史料研习、历史论证等解决问题。"实践"并不是对传统学科课程或教学方式的补充，而是作为变革育人方式的抓手，渗透于课程的整体要求之中[91]。尽管学者们的认识不尽相同，但总体而言，学科知识和具有实践性的学科活动对发展学生的核心素养必不可少。虽然知识的积累并不一定能带来素养的发展，但是素养离不开知识，没有知识的滋养，素养就是无本之木。素养培养的关键在于如何让知识学习过程成为素养形成过程。

综上所述，学科实践是形成学科核心素养的重要路径。在学习方式方面，学科实践立足学生的直接经验和亲身参与，让学生主动获取、理解与运用知识，通过"做"促进"学"，通过"学"促进"创"，通过"创"进一步提升"做"的品质，是知识建构、思维发展与技能提升的有机整合,推动学生手脑并用,知行合一。信息科技学科教学应如何开展学科实践?学科实践的主要形式是怎样的?对此的研究与探索才刚刚开始,笔者从已有的研究中浅作一些梳理。

# 第一节 学科实践的基本要求

《义教课标》在课程理念中提出:"从信息科技实践应用出发,注重帮助学生理解基本概念和基本原理,引导学生认识信息科技对人类社会的贡献和挑战,提升学生知识迁移能力和学科思维水平,体现'科'与'技'并重。"由此可见,从信息科技学科教学实施的角度来看,落实学科实践需要体现"科"与"技"并重、注重问题解决、创设真实情境。

## 一、"科"与"技"并重

"科"与"技"并重是信息科技学科实践的基本特征。科学是人类在研究自然现象、发现自然规律的基础上形成的系统的研究方法和理论体系,并为技术和工程提供理论基础,重点是"科学思维和探究实践"。技术是对"人造物"的创造和发明,重点是"技术设计与技术实践",立足实践,注重创造。信息科技学科是科学与技术融合发展而成的智慧结晶,"科"与"技"并重意味着两者的有机结合。

**1. 对"科"与"技"并重的常见误解**

(1)"科"与"技"并重就是原理与技术的组合

"经历原理运用过程"与"用技术"有根本的区别,在学习方式上也有根本差异。"科"与"技"并重,不是原理与技术的简单组合。如前文所述,科学、技术和工程的相互促进作用日益增强,使得"科技"一词具有更丰富的含义。在广义的理解中,科学也包括技术与工程,因此,从教学的角度看,刻意区分"科学"与"技术"并无太大必要。

例如,在计算机网络中的光纤技术中,既有物理学中光的全反射原理,也有材料学领域中的光导纤维技术,还离不开计算机领域中的光纤组网技术。因此,《解读》提出"结合其他课程与信息科技在知识、工具和学习任务方面的关联性",强调学科知识的融合性。再如,当我们强调"软件"时,可能关注的是数据、算法、系统和模块;而当我们强调"硬件"时,关注的是物理设备。如果只强调一个方面,而忽视另一方面,则会使它们看起来好像分属两个范畴,而事实上软件和硬件是无法截然分割的。

(2)"科"与"技"并重是"重科学,轻技术"

一些教师对"科"与"技"并重的理念感到困惑,担心这意味着"重科学,轻技术"。相比过去操作多而原理少的课程内容,《义教课标》更重视科学原理,同时在内容要求上也降低了技术操作的比重。但"科"与"技"并重的要求并不是"重科学,轻技术",也不是"重算法,轻编程"。

从培养学生核心素养的角度看,需要重新看待科学与技术的学习价值,将这些内容放置在素养培养的框架中。相比只有技能学习的要求,"科"与"技"并重不仅关注基本技能的学习,还重视技能背后的抽象、分解、建模等计算思维的初步养成。

重视科学原理并不意味着轻视技术。在不同阶段,"科"与"技"有不同程度的侧重。例如:关于"信息安全"这一知识点,小学阶段的要求只让学生初步了解密码(如长且复杂的密码更安全),认识到信息需要进行保护;随着学习的深入,学生将通过测试和验证,以及更深入地学习"为何如此",来理解更长且复杂的密码更安全的简单道理。这个理解过程离不开前期所学的技术作为支撑。

(3)"科"与"技"并重是从科学原理到应用迁移

"重视科学原理及其迁移,并不意味着课程内容的组织就是从概念到概念,也不是从概念学习到应用迁移,更不是增加学生熟悉的案例以便从归纳中学习。"[23]《解读》的以上三个提醒需要教师引起重视。

对于第一个提醒,从一个概念到另外一个概念的内容组织,不符合学习的规律,此处不再赘述。

第二个提醒是"重视科学原理及其迁移不是从概念学习到应用迁移"。从教学方式上看,要力求避免简单的"先学理论再进行应用"的方式,这与信息科技学科知识产生的本源有关。信息科技学科领域的知识,往往从"问题解决"出发。例如:为解决数据传输的问题,人们发明了光纤和双绞线,应用了物理原理;为了解决加密问题,人们设计了RSA加密算法,该算法所应用的欧拉定理早在200多年前就提出了。很多知识并非先提出概念然后再应用,而是从问题开始。查尔斯·巴贝奇设计差分机是为了解决计算问题,尽管它是用机械手柄和杠杆驱动,甚至并没有被实际制造出来,但是其中的计算、存储、编程思想,依然应用在当下的电子计算机中。有学者认为"技术是概念的物化",这不无道理。然而,也有一些内容可以先学概念,再应用这些概念解决问题。

第三个提醒是"重视科学原理及其迁移不是增加学生熟悉的案例以便从归纳中学习"。这一提醒特别指明归纳法的局限性。增加学生熟悉的案例有助于让学生通过对比分析发现一般规律。例如,根据温度自动调节制冷强度的家庭空调、根据环境光线强度自动调节亮度的台灯等实例,都有助于学生归纳出过程与控制中"输入、计算、输出以及反馈"这一基本过程。再如,人脸识别、植物识别与指纹识别的实例,都有助于学生归纳出图像识别的一般过程。但是有些内容,尤其是科学原理,往往不能通过案例进行学习,提供再多的图像识别案例,也不能从中归纳出图像识别的基本原理。

**2. "科"与"技"并重的建议**

在科学教育中,真实性学习是模拟科学家的思维方式和知识生产过程进行的,引导学生从真实问题出发,经历一个比较完整的分析问题、提出假设、寻找证据、验证假设并反思讨论的过程。因此《义教课标》提出"场景分析—原理认知—应用迁移"的建议,从生活中的场景出发,引导学生发现问题、提出问题,在已有知识基础上分析、探究现象的机理,学习、理解相应科学原理,尝试用所掌握的原理解释现象或解决相关问题。这便是以科学原理指导实践应用,注重基本概念和基本原理的学习。可以从以下角度思考教学设计:

(1)"致用"与"明理"结合

做到"科"与"技"并重并不容易。信息技术工具不仅仅是一种工具,它同时也带来一种新的思维方式——"致用"与"明理"相结合是一个可行的方法。

所谓"致用",就是善于恰当地应用工具解决问题,提高问题解决的质量与效率,善于探究新技术等。所谓"明理",就是在一定程度上"知其所以然",由于技术"黑箱"式的运行方式,学生缺乏对内在原理的认识,比如数据如何编码、传输、计算、呈现、应用等。

如果我们狭义地理解"科技",把科技仅仅看成一个"产品"或者一个"结果",就会使教学不能充分发展学生的思维。这往往表现为:忽略信息科技本身就是问题解决的策略与方法,仅仅关注成果的外在形式;仅学习技术细节,记忆繁杂的术语和概念,像做数学题一样进行计算;忽略信息科技中丰富的科学与人文精神,科技中人类设计与创造的智慧荡然无存,仅剩下无趣、刻板的知识;忽略解决问题的具体情境和需求,盲目地运用技术;将信息处理等同于解决问题的流程,在学习过程中缺失思维的积极参与;仅将探究特指为学生操作科技产品或创作数字作品。

(2) 体现学科独特的思维方式

"致用"与"明理"相结合的方式需要思维的积极参与,要让学生"主动地经历",而不是被动地接受已经被前人设计好的方法。也就是说,让学生通过自身的探究与实践,亲身感悟。教学设计要考虑引导学生主动思考,让学生在实践与探究过程中不断调整思路,逐步发现规律,特别是具有学科特点且能在学科中广泛应用的思想与方法。此外,要确保所采用的思想与方法是绝大多数学生能够接受的。

学科独特的思维方式,往往蕴含在具体的问题中。例如,算法的一个特性是"步骤有限",但这样的表述学生并不太理解。帕诺斯·卢里达斯在《经典算法的起源》中提出:我们不仅要求算法步骤有限,还希望在实际中有足够少的步数,这样能使算法在合理的时间内完成,这也就意味着,仅讨论算法步骤的有限性是不够的,在实际中还要考虑效率。也就是"知道某事"和"知道如何有效做某事"的差异。[92]

如何理解"知道某事"和"知道如何有效做某事"的差异?卢里达斯举了一个例子。假设有如图 3-1 所示的网格,求出从网格左上角到右下角的最短路径,且同一位置不许到达两次(路径长度等于网格中两点之间的线段数)。

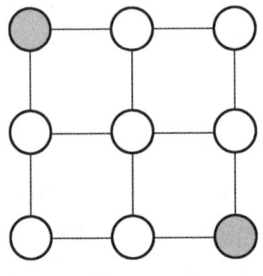

图 3-1 网格

求解的一种方法是找出所有符合题意的路径,算出每条路径的长度,选出最短的路径或任选一条最短路径。通过描画或推理,不难发现,路径总数是 12 条,有 6 条长度为 4 的路径,可以任选其中一条。我们常用枚举算法来描述以上解决问题的方法。

但如果是 4×4 或者 5×5 甚至更大的网格,那么刚才的枚举方法不再适用。4×4 的网格有 184 条路径,5×5 网格的路径数增加到 8512 条。可见,路径的数量随着网格规模的增大快速增加。对于 26×26 的网格,其路径数量则达到 $10^{151}$ 的复杂度。

枚举所有路径并从中选择最短路径的方法无疑是"步骤有限"的,但是当网格变得复杂,这种方法变得"不再适用",需要用新的方法来解决这个问题。正是这样的"新方法"提高了问题解决的效率,体现了学科独特的思维方式和实践方式。

## 二、注重问题解决

注重问题解决是落实信息科技学科实践的核心要领。学生是问题解决的主体,在整个问题解决的过程中,学生参与科学原理认知、抽象与建模、编程与验证、技术设计和工程实践。注重问题解决的学科实践不仅强调学生在行动中学习,还强调教学过程要有贯穿始终的逻辑线索,有效地融合学生的动手经验和心智思考。这种方式正凸现了具身性实践的重要性。

波普尔提出"科学始于问题"的著名命题,他认为科学探究不是从观察开始而是从问题开始的,从而取代培根"科学始于观察"的认识论命题。在《猜想与反驳》一书中,波普尔指出,科学应该被看成从问题到问题的进步,随着这种进步,问题的深度不断增加。[93]解决问题的过程,既是对外部世界的发现与探索过程,也是精神世界的自我完善过程。

在约4万字的《义教课标》中,"问题解决""解决问题"出现了近40次,"原理"出现30多次,并在课程理念、学段目标、内容模块、学业要求、学业质量等中均对其有阐述。《义教课标》对学习方式改革提出了两个要点——一是"问题解决",二是"原理认知"。在核心素养的内涵阐述中,它也特别强调"问题解决"和"解决问题"。在教学建议中,它提出诸如场景分析、原理认知、应用迁移、模拟验证、可视化呈现等关于解决问题的过程与方法的提示。

学生核心素养的形成,离不开思维、体验、探索与行动。问题是思维的引擎,在核心素养的内涵中,包含了针对问题解决的要求,如下所示:

◆ 信息意识:

具备信息意识的学生,……能根据解决问题的需要,评估数据来源……;具有寻找有效数字平台与资源解决问题的意愿……;具有自主动手解决问题、掌握核心技术的意识……

◆ 计算思维:

计算思维是指个体运用计算机科学领域的思想方法,在问题解决过程中涉及的抽象、分解、建模、算法设计等思维活动。具备计算思维的学生,能对问题进行抽象、分解、建模,并通过设计算法形成问题解决方案;

能尝试模拟、仿真、验证解决问题的过程,反思、优化解决问题的方案,并将其迁移运用于解决其他问题。

◆ 数字化学习与创新:

数字化学习与创新是指个体……开展探究性学习,创造性地解决问题。具备数字化学习与创新的学生……能积极主动运用信息科技高效地解决问题,并进行创新活动。

### 1. 用问题引领学科实践

什么是问题? 波普尔认为问题是已知与未知之间的张力。美国心理学家纽厄尔和西蒙这样定义:问题是这样一种情境,个体想做某件事,但不能马上知道对这件事所采取的一系列行动,就构成了问题。问题就是学习个体与学习内容间产生矛盾,个体不能理解或正确解答的内容。任何一个"问题",都是"给定条件、目标和障碍"三个部分有机结合的产物。优秀的问题设计隐含了明确的学习目标和预期成果。

但是,从一种模糊的思维状态到清晰思路的形成,仅仅依靠单一的问题和无关联的多个问题是不可能达到目标的。指向目标的问题要有一定的结构,这种结构就是问题链。"问题链是教师按照教学目标和教学内容,根据学生已有的知识或经验,针对学生学习过程中可能产生的困惑,将教材知识转换成层次鲜明、具有系统性的一连串教学问题,是一组有中心、有序列、相对独立而又相互关联的问题。"[94]

**教学设计案例** ▶ ▶ ▶ ▶

体验人工智能——动作捕捉技术

"人工智能与智慧社会"模块要求"分析典型案例,对比计算机传统方法和人工智能方法处理同类问题的效果"。在教学提示方面,要求"在教师的帮助下分析应用中体现的人工智能的基本特征及技术基础"。

教师选择"动作捕捉技术"作为学习载体,聚焦"如何捕捉和呈现体操的动作,以虚拟人物为主题制作动画视频"这个问题,借助编程软件,模拟完成人工智能动作捕捉。在教学中,教师设计的情境为:体育老师设计了一套课前操,想用虚拟人物把动作呈现出来,制作成动画或者视频。

为了让学生体验在技术发展与进步中,解决问题的方法是如何不断创新的,教师设计了三个活动。随着新问题的出现和旧问题的解决,学生将更深入地体验如何不断创新和优化解决问题的方法。教学中设计的三个活动如下所示。

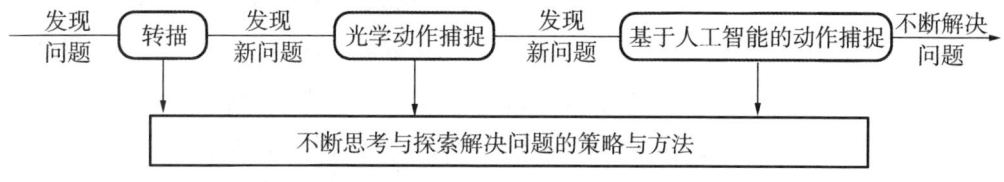

以技术的不断发展和创新为活动主线

活动1:用转描技术制作动画。

活动2:贴标签进行光学动作捕捉。

活动3:使用人工智能识别人体动作,更高效地完成动作捕捉。

——案例改编自 上海市育才初级中学 曹盼

案例中,教师创设了真实情境,将核心问题"如何捕捉动作"分解为相应的3个递进活动。动作捕捉技术经历了一个复杂的发展过程,未必可严格划分为"转描、光学动作捕捉、基于人工智能的动作捕捉"3个阶段,可能也有其他划分方式,但是聚焦问题、思考解决之道才是教育之根本,就像科学家常常无法精准回答"是谁发明了计算机"一样,思考"计算"的本质就是回应"是谁发明了计算机"的思考之道。

案例中,教师通过3个可探究、可体验、可实践的活动,引导学生逐步深入分析问题的需求,不断发现问题解决方案的优势和劣势。

活动1,学生先想到的方案是手工"转描",简单易行,但是学生很快发现这种方式既耗时也不精准,并且只能制作二维动画,缺点太多。

活动2,学生在"转描"的基础上,提出"自动"捕捉动作的设想。教师引出光学动作捕捉技术,它通过在关节处贴标记点、记录标记点的位置、连点成线等方式,提高动作捕捉的精准度,从而提高工作效率。学生在Mind+图形化编程软件中模拟实现,认识到光学动作捕捉能又快又好地捕捉动作并生成动画。但是该方法仍然存在不足,不仅贴标记点麻烦,而且还有场地限制。学生继续思考"能不能不贴标记点,随时捕捉动作",由此教师引出人工智能的方法。

活动3,学生通过编程自动检测和定位人体,分析人体动作的关键点。学生通过编程实践和体验,感受基于人工智能的动作捕捉在效率方面的优势,并思考动作捕捉还能应用到哪些场景(如检测独居老人是否摔倒等)。

通过这些活动,学生"模拟"体验科学家和工程师曾经遇到过的真实问题,在分析与解决问题的过程中,积极动脑动手。这样的学习活动可以启发学生思考技术发生与发展的现实意义,增强学生对人工智能相关技术的认知。

也有教师产生疑惑,"为什么不直接研究人工智能动作捕捉技术,而是先研究转描技术和光学动作捕捉技术?这是不是浪费时间?"我们可将这个疑问转化为斯宾塞提出的"什么知识最有价值"这一根本问题,也类似麦克·扬提出的"强有力的知识"这一问题。在这个案例中,是学习人工智能动作捕捉技术更有价值?还是学习如何解决动作捕捉这个问题更有价值?学生的学习是为了解决一个问题,而不仅仅是为了学习某个技术。人工智能动作捕捉技术只是解决问题的一种方案。用人工智能来实现动作捕捉,的确是本课的重点,但是人工智能的解决方法并不是"凭空"出现的。虽然它比转描技术和光学动作捕捉技术更具有优势,但它也是基于很多技术而创新发展起来的。技术的产生与问题解决密不可分,它们之间有着相互促进和不断迭代的关系,这是学生需要体验和感悟的。

只有让学生"进入"知识发现的情境、"重现"科学发现过程中面临的困境与问题、"重演"知识发现的过程,他们才能真正地接受知识并把它转化为自己的精神财富。在这样的过程中,作为认识主体的学生,不仅继承了人类已有的认识成果,而且能够体会到:任何知识都是在解决问题的过程中人为地被发现、发明的,而不是自然存在的。

麦克·扬在《未来的课程》一书中提到,之所以把课程理解为"作为实践的课程",就是因为他看到了教育中真正的"知识"所隐含的新的意义。他认为:"知识不再被当作是为了让教师进行分配和传递而从学术'发现者'处传递下来的私有财产,知识成为师生合作工作的产物。"当知识成为实践的产物,学生在问题的引领下,通过抽象、建模、编程、优化方案、测试验证等实践活动,成为知识的主体。

**2. 用问题链带动学科实践**

问题常常以"是什么?""为什么?""怎么样?""假如什么?"的方式表达,但是要设计好问题,实属不易。

(1) 设计问题,体现学科实践的专业特征

问题的类型无法穷尽,分类方式也有很多,如收敛或开放问题、不同认知水平的问题(如事实性问题、经验性问题、创造性问题等)、新问题、老问题等。王天蓉对问题类型进行了梳理[95],以此为基础,列举一些信息科技学科常见的问题类型,如表3-1所示。

表 3-1　信息科技学科常见的问题类型

| 问题类型 | 举例 | 思考要点 |
| --- | --- | --- |
| 比较 | 条形码和二维码有什么异同？ | 寻找事物的异同点及其特征。学生往往要思考"它们之间有什么区别和联系？" |
| 递进 | 1台计算机如何连接到互联网中？3台或更多计算机如何同时上网？ | 按照一定顺序推进思考。学生往往要思考"接下去会怎样？" |
| 求证 | 对分查找比顺序查找效率更高吗？ | 求证可以证实也可以证伪。学生通常要思考"如何判断？如何验证？" |
| 举一反三 | 身份证最后1位起到了校验的作用，在网络数据传输中，还有哪些校验方式？ | 列举一件事情，进而类推其他事物。学生通常要思考"根据这个示例总结出来的道理，还能怎样运用？" |
| 归纳 | 空调调节室温、智能恒温杯调节水温，其工作过程是怎样的？ | 由一系列具体的事实概括出一般规律和共通结论。学生通常要思考"共同的特点是什么？" |
| 辩证 | 使用智能软件识别植物的名称会不会降低学生学习植物的兴趣？ | 审慎、批判和发现矛盾。学生通常要思考"假如……到底……？" |
| 反思 | 根据土壤湿度自动浇花的系统还有哪些需要改进之处？ | 自我追问和质疑。学生通常要思考"还存在哪些问题？别人的做法对我有什么启发？" |

作为一种与学科专家工作类似的专业实践，不同的问题对学科实践有不同的引领和促进作用。

信息科技学科的问题有什么特点？问题具有认识论与方法论的意义。每一个学科都有其特定的思维方式，学科学习路径是由这个思维方式所产生的基本思考过程，构成了认知的必经道路。科学发现以探究为中心，其思维的核心是探究，涉及提出问题、作出假设、制订计划、搜集证据、处理信息、得出结论、表达交流和反思评价等要素；而工程实现则以设计为中心，其思维的核心是设计，涉及明确问题、分析问题（抽象建模）、设计方案（算法）、实施与验证、改进完善等要素。这为我们设计问题提供了基本框架。

问题从何而来？具有学习价值的问题，可以从三个方向寻找：一是课标内容与学业要求，二是信息科技的应用场景或学科发展史，三是学生的普遍认知障碍。这三方面分别代表教学目标要求、学科内容的价值与意义、学生学习的实际困难与需求，它们分别能够指导问题解决的最终目标、问题设计的情境来源、问题的知识聚焦点与表达方式。

（2）建立问题链，体现实践的递进性

通常，我们需要对"大问题"进行必要的分解，形成更易于引导学生实践的问题链，体现实践的递进性。例如，"科学家和工程师是如何在地理位置不同的计算机之间建立通信的？"这个问题呈现的不是一个个具体的知识点，而是对知识的探索过程，其价值在于引导学生初步体会抽象、协议、自动化、工程化的思维方式。但是这个大问题不是学生能解决的，需要进行分解和细化，形成问题链。

常见的问题链主要有表3-2中的几种形式。

表3-2 问题链形式

| 形式 | 示例 |
| --- | --- |
| 中心辐射 | 学校要进行智能化改造，请你针对不同的需求，选择合适的传感器，设计一个简单的方案。<br>问题1：如何根据光线自动控制窗帘？（光敏传感器）<br>问题2：有人经过时，走廊的灯如何自动亮起？（红外传感器）<br>问题3：学校的热水装置如何自动提醒过热？（热敏传感器）<br>学校的走廊要进行智能化改造，如果夜间有人经过，门卫室的警报会响。请设计一个简单的方案。<br>问题1：哪些传感器能检测到夜间有人经过？（感知层）<br>问题2：通过什么方式将数据传输到门卫室？（网络层）<br>问题3：应该怎样设计自动报警算法？（应用层） |
| 逐层递进 | 理解传感器在智能设备中的功能和作用。<br>问题1：在平板电脑中可能应用哪些传感器？<br>问题2：如何验证你的想法？设计一个验证方法。<br>问题3：在其他设备中还有哪些传感器？可以如何验证？<br>设计一个未来智慧交通的场景，并说明传感器的应用。<br>问题1：不同场景中你遇到过什么问题？画出场景示意图。<br>问题2：如何用传感器解决问题？画出简易图示。<br>问题3：用到哪些传感器？标记在图示中。<br>问题4：方案还存在哪些不足？ |
| 关联 | 探究网络传输协议。<br>问题1：如何标识数据包的地址？<br>问题2：多个数据包如何传输？<br>问题3：如果数据包在传输过程中丢失，该怎么办？<br>小组合作完成一个机器人社团网站。<br>问题1：机器人社团的网站有几个子页？子页之间是什么关系？<br>问题2：网站的风格是什么？<br>问题3：选择哪个网页编辑工具制作网页？ |

问题设计是很不容易的,怎样才算是一个好的问题?可从设计的问题对应的学习目标、认知水平、表述质量三个方面来对其进行反思与优化。在学习目标方面,要与一个或更多的学习目标相关联;在认知水平方面,力求指向学生潜在的认知水平;在表述质量方面,要清晰地表达问题,帮助学生理解什么是问题设计者所期望的回答。在不断打磨问题的时候,可以从以下角度反思:

- 问题的改造是否遮蔽了问题本身的真实性与复杂度?
- 是否回避了学生可能犯的错误?
- 是否只能按照预设的路径完成任务?
- 学生解决问题的过程是否真实?还有没有思维挑战?
- 是否注重反映技术更新和迭代迅速的特点,以促进学生应对不确定的未来?

(3) 避免"设计两恶",强化知识与实践的紧密联系

只有将学习内容与实践活动紧密结合,才能避免康德所说的"概念无经验则空,经验无概念则盲",以及威金斯和麦克泰格所批评的"设计两恶",即"有活动无内容,有内容无活动"。

问题解决对培养核心素养的价值毋庸置疑,但是如果问题之间缺少差异和联系,即使问题设计得再多,对培养素养也是劳而无功的。设计问题的关键在于问题中是否蕴含学科思想方法,是否能够促进学生理解学科核心概念。

《义教课标》的"人工智能与智慧社会"模块要求,"通过对比不同的人工智能应用场景,初步了解人工智能中的搜索、推理、预测和机器学习等不同实现方式",以及"通过分析典型案例,对比计算机传统方法和人工智能方法处理同类问题的效果"。但是对初中学生而言,人工智能是既熟悉又晦涩的概念,他们难以理解信息从输入到输出之间究竟发生了什么,这就是教学的难点。

科普类的书籍已经尽可能通俗地表述概念,如《AI超入门:人人都读得懂的人工智能》这样描述机器学习:"无论人类对规则设置得多么周全,也仍然会出现无法予以准确预判的情况,机器学习最大的优点是能够在人类无法处理的纷繁复杂的数据中提取出规则或模式,对其分类,并进行推测。"[96]但要让学生理解其中的含义,依然困难重重。因此,必须通过活动将内容结合起来,通过通俗易懂的具体示例,帮助学生在分析和解决问题中实现对内容的理解。

**教学设计案例** ▶ ▶ ▶ ▶

**初探人工智能中的分类问题**

**问题1**:如何对水果进行分类?如香蕉、西瓜、火龙果。

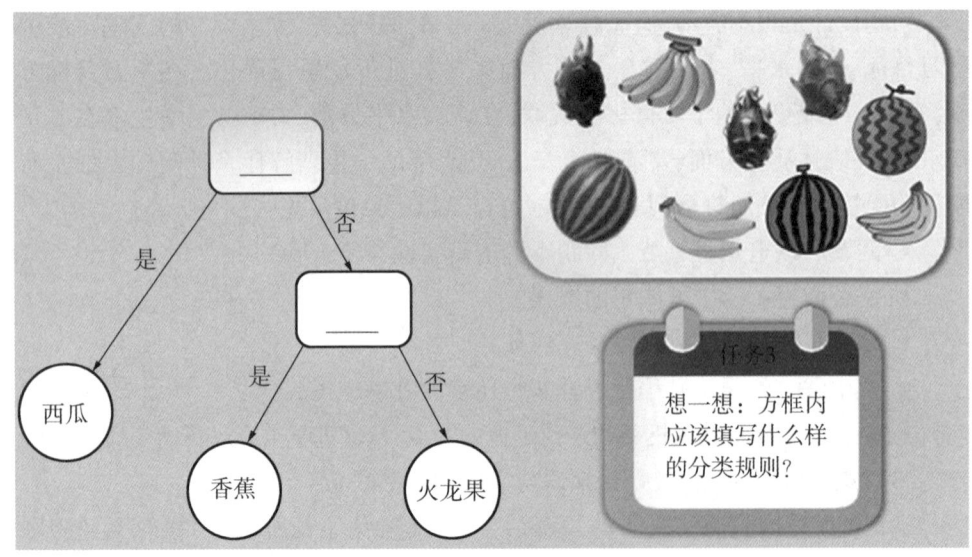

水果分类问题

分类的方法有很多种。可以判断颜色：如果是绿色就是西瓜，如果是黄色就是香蕉，否则是火龙果。也可以先判断形状，再判断颜色。

**问题2**：如果增加不同颜色的苹果，该如何分类？

在增加不同颜色的苹果后，学生在分类时会遇到难题。若按照颜色分类，红色的可能是苹果也可能是火龙果；若按照形状分类，圆的可能是西瓜也可能是苹果。这可以引发认知冲突，认识到规则的局限。

——案例改编自　上海市徐汇区教育学院　童琳

人工智能的发展历程是十分复杂曲折的。随着解决问题的方法的创新，人工智能的发展迎来新高峰。要让学生理解方法上的创新，如果仅按照"人工智能技术发展"的线索安排学习内容是不现实的也没有必要。该教学设计案例采用了如图3-2所示的流程。

图3-2　教学设计流程

从基于规则到机器学习，如何让学生对方法的创新有所感悟，是一个很难的问题。教师从一个典型问题——水果分类问题出发，从简单到复杂，逐层递进地设计问题，呈现用规则无法解决复杂问题的窘境，体现出这一方法的局限性。这一过程帮助学生理解在人工智能领域,机器学习这一新的思想方法的价值(相比基于规则的传统方法)。

(4) 避免"地板、天花板"式的问题,体现实践的适应性

在具体的教学实施中,我们尤其要避免"地板"式过于简单的问题或"天花板"式过于复杂的问题。问题是"呈现状态"与"目的状态"的差异或距离,目标、条件和障碍构成了一个问题的基本要素。[97]在教学中,那些过于简单且已经有明确答案的"地板"式问题没有必要去研究。一些不可能产生结果的问题,或者学生不可能研究的"天花板"式问题也没有必要放在课堂中去研究。以如下活动情境为例:

**制作二维码**

校园里有很多植物,但是很多同学不知道这些植物的名称,请制作二维码标牌,扫码后能看到该植物的介绍,包括图片、植物名称与特点(植物的介绍文字和图片存放在共享文件夹中)。

在这个活动中,学习重点是制作二维码的技能,学生只需要选择和复制文字及图片到二维码生成网站中即可。如果学习目标就是"用工具制作二维码",则以上任务是合乎目标的。但是,如果是以"探究能力"为目标,那么,该任务的设计则缺乏探究性。它虽然能激起学生的兴趣,并且让学生"亲自动手"完成,但问题本身并没有值得特别探究之处,学生也几乎不需要思考,只需要一些操作技能就能完成。这样的"地板"式问题缺少挑战性,是教学设计时需要避免的。

如果只要求生成一个二维码,这个问题可能不必深入研究,在网上搜索一下工具和操作方法就能找到答案。但是,如果想知道二维码(或条形码等)背后的简单设计原理,就有必要对其进行研究。基于此,可以对问题进行优化,如下所示:

**探索二维码的奥秘**

生活中有哪些场景应用了条形码和二维码?人们是如何使用它们的?为什么不同角度或部分被遮挡的二维码也能被扫成功?在什么情况下扫码不成功?二维码的简单原理是什么?

与之相反的是"天花板"式问题。学生已有的认知基础难以达到这些问题的要求,并且缺乏必要的资源和方法支撑,那么,过重的认知负担不仅不能激发学生的学习动机,反而会抑制他们的学习热情。如"通过网络收集资料,制作一个关于图灵机工作原理的演示文稿"这样的任务要求,学生缺乏进行研究所需的知识储备和认知基础,所谓的"研究"也只能是资料堆砌或术语罗列,没有实际的探索价值,只有一些拓宽视野的价值。因此,没有必要在课堂上进行研究。

但是，需要特别说明的是，对于原本没有可研究性的问题，当条件发生变化时，它可能会变得具有"可研究性"。有些问题在提出之初，很难判断它是否值得研究，如科学史上的"永动机"问题，经过研究得出了"它不值得研究"的结论。那么，这算不算一个问题研究呢？其实，通过研究得出否定的结论当然也是完成了一个课题。此处所指的不值得研究的问题，指的是一些凭常识就能看出其谬误的问题。

综上所述，学科学习要建立在与专家类似的、真实的、有意义的、符合学生思维发展特点的实践中。这样的实践不是朴素的直接体验，也不是学科知识所代表的抽象的间接经验的应用过程，它在本质上成为一种真实的专业实践。这种实践就不再是求得"真知"的手段，它不仅与当代"具身认知"理论相契合，也体现了中国认识论传统的"知行合一"的观点。

### 三、创设真实情境

学科实践需要真实情境。学科实践应在一定的情境中，而不是在"真空"中。

**1. 什么是情境**

首先，我们需要纠正对"情境"的常见误解。情境不是在教学的某个环节中，通过呈现一个日常生活的案例、讲个故事或放一段视频营造出来的某种氛围。"情境"一词有众多解释，在社会科学领域，人类学取向的情境学习理论（Situated Learning Theory）提出，学习是一种情境性活动，学习的发生离不开情境，不能把学习从情境中抽离出来进行研究，而应是要将其镶嵌在它所在的情境之中。

将"情境"首先引入教育学的是杜威。他认为："任何正常的经验都是客观条件和内部条件的相互作用。两者合在一起，或在它们的交互作用中，便形成了我们所说的情境。所谓'情境'，就是个体和世界产生互动的当下环境。"李吉林和杜威的情境观不同，她认为，情境不仅是客观的环境，而且联结和牵动着个体的情感体验，更多地指向客观环境与主观情感的交互作用。她视"人为优化的学习环境"为情境的本质。[98]

不难看出，情境不同于环境，情境意味着交互，人与环境两者之间彼此交织的状态才是情境，即情境是交互作用的产物。[99]有学者对此做了更具体的解释，如"情境是指具体场合的情形、景象或境地"，也就是说，情境是具有一定情节的环境，是个体与不同情境的互动过程。这就是杜威所说的成长性经验螺旋式获得和改造的过程。

"行为-认知主义"学派认为情境是人与客观环境之间互动的结果。在"经验主义"认识论看来,个体是在与环境相互作用的过程中获得对世界的认识的。例如,学生使用关键词和搜索引擎进行搜索,发现搜索结果是不同的,由此得出选择不同搜索引擎和关键词的某种规则,即在实践中获得某种知识。在这个过程中,"我"和世界不是二分的,而是互动的。

**2. "真实"之辨**

"真实情境"中的"真实"究竟是什么含义?何为"真实"?

陈凯认为,人们所能感受到的"真实"的范畴,随学段的增长而变得越来越广泛,但其确定性却似乎在下降。对于一个教师来说,便会面临这样的问题:如果他所要阐述的词语的概念是高度概括的或抽象的(越是到高学段就越是会遇见这样的概念),那么完全有这种可能,这个概念离开现实的情境非常遥远。虽然说用来承载概念的词语本身在文本中随处可见,或者说,这个词语本身也常被应用到多种现实的生活情境中,但在那种情境下对于词语的进一步诠释却是困难的。[100]

以"利用机器学习对图像进行识别"这句话为例,虽然教师可以轻松还原出对应这句话的具体生活场景——如用手机拍摄照片智能识别植物,或者在图像中识别人脸等。但这样的具体生活场景很难成为一个良好的教学情境,因为无论是诠释机器学习的不同特性,还是具体讲解某几类机器学习的算法,随着学习的深入,便会逐渐远离最初由具体需求所形成的生活情境。那么,这个情境既失去了吸引学生兴趣的作用,也难以成为连接不同知识的结构框架。可能在教学过程结束的时候,教师和学生会重新想到最初那个带着具体需求的情境,但是在过程中会有太多不明所以的地方。

我们不妨重新审视关于"真实情境"中的"真实"一词。当情境被用于课堂的那一刻起,它就开始偏离其现实上的真实性。虽然教师常采用种种策略将学生放置到创设出来的情境中,希望他们通过代入的方法假设性地解决现实中的问题,但这依然与"真实"相距甚远。很多教师也对"真实"提出疑问,何以如此?人们看电影时,都知道故事是虚构的,角色是演员扮演的,画面是通过拍摄或技术手段构造出来的;人们在阅读虚构的文艺作品时,也知道故事是虚假的,但即便如此,人们还是能感受到其中的"真实性"。这可以带给我们启示:观众或读者情感上的共鸣是真实的,矛盾产生或矛盾解决的逻辑思维过程是真实的,作品中所涉及的日常经验细节也是真实的,等等。这给了我们审视"真实"的一个重要视角:要把现实和真实加以区分。

从英文来看,"真实学习"多用"Authentic Learning",很少用"real"来表示"真实"。"authentic"有"真正的、真实的、真迹的、逼真的、符合实际情况的"等含义。"authentic"明确地与现实(reality)做了区分,这一点非常精妙地表达了两者的区别。真实情境是与复杂现实世界相关联的,但并不等同于复杂现实世界本身。

杨向东认为,所谓真实情境,其本质是心理意义上的,是指那些贴近学生既有经验且符合其当下兴趣的特定环境。也就是说,"真实性"不是针对现实生活的,而是针对学生心理的。对"真实"程度的判断,不是看是否与现实生活一致,而是看是否贴近学生心理与经验,也就是对学生的学习而言是"真实"的,这种"真实"能引发学生联想,启发他们发现问题。[101]

严格地说,课堂上学生能够面对的问题大多是具有真实性的问题。学生能面对的复杂性有限,多数问题仍是"逼真"的问题。(有的学者常使用"真实性问题情境""真实问题情境""真实情境中的问题",这些说法虽有差异,但内涵相似,本书不再区分。)

即便在教学场景的创设中涉及了现实事件和问题,为契合特定的教学目标,这些真实事件或问题大多被简化或改造,或只强调了其中的某个方面。用比喻的方式来说,课堂教学场景中出现的所谓真实事件和问题是激发学生探索兴趣的芳香蜜源,是可以承载知识点的结构框架,是可以被投注情感的片段。[100]

### 3. 对"真实情境"的常见误解

"真实"二字隐含了一种积极的价值评判意义。使用"真实情境"这一术语,意味着这类情境就是"好"的。但是如果不辨析其含义,很容易误用该词。

如前文所述,一个常见的对"真实"的误解是将"现实生活场景或其复现"等同于真实情境。这样的情境往往重现成人所处的专业领域或现实生活中真实问题的运作情境。这些情境大都是非常复杂而开放的。对于学生而言,他们并不适合直接解决这样的问题。过于复杂的认知情境反而会导致学生的认知负荷过重,不利于他们的理解和学习。真实情境的本质特征不是"真实"而是"真实性",真实性和真实之间不能画等号。

但是,为什么人们能对现实场景进行模拟和仿真呢?陈凯举了几个例子:人们可以利用计算机模拟某地的流感传播模型,虽然计算机中的流感是虚拟的,但其模拟的流感传播过程和现实世界的现象是有所对应的;人们可以利用计算机模拟制造一台虚拟的计算机器,虽然它并非真实存在,但它解决某问题的计算过程是真实的。可以看出,模拟计算行为实质上等同于计算行为本身,计算过程本身无疑是真实的。如果能够围绕计算行为的需求、计算过程的设计、计算效果的评估来构建教学情境,那么,即使这个情境看似虚拟,它也具有真实性。如果能将真实和现实区分开来,那么就不必非要回溯到产生这个计算需求的具体事件并将其作为教学情境。[100]

还有一种对"真实情境"的误解,认为学生在真实情境中学习,就意味着情境是教师事先安排的,学生只是被动的接受者和被赐予的享有者。其实不然,于泽元等认为:"学习发生在具体的情境之中。"对于"在……之中"这个词的含义,杜威认为它和我们所说的"钱在衣袋之中",或者"油漆在铁桶之中"的含义是不同的。它的含义是指个人和各种事物以及个人和其他人之间进行着交互作用。正是情境的交互属性直接决定了情境一定是学生具身参与的,能使学生产生直接体验的,否则不能称之为情境。学习的情境中时时发生着交互,情境和交互作用这两个概念是互不可分的。[99]

**4. 真实情境的主要特点**

如前文所述,教学中并不存在完全"真实"的情境,而是表现为具有真实性特征的情境。范梅里恩伯尔等人认为,从教学的角度看,情境不是越真实越好,同时,他们提出了三种逼真度,即心理逼真度、功能逼真度和物理逼真度。

心理逼真度指模拟情境复制真实情境中所经历的心理上的相似度,如通过模拟仿真软件完成局域网的组建并测试连通性。功能逼真度指模拟情境以类似于真实情境中的方式发挥作用的相似度,如学生扮演客户对设计方案进行评价。物理逼真度指模拟问题情境在视觉、听觉、触觉等方面与真实情境的相似度,如亲自到机房完成网络故障的排查。从逼真度由低到高的排序来看,一般都是先有心理逼真度,再增加功能逼真度,最后增加物理逼真度,这就与现实的情境更接近了。[102]真实情境往往具有以下特征:

- 开放性:真实情境往往根植于现实世界,具有开放性。这意味着情境中解决问题的条件往往是开放的,问题解决方式也不是唯一的,解决问题的资源也是开放的。

- 复杂性:乔纳森归纳了两种复杂性,即解决问题背景知识的复杂性和解决问题过程本身的复杂性。伍德从行为和信息的角度描述了三种问题复杂性,即组成复杂性、协调复杂性和动态复杂性。

- 限制性:情境往往是有限制的,包括时间、空间、资源等方面的限制,需要比较和权衡,因此,问题解决方案往往是相对"最优的、可行的",而不是"完美的、唯一的"。

**5. 真实情境的设计**

真实情境的设计,可以从复杂的现实情境中抽取模型并进行某种简化。不过,这并不意味着可以对情境进行任意简化。需要在复杂情境中抽取出相对典型的模型,同时模型所对应的学科核心思想应是能够被理解的,并具有无遮蔽的潜力。如何理解专业领域或现实生活中的情境和问题?对这些问题或情境进行怎样的改编才算是合理的简化?怎样判断简化后的情境既适合基础教育阶段的学生,又保持了一定程度的真实性?

威金斯和麦克泰格给出了 GRASPS 模型来架构真实性问题,给我们设计情境要素提供参考。该模型中 G 为目标(具体的目标或任务以及可能的困难),R 为角色(担任的角色以及职责),A 为对象(委托方、客户或服务对象),S 为场景(面对的具体情境),P 为产品(需要交付的产品),S 为标准(检测产品是否有效的指标)。在此基础上,我们可以从日常教学实践的角度考虑简化情境的方法。通常,可以采取以下 4 个步骤。

- 步骤 1:明确学习目标。

真实情境的设计应指向核心素养的培养,情境设计首先要明确学习目标,尤其是对学生关键能力的要求。以如下情境为例:

> 学校体育场需要维修和施工,但是施工会产生一些噪声,为了更好地监测噪声,需要购置声音传感器。如果请你来负责采购,你会如何选购,以实现价格最低且发货最快?列出你选购的理由。

虽然对噪声进行实时监测的情境,并不是学生日常很熟悉的场景,但是他们并不难理解这个情境。这个情境与传感器的选择有关,但是如果仅仅要求购买价格最低、发货最快的传感器,那么学习目标就会局限于在购物网站上搜索、排序、比较型号等简单技能。显然,从培养核心素养的角度看,该学习目标的设计缺乏探究性。

学习目标的设定要从课程标准相应的学段和模块学习要求中寻找。以上情境与"物联网实践与探索"模块有关,相应的学习要求是"会使用实验设备搭建物联网系统原型,并能通过实验平台读取、发送、接收、汇集和使用数据"。按照要求,可将目标细化为"分析需求,设计噪声监测方案""根据需求,选择合适的实验设备""使用物联网平台读取和发送数据"等。基于学习目标,可修改情境如下:

> 学校体育场需要维修和施工,但是施工会产生一些噪声,为了更好地监测噪声,需要设计和搭建一个简易的实时噪声监测系统,并将噪声数据上传到物联网平台,便于实时了解。请选择合适的实验设备和平台(备选

设备、平台以及相关材料由教师提供),设计方案并搭建和测试简易物联网系统。根据实际情况对方案进行优化。

在这个情境中,学生需要经历的问题解决过程更加符合模块的学习要求。学生通过分析需求,设计方案,思考感知层、网络层和应用层所需的设备,选择合适的实验设备和材料,搭建噪声监测系统,并进行调试,直至完成实验。在这个过程中,学生可能还会进一步发现值得优化的功能,例如:在实时监测的过程中,若每时每刻的声音都被上传到平台上,就会产生太多冗余的数据,而我们只需要超过特定值的噪声;此外,上课和下课的铃声也会被认为是噪声上传到平台。如何优化系统解决这些问题?这给学生更多的改进和优化空间。

- 步骤2:明确情境类型。

赵健基于德育视角,对高中教材的情境构建模型,这同样可以在初中学段进行借鉴。情境模型以学生的先拥知识和经验为圆心,沿着个人经历和家庭经验,到学校经历,再逐步进入与计算机应用和信息技术相关的各类社会、经济、文化的真实情境,将其分成近圈情境、中圈情境和远圈情境。

近圈情境(个人与家庭生活情境)为经常使用或易于体验的情境。在这类情境中,学生个体是解决问题的行动主体,如天气预报数据查询、智能交通应用(高铁购票、智能导航、网约车等)等情境。

中圈情境(学校生活情境)主要聚焦学校实践。这类情境是学生所熟悉的,也是学生走向社会实践之前的一个实习场,如图书馆书目与借还书管理、各种比赛统计等情境。

远圈情境(真实社会生活情境),包括航空、农业与农村、体育产业等情境。事实上,在这类情境中,学生个体很难亲自作为行动主体来体验,情境真正的价值是提供了一个新手与专家的协商空间。学生从自己并不熟悉的实践者的视角(超市经营者、城市规划者等),来理解、分析问题或解决问题。由于这些情境涉及社会运行的各行各业,与教师经验存在较大差距,所以它们的编制需要多方合作。这类情境也更容易受编制者自身的视野和经验约束。[103]

从一线教学实践看,近圈情境虽然易于学生体验,但是常存在个体体验差异,而学生很难体验远圈情境。相比之下中圈情境既有一定的复杂度,又具备一定的探究和实践优势,同时也符合现实条件,因此,实施的效果最佳。

- 步骤3:寻找情境原型并改编。

情境原型可以是日常生活与学习活动、影视作品、研究报告、新闻报道等。有学者认为,设计的真实性需要关注两个方面:一个方面是复杂性,指问题解决相关的特征数量和范围;另一个方面是保真性,指与现实生活中对应特征的相似程度(也有学者认为这是逼真性)。因此,设计真实性任务的关键在于要尽可能保留关键性任务特征(即复杂性),并确保其尽可能接近现实(即保真性)。同时,要适当控制边缘性特征和没有重要影响的特征,这为如何简化和改编情境提供了一种参考。

学生日常生活中的事件或场景都可以作为寻找原型的重要渠道,如智能手环、超市自动结账机、停车场自动识别车牌号和收费闸机、扫码进地铁闸机等。需要注意的是,以上生活场景还需改造成教学中的"真实情境",明确学生需解决的问题,明确说明学生要提交的作品或成果,规定完成的时间以及要求。

比如,按照"物联网实践与探索"模块的学习要求"会使用实验设备搭建物联网系统原型,并能通过实验平台读取、发送、接收、汇集和使用数据",学生需要掌握的能力是"设计和搭建系统",认识到"数据"和"网络"是与之相关的大概念。由此,在以上生活场景中,以停车场自动识别车牌号和收费闸机为例,可以简化学生难以理解的要素,优化场景,如表3-3所示。

表3-3 优化场景

| 场景 | 场景优化分析 |
| --- | --- |
| 自动识别车牌号 | "自动识别车牌号"需要调用人工智能模块,但是学生还没有学习相关内容,因此,学习重点不是"智能",而是"读取"数据;可以将"自动识别车牌号"优化为"识别是否有物体"。 |
| 自动收费 | 在现实生活中,停车场自动收费有很多模式,如扫描特定的二维码、预先绑定账户等,有的系统还需要数据库的支持,比较复杂;因此,学习重点不是设计系统模块和编写程序,而是"接收、汇集和使用数据",可以将"自动收费"改为"计算停车时间"。 |

根据表格中的分析,就可以简化情境,降低过于复杂的要求,使之更聚焦场景的关键要素。

- 步骤4:检核情境要素。

在完成情境的改编后,可以根据GRASPS模型再次检核,重点关注以下几个方面。

场景要连接学生的经验,引发学生解决问题的需求。主要应考虑的因素有背景(什么特定的时空下发生)、资源(有哪些可用资源)和条件(限制条件是什么)。罗日叶对条件进行了分类,如学生自己去寻找的已知条件、不明显的已知条件、干扰性的已知条件、有待改变的已知条件等。

教师可以通过设计情境中的角色来吸引学生投入,使其产生代入感。任务是情境的核心,其呈现方式可以是明确的,也可以隐含在背景中,由学生发现、识别和界定。情境往往包含成果和要求(或标准),而不同类型情境产生的成果也会有所不同。例如,解决问题类成果可能是一个算法、一段程序、一个方案、一个原型产品、一份实验/测试报告、一份研究报告等,设计作品类成果可能是演示文稿、视频、图纸、模型等,做出决策类成果可能是一个决策建议或决策依据。

马扎诺和皮克林在学习五维度中的"有意义地运用知识"中,提出了六种活动类型,包括决策、解决问题、创建、实验探究、调研、系统分析[104]。上海科技教育出版社出版的《信息科技》教材将活动分为三种:解决问题、设计作品和做出决策。同时,该教材也强调在实际应用中,这三种类型并不是截然分开的,它们之间往往存在交叉,但是侧重点各有不同。以下针对这三种类型做具体分析。

"解决问题"类任务一般需要学生从情境中识别问题、界定问题、设计问题解决方案,并尝试解决问题,甚至测试或验证方案的有效性。以如下情境为例:

编　码

学校校史馆拥有 3000 多件珍贵的藏品,它们被存放在多个柜子中。每件藏品的信息都登记在厚厚的记录本中。但是,如何管理和查询这些藏品成了难题,管理员经常花费大量时间查找所需的藏品。请思考如何为藏品编码并利用数字化技术,以实现高效的管理和查询。

(提示:观察学籍号和车牌号的编码特点,了解它们的编码规则。)

在这个情境中,学生首先需要识别和界定问题,理解设计编码是核心任务,高效查询是目标。随后,学生需要进一步思考具体问题,例如,藏品的种类、数量和存放地点,藏品的主要信息,选取哪些字符用于编码(数字、字母、符号等),编码应分为几段,每段编码的具体含义,每段编码字符如何组合,如何确保编码与藏品的一一对应关系,如何根据编码找到藏品的存放地点,如何利用计算机管理这套编码,以及当藏品种类和数量增加时如何扩展编码系统等。

"设计作品"类的情境通常具有明确的目标和成果,学生需要有计划地设计和制作作品。在这类情境中,学生设计完成的作品往往有特定的对象。以上文"计算停车时间"场景为例,它可被改编为一个"设计作品"类的情境,如下所示:

设计简易停车计时系统方案

越来越多的停车场使用自动进场和出场系统,自动记录停车时间,但是学校还没有配备这套系统,如果你是工程师,会如何设计方案?有哪些可用的设备？请你用1辆玩具小车、2个闸机模型(模拟进场与出场闸机)以及物联网平台实现如下功能：当入场闸机检测到小车时抬杆放行，系统记录入场时间；当出场闸机检测到小车时抬杆放行，系统记录出场时间，然后输出停车时间。

根据以上情境，学生分析需求，从感知层、网络层、应用层整体设计方案，选择合适的设备，动手搭建、编写程序、测试及调试，并进行必要的优化，设计并制作一个简易停车计时系统。

"做出决策"类的情境通常将学生置于"两难"或"多难"的处境，目标往往是明确的，但是学生需要对影响目标实现的各种因素进行综合比较和分析。在对方案进行理性判断的基础上，学生做出决策并解释其决策逻辑。

此外，需要说明的是，让学生只经历单一的情境并不利于其核心素养的培养。单一的情境无法帮助学生建立情境、问题和结果之间灵活的关联。例如，在测量距离的任务中，如果学生只使用红外传感器，他们就容易误以为测量距离只能采用这种单一的方式。只有当他们在学习过程中发现测量距离可以有多种方式，并且有多种传感器可以选择时，他们才能根据各种传感器的特点，选择合适的测距方式。然而，建立情境、问题和结果之间的关联并非易事。只有经历多种类型的情境，学生才能培养出核心素养所强调的情境、问题和结果之间灵活的关联，消除简单的机械关联。

## 第二节 学科实践的基本模式

"实践"一词强调的是"做"和"学"的双重含义，它不仅包括动手做的技能，也涵盖对知识的认识和理解，具有思考、设计、验证等要素。从一线教学的角度，学科实践可分为设计作品、搭建原型、实验探究三种模式。为了更好地理解这三种模式的差异，我们可以这样区分：设计作品重点在使用软件完成任务；搭建原型重点在系统设计，并使用软件和硬件完成任务；实验探究重点在通过工具进行验证和观察，从而深入学习和理解相关知识。三种模式并不是独立的，它们之间往往有交叉和并行，可以在教学中不断丰富和创新学科实践的模式。

此外，并不是所有的概念都可以通过亲自操作物体来研究。在某些情况下，我们也需要采用其他类型的探究方式。例如，人工智能在航天中的应用、互联网中各类 App 的部署与设计等,这些内容过于复杂或缺少便于操作和体验的载体,学生较难通过实践来完全理解。事实上,关键之处不在于有多少实际的操作,而在于动手与动脑的结合。

## 一、设计作品

此处"作品"的含义,不仅是使用软件来完成一个演示文稿、概念图、网页等,也包括用代码或可视化编程工具完成的程序、手绘的草图等。"原型"在某种程度上也是"作品",但是由于"原型"有一定的特殊性,故在本书中会将其单列讨论,此处所指的"作品"不包括原型。

### 1. 设计作品的要求

《义教课标》中涉及作品设计的内容主要集中在如表 3-4 所示的几处。

表 3-4 设计作品要求梳理

| 模块 | 内容 |
| --- | --- |
| 互联网应用与创新 | 能够根据学习和交流的需要,使用互联网搜索、遴选、管理并贡献有价值的数据和资源,能够创建具有特色的作品。(内容要求) |
| | 了解常用互联网应用中数据的构成,能够使用适当的数字化工具对网页进行编辑和发布。(内容要求) |
| 物联网实践与探索 | 通过简易物联系统的设计与搭建,探索物联网中数据采集、处理、反馈控制等基本功能,体验物联网、大数据及人工智能的关系。(内容要求) |
| 人工智能与智慧社会 | 如何协调一队无人机的飞行,使之做出一致且优雅的特技动作?<br>针对无人驾驶车、有人驾驶车混行的交会路面,如何设计最合理的会车及让行规则?(教学提示) |
| 跨学科主题学习 | 向世界介绍我的学校:<br>通过编写学校互联网百科词条、创作学校相册、拍摄学校创意短视频、创建运维学校社交媒体、发布学校网页等多种方式介绍自己的学校;也可以结合时代发展分享对学校的未来规划与设计,向世界介绍自己理想中的未来学校。 |
| | 无人机互联表演:<br>通过教师引导,学生以小组合作的方式,分析无人机互联表演的案例,并试着提出自己的新方案,感受物联网对未来的潜在影响。 |
| | 未来智能场景畅想:<br>学生以小组合作的方式,立足环境变化、经济变化、能源变化等挑战性问题,大胆设想目前还没有实现的人工智能应用场景,畅想未来智能场景,设计未来智能产品方案,形成方案报告和方案可行性评估报告。 |

## 2. 设计作品的一般过程

作品设计与制作并没有固定的流程,基本的设计和制作过程如下:分析需求—收集信息—设计方案—制作作品—交流发布—反思改进。这个过程还可以根据教学实际,增加、删除或强调某个环节。

在作品设计与制作中,可以让学生思考的问题有:

- 我使用的哪些工具对作品的设计有帮助?
- 我怎样才能用作品最佳地解释和表达自己对问题的解决结果?
- 我怎样才能区别可信和不太可信的信息或结论?
- 我主要用什么体裁(视频、动画、演示文稿、程序)来交流自己的作品?
- 当我与别人交流自己的作品时,怎样对受众和环境加以考虑?

### 教学设计案例 ▶▶▶▶

#### 制订上海两日游行程规划

**情境**:假定你是一名旅行社产品经理,需要设计一个"上海两日游"的方案,包括景点、住宿、饮食、交通和路线安排,并向游客介绍方案。

整个项目可分为分析需求、收集信息、安排行程、制作方案、展示优化5个阶段,共计14课时。

**"上海两日游"项目活动相关单元及主要内容**

| 单元 | 课程名称 | 课时 | 主要内容 |
| --- | --- | --- | --- |
| 单元一:<br>分析需求 | 分析两日游需求 | 1 | 明确目标人群和需求,制订小组计划和分工。 |
| | 绘制方案概念图 | 1 | 根据小组目标,用工具制作方案的概念图。 |
| 单元二:<br>收集信息 | 信息收集与整理 | 2 | 分工合作,通过多种途径和网站搜集信息。 |
| | | | 完成景点信息的整理(全面性、权威性和时效性)。 |
| 单元三:<br>安排行程 | 小小行程规划师 | 1 | 根据一定的规则,合理规划景点游玩顺序。 |
| | 小组行程齐制订 | 1 | 合作设计小组的行程方案及费用。 |
| | 可视化行程方案 | 1 | 图示化(流程图)小组行程方案。 |
| 单元四:<br>制作方案 | 制作两日游方案 | 2 | 制作两日游方案并发布,提供用户报名功能。 |
| | 制作景点宣传册 | 2 | 编程设计交互式景点宣传册。 |
| 单元五:<br>展示优化 | 旅行社产品发布 | 3 | 小组交流两日游方案,发现方案不足,完成自评与互评。 |

如何设计合理的行程是个复杂的问题,这个问题恰好是引导学生经历原理运用过程和数字化工具应用过程并提升学生计算思维的载体。以下为单元三中"小小行程规划师"一课的教学设计。

---

**教学设计——小小行程规划师**

设计思路:
　　本课通过解决"如何在特定规则下设计合理的景点游玩顺序"问题,让学生感受常用互联网应用中算法的价值。
　　安排多个景点的游玩顺序会有多种方案,哪种更合理?首先分析问题,确定旅行社目标人群的需求及相关影响因素,制订行程规划的规则,并通过电子地图中的标记工具,结合规则设定,规划行程。然后对比人工规划与程序规划的行程,体会用算法解决问题的优势。最后与生成式人工智能规划的行程进行对比,引发学生对科技创新更深入的思考。

引入:
　　1. 进入情境:旅行社为游客(跟随家人到上海旅游的七年级学生)安排了5个景点。
　　2. 思考与交流:一天游玩5个景点有多少种方案?如果是两日游,则可能的方案有多少种?讨论得出如果一天游玩5个景点会有120种方案,如果是两日游则会有480种方案,可能性更多,这就给设计带来很大的挑战。
　　3. 引出主题:规划景点游玩顺序,合理安排两日游的行程。

活动1:景点标记,手绘行程
　　1. 分解问题,思考影响行程安排的因素,如景点间距离、交通工具、景点营业时间、游玩时长、天气等。
　　2. 设定规则1:"距离优先"规则(相邻的景点优先游玩)。
　　3. 解决问题:
　　问题1:如何确定景点的位置?认识地图工具。
　　问题2:如何用地图的"标记"工具、"手绘路线"工具绘制景点游玩路线?

活动2:小组协作,再次制订行程
　　1. 设定规则2:指定起点和终点的约束条件。
　　2. 小组讨论符合规则的方案,结合景点信息表,综合考虑景点行程安排,并说明行程规划的理由。这一过程旨在让学生明白面对同一问题可能有多种解决方案,加深对算法的认识。

活动3:了解算法
　　1. 问题:计算机程序规划与人工规划的景点路线方案有什么区别?
　　了解计算机程序规划景点游玩顺序的过程,并知道程序计算的是道路路线(而不是直线距离)。体会算法的效率以及计算机解决问题的优势。
　　2. 对比不同规则下得出的方案:对比"驾车更顺路"和"距离优先"规则下的路线方案,认识到当规则不同时,产生的方案结果也会不同。
　　3. 原理认知:认识排序算法、计算路径算法等。

(续表)

| 教学设计——小小行程规划师 |
| --- |
| 4. 思考:除了"更顺路"的规则,还能将哪些因素考虑进现有程序中,让规划的方案更贴近实际的需求? 如时间最优、景点营业时间、交通方式、天气等。<br>5. 小结:通过优化算法,让程序变得更智能。 |
| 回顾总结,拓展延伸:<br>1. 讨论如何将算法思维沿用至生活中。<br>2. 对比生成式人工智能(GenAI)生成的规划路线,交流自己的感受。<br>——项目来自上海科技教育出版社出版的《信息科技》教材<br>案例改编自　上海市第三女子中学　倪琳珏 |

## 二、实验探究

2019年教育部颁布的《关于加强和改进中小学实验教学的意见》提出,不断将科技前沿知识和最新技术成果融入实验教学,强化学生实践操作、情境体验、探索求知、亲身感悟和创新创造。学科实验的作用是独特的,也是其他教学方式不能替代的。

在科学领域(如物理、化学、生物学)以及地理等学科中,实验已形成各自的传统,其对培养学生的核心素养的重要性也已有共识。这些学科都有专用的实验室、专业的实验人员和一套成熟的实验流程。同时,各学科也都积累和沉淀了一些经典实验,而且实验器材也作为教学装备的一部分。在信息科技教学中,虽然动手操作一直以不同的方式存在,但是学科的"实验"研究仍有待加强。笔者把"实验探究"作为一种实践类型,凸显实验、探究、设计、编程、创作等丰富多样的实践活动形式的学科特点。

### 1. 实验探究的要求

与直接经验不同,学科知识来自一个小心探究和求证的过程。具有数字素养与技能的学生遇到问题时,会考虑通过某种探究方式以及实验来解决问题,从而加深理解相关的学科知识。因此,我们应该让学生自己建构对知识的理解,包括提出预测、用不同的工具收集数据、应用实验结果解释现象(以下内容有多种学习方式,实验是其中之一)。《义教课标》中有关实验探究的要求,梳理如表3-5所示。

表3-5 实验探究要求梳理

| 模块 | 内容 | 要求出处 |
| --- | --- | --- |
| 互联网应用与创新 | 在有条件的学校,教师应充分利用容易获得的工具,包括软件模拟器、简易开源硬件及网络分析器等,在学科专用教室或实验室中通过模拟、仿真、演示等数字化手段,营造尽量接近真实场景的各种网络环境,为学生的学习和探究创造条件。 | 教学提示 |
| | 通过指导学生完成在线任务、学习使用各种网络工具等多种途径,使学生逐渐认识和了解互联网中数据的价值和特点,知道网络中数据编码、传输和呈现的直观原理。 | 教学提示 |
| 物联网实践与探索 | 根据学习任务的需要和可用的实验设备,设计并搭建具有数据采集、实时传输和简单控制功能的简易物联系统。 | 学业要求 |
| 人工智能与智慧社会 | 通过对比不同的人工智能应用场景,初步了解人工智能中的搜索、推理、预测和机器学习等不同实现方式。 | 学习要求 |
| | 通过对常见人工智能应用的分类和分析,引导学生发现其中存在的不同实现方式,认识各种实现方式的计算过程,了解其适用的场景。 | 教学提示 |
| | 通过分析典型案例,对比计算机传统方法和人工智能方法处理同类问题的效果。 | 学习要求 |

"实验"一词来源于英文"experiment",与"test"不同,"实验"意为"尝试、测试、检验"。很多学者对实验的定义既有狭义的也有广义的,例如,一种对实验的认识是"人为地改变、控制或模拟研究对象,使某一些事物(或过程)发生或再现,从而去认识自然现象、自然性质、自然规律"。又如,张海认为从广义上说,地理学科中地图绘制、地理考察等也是地理实验[105]。

在科学领域(如物理、化学、生物学)以及地理等学科中,实验教学既有差异也有类似,各具学科特点。信息科技学科的实验类似于科学领域的实验模式和流程,但也存在一定差异,如表3-6所示。因此,本学科的实验教学仍需在规范和创新中不断探索。如何逐渐形成学科特点,如何发挥学科实验的功能,将是教师在日常教学中面临的难题。

表 3-6 信息科技学科实验与科学领域学科实验的对比

| | 科学领域的学科实验 | 信息科技学科的实验 |
|---|---|---|
| 研究对象 | 自然现象和规律 | 数字世界 |
| 研究工具 | 实验器材 | 硬件、软件、数据集、素材等 |
| 变量控制 | 通常需要明确自变量和因变量 | 部分实验需要实验变量,但通常对变量设计的要求不太严格 |
| 误差 | 有 | 部分实验中有(如传感器测量的精度产生的误差) |
| 实验结果 | 得出某种科学结论 | 得出某个关于效率、合理性方面的结论或技术方案 |

在通用技术课程中,有"技术试验"的学习要求。技术试验有不同的分类,按照目的可分为功能、性能试验,优化、老化试验,环境适应性试验,破坏性试验等。信息科技行业中也有类似的软件测试,例如,功能测试、性能测试、安全测试、兼容性测试、负载测试、压力测试等。技术试验按照阶段可分为小试、中试、应用(用户)试验。信息科技行业中的软件测试也可以分为 Alpha 测试、Beta 测试等。通用技术课程的技术试验旨在让学生掌握试验方法,培养学生科学严谨的态度。义教阶段信息科技课程中的实验,不仅有类似对技术试验的一般要求,更体现了信息科技学科本身的特点。

**2. 常见的学科实验类型**

《关于加强和改进中小学实验教学的意见》把实验分为基础性实验和拓展性实验(包括探究性实验、创新性实验、综合性实验等)。在实验教学实施形式方面,该意见提出要综合运用观察、观测、模拟、体验、设计、编程、制作、加工、饲养、种植、参观、调查等多种方式。

郑春和把生物学学科实验课题以探究活动水平的不同依次分为 5 级:观察或鉴别性实验为 1 级,要求学生按照实验指导,独立地完成实验操作,观察对象"是什么"或鉴定出实验材料中"有什么",以便加深理解有关知识。验证性实验为 2 级,要求学生按照实验指导独立地完成实验操作,将实验结果作为论据来论证某个原理或法则是否成立,即为阐明"为什么"或"怎么样"提供实验依据。教师设计的探究性实验为 3 级,其特点是由教师提供实验结构和实验步骤,学生经过一系列探究性操作活动获得有关的科学知识,体验和理解知识形成和发展的过程,即"干什么"和"发现什么"。学生独立完成的探究性实验或调查为4级,要求将学生分成协作性小组,共同设计调研计划或实验方案,在规定时间内共同完成实验课题任务,4级实验是学生"怎样"检验自己对"有什么"和"为什么"做出的解释。模拟性实验为5级,它是科学家进行科学探究的一种实验法,是在模拟研究对象或者人工模拟特定条件下进行的一类实验。[106]也有学者把实验分为演示实验、探究性实验、虚拟实验等类型。

2023年,《中小学实验教学基本目录(2023年版)》正式发布,其中义务教育信息科技基本实验目录涵盖了验证性实验、探究性实验、创新应用性实验和虚拟仿真实验等实验类型。验证性实验,其目的是通过实践验证或证明特定的现象或理论,如学生可以通过编程实验来验证程序代码的功能和正确性。探究性实验强调学生主动探索和发现知识的过程。例如,学生可以自主设计一个家庭网络拓扑结构,通过实验探究网络性能的优化方法。创新应用性实验旨在培养学生的创新思维,提升学生创造性解决实际问题的能力。例如,学生可以通过不同的方法,设计一个在线数字气象站,以实现特定的功能。虚拟仿真实验是利用计算机技术和虚拟环境来模拟真实实验的过程和结果。例如,学生可以利用虚拟环境学习网络协议、网络安全等技术。

尽管实验的分类各学科不完全一致,但是实验要"动手操作、动脑思考"是一致的。实验过程中,要注重推理、抽象与假说、归纳与演绎等科学思维与方法。探究过程中,我们要关注"观点—结论—证据""假设—证据—结论"之间的逻辑关系以及"概念—判断—推理"的思维模式。实验教学的基本过程包括假设、实验设计、证据收集、检验、解释、得到结论等。强化实验教学可以促进育人方式的改革,提升科学教育质量,培养学生的科学思维、探究和实践能力、科学态度以及社会责任感。这已经得到学界广泛的认同。

信息科技学科初中学段的实验教学的研究刚刚起步,尚在摸索阶段。借鉴科学领域实验的一般分类,从探究活动水平的角度,笔者对以下4种信息科技实验类型做分析。(虚拟仿真实验既可以作为一种独立的实验类型,也可作为实验方法或手段,结合具体的实验目的,归类为验证性或探究性实验,此处没有单独罗列。)

• 演示实验:主要由教师或学生示范,通过使用软件、硬件或数据(集)完成或部分完成实验过程,学生观察演示过程,记录要点,思考问题,并得出结论。

• 验证性实验:主要由学生按照实验指导完成实验操作,在教师的指导下操作软件和硬件,记录实验过程和结果,得出实验结论。验证性实验的难点在于学生需要理解实验目标和步骤,分析实验结果,并做出合理的解释,得出结论。所要验证的结论在验证之前已有预设,实验中需找到与预期结论相吻合或违背的事实。

- 探究性实验:主要由学生完成,注重学生主动探索和发现的能力。学生可自主或在教师的指导下提出某种假设,设计实验方案,记录实验过程和结果,并得出实验结论。探究性实验一般应由教师提供实验工具、资源和素材。实验的难点在于学生如何提出实验目标和假设,并独立设计实验过程,这对学生而言是一个较大的挑战。

- 创新应用性实验:主要由学生完成,学生需要将所学知识应用于实际场景,并尝试进行创新性的改进和应用。教师设计创新应用性实验的难点在于如何激发学生的创新意识。学生需要从日常学习和生活的应用场景或科学情境中,发现有意义的问题,提出富有创造性的方案,并加以实施、验证和应用。同时,学生应勇于探索开放、复杂的问题。(创新应用性实验也可与原型搭建相结合。)

## 教学设计案例 ▶▶▶▶

### 演示实验:对比 HTTP 和 HTTPS 数据包

| 实验单 | |
|---|---|
| 实验目标 | 对比 HTTP 和 HTTPS 协议在处理用户的账号与密码方面的差异。 |
| 实验条件 | 1. 安装抓包工具(抓取 HTTPS 数据包需要进行前期设置)。<br>2. 确定要抓取数据包的两个目标网站,一个使用 HTTP 协议,另一个使用 HTTPS 协议。<br>3. 准备账号和密码(建议两个网站使用相同的账号和密码)。 |
| 实验过程 | 1. 教师演示使用抓包工具软件抓取某网站(使用 HTTPS 协议)的账号与密码的数据包。<br>2. 学生参考教师演示,按照操作步骤抓取某网站(使用 HTTP 协议)的账号与密码的数据包。<br>3. 学生对比抓取的使用 HTTPS 协议与 HTTP 协议的数据包,分析它们的差异。 |
| 实验结论 | 1. HTTPS 数据包(□未加密  √加密)<br>2. HTTP 数据包(√未加密  □加密)<br>3. HTTPS 协议更安全 |
| 原理认知 | HTTPS 与 HTTP 协议的差异。 |

——案例改编自　上海市育才初级中学　曹盼

**教学建议**

这是一个演示实验,使用抓包软件分别抓取 HTTP 协议和 HTTPS 协议数据包。本实验有一定难度,建议 HTTPS 数据包由教师进行演示,HTTP 数据包可由学生尝试。

可以使用 Wireshark 软件抓取 HTTPS 数据包(需要进行前期设置),其操作相对比较复杂,可以由教师在课前完成,课上播放实验过程演示视频,让学生比较和分析 HTTP 协议与 HTTPS 协议数据包的抓取结果。

抓取 HTTP 数据包相对简单,这里抓取的是登录某网站时提交的账号和密码信息,也就是 POST 数据包,可以看到账号和密码的明文。这样,学生可以真切地看到 HTTP 协议没有对数据进行加密。

实验结束后,可以用表格的形式总结 HTTP 协议和 HTTPS 协议的区别。教师引导学生进一步思考:HTTP 和 HTTPS 分别适用于哪些场合?

通过实验对比,可以得出:HTTP 协议使用明文进行信息传输,安全性较差,而 HTTPS 协议使用加密算法进行信息传输,更安全。

教师还可以说明:HTTPS 协议是建构在 SSL/TLS 之上的 HTTP 协议,需要对信息进行加密或者解密,因此速度慢,而且比 HTTP 协议更耗费服务器资源。如果是非敏感信息,则使用 HTTP 协议通信;若涉及个人隐私信息等敏感数据,则利用 HTTPS 协议加密通信。

**验证性实验:网络协议**

| 实验单 | |
| --- | --- |
| 实验目标 | 验证 HTTP 协议请求和响应过程。 |
| 实验条件 | 1. 选取 2 个网站,一个能正常访问,一个不能正常访问。<br>2. 编程软件。 |
| 实验过程 | 1. 在开发者工具下查看请求和响应:访问 2 个网站,在浏览器中使用开发者工具,观察并记录请求方式和状态代码,查询资料,认识请求方式和状态代码的含义。<br>2. 利用编程软件,编写访问 2 个网站的程序,输入访问的响应代码,观察程序运行结果。 |
| 实验结论 | HTTP 协议的工作过程是＿＿＿＿和＿＿＿＿。<br>请求方式是＿＿＿＿,返回代码是＿＿＿＿。 |
| 原理认知 | HTTP 协议的工作过程。 |

——案例改编自　上海市时代中学　姚琦

**教学建议**

在解决这个问题之前,教师可以先带领学生回顾浏览器和服务器的知识,让学生知道网页的数据存放在服务器端。浏览 1~2 个网页,让学生知道根据网址可以识别网页是否采用 HTTP 协议。

在实验过程 1 中,学生通过浏览器访问网页,在开发者工具下查看请求和响应,知道不同的响应对应不同的状态码。在实验过程 2 中,教师可以利用 Mind+图形化编程软件让学生观察、体验发出 GET 请求后,服务器会给出响应结果。引导学生理解 HTTP 协议是通过简单的请求/响应的方式来进行客户端和服务器端之间的通信的。

在本活动中,教师可以自行选择合适的网址。在实验过程 2 中学生可以直接使用教师提供的程序,依照步骤完成操作。有能力的学生可以尝试修改参数访问不同的网页,也可以尝试拓展体验 POST 请求。教师可以选择带有 requests 模块的图形化编程软件或 Python 编程软件,将编写好的脚本提供给学生。

**探究性实验:快捷的云存储**

| 实验单 ||
| --- | --- |
| 实验目标 | 云存储的快捷性与"秒传"原理。 |
| 实验条件 | 1. 某网盘的若干个账号和密码。<br>2. 用于测试的视频文件、文本文件以及 MD5 转换软件或程序。 |
| 实验假设 | 云存储能识别相同的文件,不重复存储。 |
| 实验过程 | 1. 上传一个视频文件到自己的网盘中,记录上传时间;将该视频文件重新命名,再次上传,记录上传时间。<br>2. 对比先后上传同一个视频文件的时间差异。<br>3. 使用教师提供的 MD5 转换软件,将文本文件"文件 1.txt"进行转换,记录结果,简称结果 1。<br>4. 将"文件 1.txt"重新命名为"文件 3.txt",再次使用 MD5 软件进行转换,记录结果,简称结果 3。<br>5. 将"文件 1.txt"的内容进行修改,比如将"我是张三"改为"我是李四",重新命名为"文件 2.txt",再次使用 MD5 软件进行转换,记录结果,简称结果 2。<br>6. 对比"文件 1.txt""文件 2.txt""文件 3.txt"经过转换后的 MD5 结果。 |

(续表)

| 实验结论 | 1. 对比先后上传同一个视频文件的时间差异,第 2 次上传时间很短,可以称得上是"秒传"。<br>2. 不同的文件的 MD5 结果是不同的,而相同内容的文件(即便文件名不同)的 MD5 结果是相同的。<br><br>[root@localhost aaa]# php test.php<br>文件1md5码: b2aa728b067e02a9fbe71094023c9fb8<br>文件2md5码: 86d77d7f1ace2bb521bbdb51063b3445<br><br>MD5 转化结果截图<br><br>总结:云存储能识别相同的文件,不重复存储,既提高了存储效率,也节约了用户上传文件的时间,方便不同用户分享。 |
|---|---|
| 原理认知 | 在上传文件时,客户端先会计算出文件的 MD5 码。客户端把 MD5 码发送给服务器,服务器查找是否存在 MD5 码一样的文件,如果有,则返回上传成功的标识给客户端,如果没有,则返回未上传的标识给客户端,客户端再进行文件上传。 |

**教学建议**

在实验过程中,MD5 软件的使用及相关算法不是重点,教师应重点指导学生理解实验设计的严谨性和实验结论的客观性,培养学生的设计能力、思考能力以及实事求是的科学精神。

**探究性实验:探究模型的正确率与样本量之间的关系**

| 实验单 | |
|---|---|
| 实验目标 | 机器学习训练样本量与预测正确性之间的关系。 |
| 实验条件 | 编程软件、数据集与测试数据。 |
| 实验假设 | 模型识别的正确率与训练数据量有关。 |
| 实验过程 | 1. 小组分工,在模型训练中分别采集 5 次、30 次和 50 次样本。<br>2. 小组同学开展相互测试,测试模型预测的准确性。<br>3. 记录结果。 |
| 实验结论 | 一般来说,训练数据_____,机器识别的正确率_____。 |
| 反思与改进 | 为什么采集次数越多,预测的正确率越高?<br>影响识别正确率的因素还有哪些?<br>采集样本的时候应该注意什么? |
| 原理认知 | 机器学习的简单过程、KNN 算法。 |

——案例改编自　上海市黄浦区教育学院附属中山学校　宋玲莉

**教学建议**

这是一个探究性实验,通过数据对比,获得实验结论。在实践中,学生认识了"模型、样本、正确率"等概念,深刻理解"训练"的重要性,并探索得出训练数据量与预测结果之间的关系。这为后续深入学习机器学习的简单过程奠定基础,并归纳出 KNN 算法中 K 的取值对分类结果的影响。

创新应用性实验:猫脸检测

| | 实验单 |
|---|---|
| 实验目标 | 机器学习中图像识别的一般过程。 |
| 实验假设 | 人脸检测的过程与猫脸检测的过程类似。<br>人脸检测和猫脸检测的结果与模型及检测对象的特征有关。 |
| 实验条件 | 1. 软件要求:安装 Python3 与 OpenCV 库。<br>2. 实验素材:<br>(1) 人脸检测程序 human.py、人脸检测模型 human.xml、人脸图像(human.jpg)。<br>(2) 猫脸检测程序 cat.py、猫脸检测模型 cat.xml、猫脸图像(猫正脸图像 cat1.jpg、猫侧脸图像 cat2.jpg)。 |
| 实验过程 | 1. 运行 human.py,观察人脸检测结果,写出编程实现人脸检测的一般步骤。<br>2. 把 human.py 中的代码复制到 cat.py 中,修改代码,把人脸检测模型 human.xml 替换为猫脸检测模型 cat.xml,把人脸图像 human.jpg 依次替换为猫正脸图像 cat1.jpg、猫侧脸图像 cat2.jpg。<br>3. 运行 cat.py,观察结果。<br>注意:检测程序、模型以及图片需要存放在同一目录下。 |
| 实验结论 | 1. 猫脸检测和人脸检测的实现过程相似,把人脸检测模型替换为猫脸检测模型可以实现猫脸检测。<br> 检测结果 <br>2. 相同模型下,检测对象的特征越明显,检测结果越准确。以上猫脸检测模型能检测正面猫脸,但无法检测侧面的猫脸。 |

(续表)

| 实验单 | |
|---|---|
| 原理认知 | 人脸检测是计算机视觉的一种应用，它基于机器学习算法，通过对大量人脸图像进行训练，学习人脸的特征，形成人脸检测模型。随后可使用该模型来检测人脸。不同的模型可以用来检测不同的对象，人脸检测模型可以检测人脸，同样，猫脸检测模型通过对大量猫脸图片进行训练，可以检测猫脸。 |
| 实践反思 | 如何让猫脸检测模型也能识别侧面的猫脸？ |

——案例设计　上海大学市北附属中学　毛程毅

**教学建议**

这是一个创新应用性实验，其难点在于如何激发学生的创新意识。学生通过体验人脸检测程序，认识人脸检测的一般过程，在此基础上，把人脸检测的相关知识迁移至新的场景(猫脸检测)，思考猫脸检测的过程以及所需的数据，最后通过修改程序，检验自己的设想，实现猫脸检测。这个实验过程是一种知识迁移能力和创新能力的体现。

创新应用性实验可以是方法上的创新，也可以是应用场景的创新。我们要多鼓励学生从日常学习和生活的应用场景或科学情境中发掘并提出有意义的问题，结合已有知识，设计富有创造性的方案并加以实施、验证和应用。

**3. 提高学生的实验能力**

探究性实验对学生的实验能力提出了比较高的要求，尤其是如何设计实验，学生往往会感到难以把握。教师不仅要介绍实验方法，包括实验设计、软件和硬件工具的使用、结果分析以及研究结果的恰当陈述，而且要通过对实验的指导，帮助学生理解如何区分粗心和细心的实验观察、草率与严谨的设计。以下示例为远程控制舞台灯亮和灭实验的实验单，考虑其中存在的问题。

| 实验单 | |
|---|---|
| 实验目标 | 知道物联网中的设备通信需要特定的协议，理解MQTT协议的通信过程。 |
| 实验假设 | 两个物联网设备无法直接进行远程通信。 |
| 实验条件 | 两块主控板(一块模拟控制设备，一块模拟舞台灯)，MQTT在线平台。 |

(续表)

| | 实验单 |
|---|---|
| 实验过程 | 1. 两人合作，每人一块主控板，分别模拟控制设备和舞台灯，把主控板连接到MQTT服务器。<br>2. 设置 Topic 参数，修改和完善程序，测试并记录结果。<br>思考：通信是否成功？通信过程是什么？ |
| 实验结果 | 1. 两块主控板之间无法直接进行远程通信。<br>2. 物联网通信需要 MQTT 服务器进行消息转发，才能实现两块主控板之间的数据传输。 |
| 原理认知 | MQTT 协议采用"发布-订阅"的通信模式。在这个模式中，有三个角色，分别是发布者、服务器和订阅者。发布者和订阅者并不直接向彼此发布或订阅消息，而是由发布消息的客户端向 MQTT 服务器管理的主题上传数据，服务器向订阅该主题的客户端发送消息。 |
| 实践反思 | 如何实现"一对多"远程通信呢？ |

以上实验单得出结论的过程不够规范。在实验过程中，虽然两块主控板之间成功进行了远程通信，也能够得出"两块主控板能够通过 MQTT 协议进行通信"的实验结果，但是并不能得到"两块主控板无法直接进行远程通信"这一结论。

修改和完善后的实验单样例如下。

| | 实验单 |
|---|---|
| 实验目标 | 知道物联网中的设备通信需要特定的协议，理解 MQTT 协议的通信过程。 |
| 实验假设 | 两个物联网设备可以直接通信。 |
| 实验条件 | 两块主控板(一块模拟控制设备，一块模拟舞台灯)，MQTT 在线平台。 |
| 实验过程 | 1. 两人合作，每人一块主控板，分别模拟控制设备和舞台灯，搭建两个设备之间的通信脚本，测试并记录结果。<br>思考：通信是否成功？在物联网中，如何实现设备之间的通信？<br>2. 两人合作，每人一块主控板，分别模拟控制设备和舞台灯。连接主控板与服务器，设置 Topic 参数，修改和完善程序，测试并记录结果。<br>思考：通信是否成功？设备之间的通信过程是什么？ |

（续表）

| | 实验单 |
|---|---|
| 实验结论 | 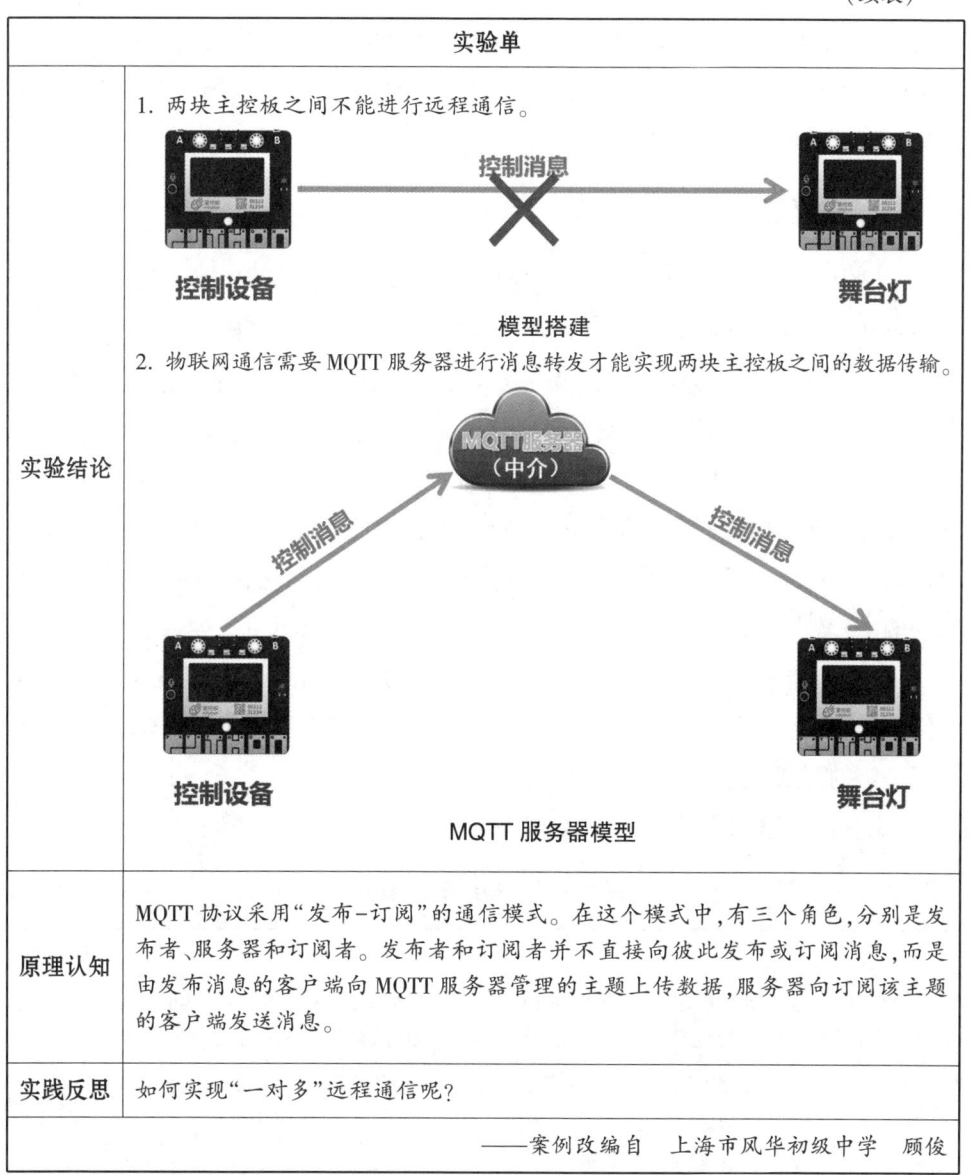 |
| 原理认知 | MQTT 协议采用"发布-订阅"的通信模式。在这个模式中，有三个角色，分别是发布者、服务器和订阅者。发布者和订阅者并不直接向彼此发布或订阅消息，而是由发布消息的客户端向 MQTT 服务器管理的主题上传数据，服务器向订阅该主题的客户端发送消息。 |
| 实践反思 | 如何实现"一对多"远程通信呢？ |

——案例改编自　上海市风华初级中学　顾俊

　　探究性实验对学生而言要求很高，对于实验方案存在缺陷或错误的，教师应鼓励学生质疑，师生共同寻找问题，持续改进实验方案。这样能使学生逐步掌握实验设计的方法。在师生共同努力下，完善实验方案，解决可能出现的问题，如实验目标不明确、实验结论与实验过程不符等。

　　完成一次实验，既是学习学科知识的有效方式，也是掌握科学的实验方法、形成务实求真的科学精神的重要过程。在实验过程中,教师应引导学生思考:实验目标清晰、具体吗?实验假设是什么?实验有可行性吗?实验过程合理吗?如何记录实验数据和结果?实验结论有依据吗?实验报告的格式规范吗?实验还有什么不足?未来还可以怎样改进?

### 三、搭建原型

"原型"一词有众多理解方式,"原型"与"模型"的关系也莫衷一是。此处采用《解读》中对原型的说明:原型是指系统或者系统的某个方面(如某个子系统)的一种原始形态,主要用于检验、测试、演示系统或系统某方面的功能。原型系统无需是完整的、可运行的系统。功能原型是最常见的一类原型系统,可用于检验一个系统必须具备的某项功能。例如,一个完整的物联网系统通常具有采集环境数据的功能,因此,通过传感器实现对某些环境数据(如光照强度、温度或湿度等)的采集可以视为一种原型系统。简易物联网系统是指经过适当简化、构成要素(输入—计算—输出)基本完整的物联系统。[107]

可从"原始""简化""功能""要素"等关键词理解"原型"的要义,它的目的在于简化问题、突出系统要素、测试功能,而不是追求完整性和可用性,这就为教学划出了一定的复杂性边界。

《义教课标》中各模块涉及的原型搭建内容梳理如表 3-7 所示。

表 3-7 原型搭建内容梳理

| 模块 | 内容 | 要求出处 |
| --- | --- | --- |
| 互联网应用与创新 | 指导学生搭建具有特定功能的小型互联系统,使学生能亲身体验互联网的组成特点和功能,认识协议对互联网的核心作用。 | 教学提示 |
| 物联网实践与探索 | 自觉遵守物联网实验的操作规程,会使用实验设备搭建物联网系统原型,并能通过实验平台读取、发送、接收、汇集和使用数据。 | 内容要求 |
| 物联网实践与探索 | 通过简易物联系统的设计与搭建,探索物联网中数据采集、处理、反馈控制等基本功能,体验物联网、大数据及人工智能的关系。 | 内容要求 |
| 物联网实践与探索 | 根据学习任务的需要和可用的实验设备,设计并搭建具有数据采集、实时传输和简单控制功能的简易物联系统。 | 学业要求 |

搭建原型的要求相对较高,不仅有设计方案的要求,也有"工程化"的要求。搭建原型一般会有物化成果。在工程化的过程中,可能会发现原来设计方案的不

合理之处,需要反复修改。在这个过程中,不仅涉及硬件的操作、配置和连接,还需要进行软件编写和测试。在此期间,学生需要不断思考:如何确定任务?为什么这么做?如何实施?是否已经完成以及如何优化改进?在不断发现问题和解决问题的过程中,学生逐步完成原型的设计与搭建。一般而言,搭建原型可以分为以下过程:场景分析—明确需求—原理认知—设计与搭建—优化方案。

在原型设计和搭建的活动中,往往会涉及科学思维、技术思维与工程思维[108]的综合运用。魏宁认为,工程区别于技术的本质属性是集成性。在教学中,往往不易区分工程与技术,如一项 STEM 活动或创客活动中,很多人们认为的工程问题实际上只是技术问题。那么,如何区分工程与技术呢?一般来说,技术是"看得见"的工具、设备以及"摸得着"的方法、步骤,而工程则是技术因素和多种非技术因素的集成,并不等同于技术。反过来说,一项工程的成败取决于多种因素,不只是由技术因素决定。此外,工程问题的答案具有非唯一性。与科学活动追求真理的唯一性不同,工程活动的目的是满足社会生活需要。因此,科学问题往往有唯一的答案,而工程问题的答案则因具体需求的不同具有非唯一性,这让工程问题在一定程度上具有"艺术性"。不论是"智能台灯",还是"自动停车场系统"的设计,课堂上的作品展示都是为了寻找"更优解",而非标准答案。[109]

## 教学设计案例 ▶ ▶ ▶ ▶

### 智能轮椅单元设计

#### 一、单元设计

1. 概述

本单元属于"物联网实践与探索"模块中的第二部分"物联网基本原理与功能",该部分目标是让学生理解实现万物互联的基本原理,会使用实验设备搭建物联系统原型,并能通过实验平台读取、发送、接收和使用数据,了解物联网(特别是传感器系统)具有连接物理世界与数字世界的作用。

随着社会老龄化加剧,需要依靠轮椅出行的老年人越来越多。智能轮椅可以为老年人提供更加便捷、安全、舒适的出行方式,并实时反馈老人信息给护工、家人等,使老人能够得到更好的照顾。这既是一个典型的物联网技术的应用,也是一个具有社会意义的育人主题。

2. 情境

在养老院中,有些老人需要依赖轮椅生活。由于护工非常紧缺,养老院中的老人往往无法得到及时的关注与照顾。

假设你是一位热心的轮椅设计师,希望轮椅可以智能化,能通过在轮椅中增加更多传感设备,增强自动控制,及时反馈数据,提高护工照顾的及时性。请你设计方案并搭建一个原型。

## 二、单元知识结构与单元活动设计

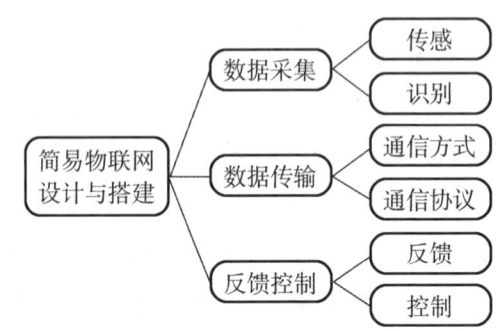

单元知识结构

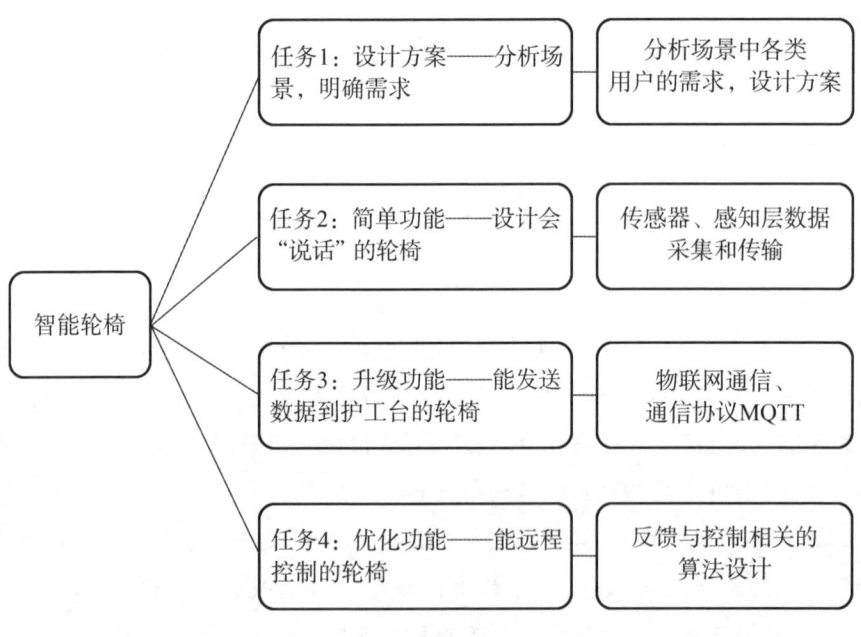

单元活动设计

## 三、教学环境

物联网套件、传感器、思维导图工具、微课资源。

## 四、单元教学目标

● 通过观察与认识传感器,了解传感器的功能及结构;

● 通过实验,体验传感器对感知层数据采集的重要作用;

● 通过分析场景,明确需求,根据需求设计智能轮椅方案草图,并不断迭代和完善;

● 分析轮椅给护工台的小灯发出警报的过程,了解物联网中的各种通信技术,理解 MQTT 协议远程传输消息的过程和原理,初步掌握物联网通信的方法;

● 通过实现护工、小灯、风扇的实时反馈,了解物联网中控制与反馈的实现过程;

● 通过设计会"说话"的轮椅,学会使用实验设备搭建物联系统原型,并能通过实验平台读取、发送、接收和使用数据。

## 五、单元课时规划

第 1 课时:设计方案——分析场景,明确需求,学会使用物联网设备。

第 2 课时:实现简单功能——使用传感器设计会"说话"的轮椅。

第 3 课时:升级功能——将轮椅数据传输到护工台。

第 4 课时:优化功能——提高轮椅的智能程度。

## 六、评价

(略)

## 七、设计案例:实现简单功能——设计会"说话"的轮椅

1. 活动目标

● 理解传感器的功能和结构,知道传感器是连接物理世界和数字世界的纽带;

● 通过使用心率血氧传感器,感受传感器采集数据的作用;

● 能以小组合作的形式,根据传感器获取的异常数据进行"警报"反馈,进一步认识物联网全面感知的重要性;

● 通过设计轮椅的过程,认识到科技创新的重要性,体会社会责任感和使命感。

2. 可用设备和环境

教师为每个小组提供物联网套件(1 个轮椅模型、2 块掌控板、1 个心率血氧传感器、1 个温度传感器、1 个 LED 小灯)、平板设备、用于传输物联网数据的平台和管理程序。

3. 场景分析

姓名:乔婆婆　年龄:75 岁　床位号:1 号床

身体状况:①腿脚不便,需要坐轮椅;②心脏病,需要时刻关注心率。

困境:乔婆婆的心脏不好,但是护工很难及时发现她的心率变化。

4. 明确需求

通过对场景的分析,"乔婆婆的心率数据能被护士及时关注"是核心需求,这需要老人端的设备能自动获取信息并传输到护工端设备。要让乔婆婆的轮椅"说话",能够及时告诉护工老人的情况。具体实现方式如下:

(1) 在轮椅上安装心率传感器,如果心率大于 115,则 LED 小灯亮起;

(2) 乔婆婆的心率数据通过网络传输到护工端,如果心率异常,则护工的终端会出现该老人需要照顾的警报。

5. 原理认知

传感器的作用和类型、物联网原型分析、MQTT 协议的工作过程。

6. 设计与搭建

第一版:为轮椅增加测量心率的功能。

第二版:在能测量心率的基础上,把心率数据传输到护工端,护工端能实时显示老人的心率数据。

第三版:判断心率数据是否异常,当心率数据异常时,护工端的报警灯亮起。

7. 优化方案

上述方案有什么不足?还可以怎样改进?不同老人的需求不一样,轮椅的感知功能还可以怎样完善、丰富?思考老人还有哪些生活、身体、社交上的困难,是否可以让轮椅感知更多,"说"更多的信息。

——案例改编自　上海青浦区世界外国语学校　乔雯

学生在搭建原型的过程中,往往会创造出具体的物化成果。美国心理学家、计算机科学家派珀特将皮亚杰的建构主义发展为构成主义,将教学、学习与设计联系起来。构成主义的核心思想是消解学习过程中的"抽象"与"具体"二元对立,不再简单认为"抽象"高于"具体"、符号高于实物,它主张让学习建基于将抽象观念转变为可公开展示的"公共实体"。在信息科技课堂中,可公开展示的"公共实体"可以是一段代码、一个程序、一个算法流程图、一个演示文稿、一个设计方案、一张草图等,它们都可以作为学生创造的成果。

原型搭建在一定程度上体现了"专业实践",既有对原理的认识,也必须动手搭建完成某个物化的成果。"具身认知"作为当代认知科学的新范式,主张"心智的具身性",将认知主体从大脑扩展到整个身体。它认为"以身体之"不是为高阶思维提供后续加工的感性材料,而是对认知整体性特征的描述,认知是心智、身体和环境交互作用的结果。基于此,实践内蕴于认知之中,构成心智的基本概念和范畴是由人类的身体经验形成的。倘若实践即认知,传统知识论所坚持的"知道如是"(Knowing What)与"知道如何"(Knowing How)的知识类型划分就不再那么泾渭分明了。前者是行动的结果,后者则受认知的引导。知与行是相辅相成的。

## 第三节　跨学科主题学习

跨学科主题学习是本次课程改革提出的新要求,《义务教育课程方案(2022年版)》强调各门课程安排不少于10%的课时用于跨学科主题学习。《义教课标》中提出了17个跨学科主题学习的示例,但是仍有许多一线教师对此提出很多困惑,例如,什么是跨学科学习?它与学科学习有什么区别和联系?如何设计与实施跨学科主题学习?应该以牺牲单一学科的教学为代价来开展跨学科施教,还是应该把跨学科教学建立在单一学科之上?

### 一、跨学科主题学习的基本概述

**1. 学科学习与跨学科学习之间的关系**

"跨学科"一词最早是由心理学家伍德沃思于1926年提出的,他认为所谓跨学科是一种运用多个学科解决具体问题的方法。"跨学科学习在我国并非新鲜事物……从以往文献来看,教育学界对跨学科学习概念的界定各有不同。"[110]

学科学习和跨学科学习之间是什么关系?虽然学界对跨学科学习的认识有所不同,但是在其基本特征方面有以下四点共识:第一,跨学科学习是基于学科学习的;第二,跨学科学习对学科学习有着重要价值,这回应了跨学科学习与学科学习两者之间的关系;第三,跨学科学习要以问题解决为导向;第四,跨学科学习具有整体性,要实现跨学科学习不仅要用到相关学科的知识,也要用到它们的方法。

国际文凭组织(IB)课程也有类似的观点:"跨学科学习一般被认为是这样一个过程,即学生对两个或两个以上学科或学科组的知识和思考模式产生理解,并将它们加以整合,从而生成新的理解。"但除此之外,它更加强调"寻求产生跨学科理解",即"学生可以汇集两个或两个以上学科或已确立的专业领域的概念、方法或交流形式来解释一种现象、解决一个问题、创造一件作品或提出一个新问题,而这些都是通过单一学科的手段所不可能做到的,这样学生就展示出对一个特定主题的跨学科理解"。该定义引出跨学科理解的三项关键性质量标准:

- 目的明确(学生清楚地理解为什么学习这个问题很重要并需要采用跨学科的方法);
- 基于学科(理解产生于对两个或两个以上学科严谨的学习);
- 整体化(通过综合各学科的观点来丰富理解)。

那么,跨学科学习与学科学习能否相互取代？跨学科的学习与学科知识系统的、结构性的学习是紧密相关的。因此,跨学科学习不能取代学科学习,学科学习仍是未来学习的主导形式。跨学科学习是建立在学科专业知识和技能之上的,但不能取而代之。

**2. 跨学科主题学习的意义**

为什么我们的学习需要跨学科？郭华认为,其一,一个完整的人的生活是不分科的,但是科学的发展是分科的,如果教给学生的科学知识脱离他们的生活,学生很难深入学习。所以,我们要寻找一个通道,这个通道既能够连接学生的生活,又能够把学生的生活提高到科学的高度。通过跨学科的学习让学生能够进入学科,这是一个非常重要的目的。

其二,一旦让学生开展活动,尤其是问题解决的活动,它们往往是跨学科的。跨学科的学习实际上就是利用学科知识进行现实生活的观察和问题解决。

其三,跨学科学习把创新实践提前到学生的学习阶段。跨学科学习,是自觉地把将来学生可能遇到的创新实践活动提前到教学阶段,这是一种对未来社会实践的模拟和创新实践。跨学科学习是基于学科学习展开的一种活动,是对广阔的社会实践活动的一个模拟。跨学科学习连接学科学习和社会实践,它具有桥梁的作用。[111]

跨学科要坚持学科立场,只有学好学科知识,才能够跨学科地解决问题,或者是在学科内可以很好地借助其他学科的工具来解决问题。杨振宁在清华大学演讲时,有一个学生问他:"现在的交叉学科越来越多,将来数学和物理会不会融合成一门学科？"杨振宁斩钉截铁地说不会。他说,数学和物理有很多交叉的部分,但也有更多不交叉的部分,两者很难融合成一门学科。

跨学科学习要求学生注意到不同学科领域的一致性和互补性,而非仅仅是学科之间知识的相互影响。通过跨学科学习,学生可以认识到不同学科在揭示世界时所使用的相似或不同的方法。例如,学生可以比较地理、历史和科学等不同学科如何界定证据,从而丰富他们对证据性质的理解。在历史课上,学生对比不同史料的描述来评估它们的可信度,并警惕那些被简化的解释。学生还要对所使用的资源加以思考,辨别当事人可能带有选择性偏见的观点,这些都展示出他们对探究方法的理解。在科学课上,学生了解到实验要有精心设计的控制方法,而两个共存的现象并不意味着两者一定有因果关系。

## 二、跨学科主题学习的问题列举

高质量的跨学科学习有助于学生形成跨学科理解,对复杂问题进行批判性分析,综合处理各种观点,并深入理解因果关系(或相关性)。《义教课标》设计了"互联智能设计""小型系统模拟"等跨学科主题学习示例。围绕这样的主题,教师承担了怎样落实建立跨学科联系的任务,但是实现这些不容易。一线教师该如何设计和实施跨学科活动,成了摆在他们面前颇具挑战性的问题。

笔者分析了知网收录的2022—2023年一线教师发表的10篇跨学科主题学习案例。这些教师在课程标准提供的17个案例基础上进行了有意义的探索和教学实践,其中依然存在一些值得继续探索的问题。

**1. 跨学科的学习目标描述比较模糊**

很多案例对"跨学科"的学习目标的描述比较模糊,通常只是含糊地提到"该跨学科主题学习涉及语文、数学、物理、生物学等学科",但缺乏对这些学科具体学习内容的明确说明,以及对这些学科的学习要求的详细解释。例如,一些跨学科主题学习的案例将"语文"列入其中,但仅限于在演示文稿中使用"文字表达",并没有明确指出该案例体现了哪些语文学科的学习要求。尽管每个活动都涉及多个学科,但是解决什么问题,形成怎样的跨学科理解是模糊的。

再如,某案例选择劳动课程中的场景"植物种植"作为主题,通过该主题引出自动浇水的需求,进而学习算法的概念、算法的描述以及编写程序,但是劳动课程的学习要求往往是以"背景"的方式出现的,如"能种植与养护1~2种当地常见植物……感受持续性劳动的艰辛和不易,懂得珍惜劳动成果,养成持之以恒的劳动品质"。在案例中相关的学习要求并未被清晰地描述,也没有融入跨学科主题学习中。

如果主题相关的学习要求过于宽泛,可能导致学生对所探讨的主题产生的理解不够清晰。因此,经常出现的结果是,宽泛的主题导致学生建立的联系肤浅或牵强,甚至形成的理解也站不住脚。

**2. 缺少引领性问题**

一些跨学科主题学习设计了一些比较具体的任务,但是这些任务之间往往缺少内在联系,这就需要一个引领性问题来统整这些具体任务。

例如:在信息科技课上,学生通过网络,搜索并整理关于《论语》的资料,保存文字和图片;在语文课上,学生学习《论语》中的课文;在美术课上,学生创作关于孔子的美术作品;在艺术课上,学生表演了一个关于孔子传记的剧目。

在这个以"论语"为主题的跨学科主题学习中,看似紧密围绕"论语"展开学习,但是对学习内容的整合不是最佳的。如为什么学生要到网上收集信息才能理解《论语》呢?创作有关孔子的美术作品有什么意义?为了超越停留在表面的跨学科联系,就必须清晰地解释涉及多个方面的问题,这样才能明确学习目标。

又如,要求学生"根据某个智慧农业场景所产生的灵感来创作一个数字艺术作品",但如果没有清晰的学习目标,学生可能只是从互联网中复制智慧农业图片,或者绘制一个自动浇灌的示意图。如果不向学生指明哪些物联网应用于智慧农业的角度是值得描绘的,不引导学生对为什么值得创造进行反思,同时不引导学生考虑哪种媒介最适合表现物联网与智慧农业,学生就会失去深入的、整体化的学习机会。

## 三、跨学科主题学习的实施建议

为确保在中学开展高质量的跨学科学习,IB课程提供了《中学项目跨学科教学与学习指南》*,为教师实施跨学科学习提供操作建议,这也可为我们当前开展跨学科学习提供借鉴。

在开展跨学科教学时,大部分教师仍致力于他们各自学科切实而有价值的教学。他们借用相关学科的知识、概念或技能来丰富学生对自己所教学科的理解。也有教师更愿意在整个学科课程中编织一条跨学科的线索。但是并非所有主题都同样适合采用跨学科的方式进行高质量的教学,只有当某些主题无法以单一学科的方式来处理,并要求学生整合两个或更多专业领域的知识来理解时,才涉及多个学科范畴。

**1. 列出具体的要求**

《义教课标》的跨学科主题学习示例提供了基本框架,如"本主题综合运用信

---

\* 该指南由美国哈佛大学教育研究院的维婼尼卡·博伊克斯-曼塞拉执笔撰写,由国际文凭组织出版。

息科技、语文、英语、艺术等知识",但是各学科之间的具体联系需要教师深入挖掘。这要求教师明确他们想要建立哪些联系,以及这些联系对所学习主题的重要性。

仅仅声称一个项目是"跨学科的"是不够的。如果我们只是简单地说各学科是相互作用的,而对于它们相互作用之处和方式(以及学生从这种相互作用中能够具体学得什么)不做出一定解释,那么跨学科学习就沦为空洞的"黑箱",即虽然知道某些重要的事情在其中发生,但我们看不到也无法讨论它们。如果教师没有考察建立学科联系的方式,就不能给予学生充分的支持,迫使他们得自己去建立这种联系。

由于这种联系并不总是容易建立的,"黑箱"式的跨学科教学有可能使教学变得肤浅。因此,为了支持学生发展他们对学科认识和见解的整合能力,我们需要打开"黑箱",充分了解来自某一学科的知识如何能够对通过另外一门学科所获得的认识和见解做出补充、扩展或赋予新的意义。

叶天萍、王展昂以"数据与编码"模块中的"数据的组织与呈现"内容为例,与关联学科的课程标准(以语文学科为例)进行对照,进一步明确了关联学科的学习要求以及跨学科学习要求,设计主题,列出比较具体的学习任务。主题如下所示,关联学科学习要求及跨学科学习要求分析如表 3-8 所示。

### 数据的组织与呈现——为光盘行动出点子

每天中午都会有许多饭菜没有被吃完导致浪费,令人惋惜。结合道德与法治课程第一学段倡导的"光盘行动"和大队部的"少代会提案"活动,设计问卷,收集数据,并在收集到的数据的基础上,撰写一份"光盘行动"少代会提案。

表 3-8 关联学科及跨学科学习要求分析

| 学科 | 要求 | 要求梳理举例 |
| --- | --- | --- |
| 信息科技 | 数据的组织与呈现 | 学生以小组的形式开展活动,体验发现问题、收集数据、组织数据、形成结论(或预测结果)及汇报展示(或报告撰写)的全过程。 |
| 语文 | 梳理与探究 | 能提出学习和生活中的问题,有目的地搜集资料,共同讨论,尝试运用语文及其他学科知识来解决问题。 |
| | 语文学科中的跨学科学习 | 选择自己发现和关心的日常语言、行为、校园卫生、交通安全、家庭教育等方面的问题进行调查研讨,尝试写出简单的研究报告,与同学交流。 |

这个案例的主题来自道德与法治学科,任务来自真实的校园生活,活动成果将作为学校少代会提案。对学生的挑战是如何科学地提出观点、规范地撰写提案。如果仅依赖一个学科的知识,学生很难高质量地完成任务。这需要学生综合运用信息科技(如数据组织与呈现、网络数据收集与下载)、数学(如计算方法)、语文(如梳理与探究)等跨学科知识和技能。通过开展调查、整理和收集相关数据,学生可以深入分析问题,找到关键信息,用数据来支持自己的观点和结论,提出有效建议。活动环节如表3-9所示。

表3-9 具体活动环节

| 环节 | 活动内容 |
| --- | --- |
| 聚焦问题,开展调查 | 学习撰写提案的基本常识,了解学校午餐的光盘情况,推测学生在学校不能光盘的原因;小组分工,从不同渠道收集相关数据,知道问卷题目设计的基本要求(语言简明、选项完备),根据数据收集的内容、对象设计问卷题目,并用电子表格整理相关数据。 |
| 深入分析,找准要点 | 学会下载网上问卷数据,同时收集、整理非问卷数据,将数据文件规范命名,保存到小组文件夹,把数据用图形化方式呈现,观察、比较数据图表,通过小组讨论分析学生"不能光盘"的原因,得出有依据的结论。 |
| 推敲琢磨,提出建议 | 根据原因分析,小组讨论"提高光盘率"的可行性策略,协作运用文字处理软件撰写"光盘行动"提案报告。 |
| 交流分享,提交提案 | 各小组展示交流提案报告,相互提出意见和建议,评选出"光盘行动金点子",并把提案发送到学校大队部邮箱。 |

通过该活动,学生不仅可以掌握规范撰写提案的方法,还能将其应用于日常的科学实验报告、小论文的撰写中。这样既可以发挥学生的主人翁精神,帮助学校解决一个"真问题",还能使学生举一反三,使学习主题与学生生活的关联更为密切。[112]

## 2. 明确一个驱动性问题(或任务)

成功的跨学科学习体验能够将来自两个或多个学科的认识和见解整合起来,产生"整体理解",或将通常在不同学科中学习的概念与思考模式结合起来,从而产生理解,用于解释一种现象、创造一件作品或提出一个新问题。仅采用单一学科的观点是不可能做到这些的。在这个过程中,需要一个驱动性的问题或任务作为引领,通过问题(或任务)将各个学科结合到一起。以设计智能手环为例:

### 人机交互——智能手环设计

听力障碍人群在看病时往往无法与医生沟通病情。请调查听障人士就医时的具体需求,设计一个智能穿戴设备(如手环等),画出智能穿戴设备的基本草图,草图中应包含外观、基本模块以及功能描述。撰写设计方案,方案必须包括以下要素:

◆ 说明你将如何调查听力障碍人群在看病时遇到的困难?现有的智能穿戴设备在哪些方面还不能满足他们的需求?

◆ 你的产品具有什么功能?如何满足特殊人群和场景的需要(如需要显示体温和心率,需要语音识别模块等)?如何为你的设计取一个有吸引力的名字?

◆ 你的产品设计依据了什么原理?有哪些模块?

上例中,为了支持学生建立有意义的联系,教师需要对以下两个关键问题进行更仔细的分析:

• 如何将各学科密切地结合到一起?

• 如何对学科进行整合来促进学生更深入地理解"系统与系统模型""人机交互"?

设计一个智能手环的方案就是一个驱动性问题,涉及物理、生物学、信息科技三个学科,每个学科都起到了重要作用,如物理学科的"光学"为学生选择心率传感器提供支持(如为什么通过 LED 灯发光就能测量心率?),物理学科的"声学"为学生选择声音识别传感器提供支持。学科以不同形式实现了交叉,贯穿于整个活动。每一个学科的知识都加深了学生对智能穿戴设备如何工作的理解,深化了他们对人机交互的认识。设计的智能手环系统加深了学生对"模型可以被用来模拟系统和系统内部与系统之间的相互作用"这一跨学科概念的认识。我们把这些联系称为"整体理解",它们是这个跨学科主题学习所期望的结果。

在上述案例中,设计和创作一个智能手环的方案是怎样提升学生素养的?学生需要了解听力障碍人群就医时遇到的困难,思考智能穿戴设备的功能。他们还需要通过拆解已有智能穿戴设备的模块,研究智能穿戴设备的外观,深入思考设计的合理性、模块组成的完整性和传感器选择的恰当性等问题。学生设计时要从特殊人群的需求出发,考虑实际需要。在这个过程中,学生不仅要从技术的角度思考问题,更要注重"以人为本"的理念,评估智能穿戴设备的意义,并创造出有价值的设计方案。这一案例还要求学生能够提炼自己的设计精髓,取一个有吸引力的名字,使他们对自己的设计解读更加生动。

跨学科学习使学生能够以在单科学习中不可能做到的方式解释现象、解决问题、创作作品或提出新的问题。对学生来说,最具挑战的事情是要求他们从已有的智能穿戴设备的设计中获得灵感,认识各个主要模块相关的物理原理和生物学原理,并建立与之对应的传感器功能的联系,以确定如何设计产品功能、如何选择传感器、如何看懂传感器的参数,最终设计出富有人文关怀的技术产品。

**3. 促进整体理解**

在驱动性问题(任务)的指引下,教师可以将项目分解为更具体的任务。有经验的教师知道,要支持学生建立跨学科理解,不仅要求他们"建立理解",还要明确地要求他们建立哪些类型的联系,以及这些联系所体现的学习机遇。在设计跨学科主题教学时,可参考以下用于描述联系的策略。

- 描述总体整合方法:跨学科整合可以描述为在特定的教学设计中我们所期望的学科(在基础层次上)结合方式。例如,在"智能手环设计"案例中教师可以向学生介绍,设计"智能手环"是为了"理解科技产品中往往蕴含很多科学原理""科技要以人为本,科技向善"。要形成这样的理解,学生要"学习观察各种智能穿戴设备,了解它们的主要构成模块和功能",用设计方案和草图的方式展现自己的设计。这样的描述强调该项目的意图并不在于设计草图的艺术性,而是其功能性。

- 描述具体学科的作用:把每一门学科的特殊贡献整合进学生对主题的整体理解中。例如,在"智能手环设计"案例中,教师可以说明,物理学科的光学原理(如折射等)有助于理解光学传感器的基本原理,也有助于认识更多与物理原理相关的传感器(如超声波、红外、霍尔等传感器等)。生物学中的人体组织方面的知识(如血液、心率等)有助于理解心率传感器得到心率数据的原因和方式。教师也可以引导学生思考缺少任何一门学科的后果。例如,缺少了对生物学原理的理解,可能会在绘制设计草图时,错误使用红色 LED 灯作为光源,而不是绿色 LED 灯。

- 范例展示:如果难以向学生解释各学科如何互补的"逻辑性"以提升他们的理解,那么教师可以选择引导学生观摩"专家"的整体表现(无论是往届的学生,还是真实的从业者)。

- 将整体概念用作"支柱":使学生理解学科之间联系的一种方法是考察重要的复杂概念或短语,它们体现着最终的教学目标,可被称为"整体概念"。它们把涉及一个问题的截然不同的范畴直观地结合在一起,而这些范畴通常是在不同学科中进行研究的。例如,"智能手环设计"案例中,可以将"科技产品中往往蕴含很多科学原理"以及"人机交互"作为整体概念。

在跨学科主题学习的教学设计中,教师偶尔会选择不指明所涉及的学科。他们认为,明确指出每一门学科中的原理并解释它们会使跨学科教学变得更复杂,且可能转移学生学习主题的注意力。这种想法是可以理解和接受的。但需要强调的是,无论是否明确指出所跨学科,教师都要明确所要建立的联系的类型,以及这些联系与学生理解当前主题的相关性。如果学生理解了该项目所预期的联系,他们就能清楚学习的目的,并成为更积极的探究者。

## 第四节 常见问题探讨

### 一、创中学

**1. 问题**

有教师提出,"创中学"的要求太高了,"做中学""用中学"似乎更可行,学生的知识基础还很弱,能有什么创造发明呢?年纪这么小,是否具有创造能力?是否应该先打好知识基础,再进行创造?此外,还有教师认为,学生创造的东西太幼稚,无法称之为"创造"。

**2. 探讨**

(1)"创中学"理念的内涵

"做中学""用中学""创中学"是《义教课标》提出的三种基本学习方式。很多教师能接受"做中学""用中学"的理念,并且已经在课堂中积极进行探索和实践。然而,一些教师对"创中学"的理念提出很多困惑。在实际教学中,"创造"常常不是作为教学常态,只是点缀。如果学生的"创造"不能服从于掌握知识的需要,就往往会被忽视。或者也有教师将所有的学生课堂成果,如"设计一个介绍校园的演示文稿"都称为"创造",这显然不合适。

教师要将"创中学"的方式融入教学时,产生了很多困惑,既有理念方面的,也有实际教学实施中的困难。要正确理解"创中学",培养学生的核心素养,就需要摒弃"长大了再创造"的观念。事实上,儿童因"未成熟"反而是更富潜能和可能性的"小创造者"。研究发现,假如提供有意义的情境,幼儿和小学生也能进行抽象思维。让每一个学生能在"创造中长大",需要做到以下两点。

第一要理解基于素养培养的课程知识观。课程知识本质上要能够帮助学生探索、揭示世界，以持续产生并发展自己的思想或理解，而不是把知识当作"客观真理"或"固定事实"。尤其是在信息科技学科领域，很多学科知识一直处在变化中，技术框架不断更新，新技术不断出现，诸如"自然语言处理""图像识别"等概念也随着技术的不断更新而发生改变。因此，课程知识是日新月异的。

第二要认识学生成长与创造的关系。"创中学"在18世纪启蒙运动以及20世纪初的"发现教学""探究教学""问题解决教学""设计教学"等理论中初见端倪，它本质上是使教学和学习过程成为真实的知识创造过程。正如美国学者罗宾逊所言，"我们并非长大了才有创造性，我们是在创造中成长，抑或说，我们是在创造过程中受教育。"如果不把教学变成真实的知识创造，就不可能发展学生的核心素养[113]。

布鲁纳在《教育过程》中确立了一个中心信条："无论在哪里，在知识的最前哨也好，在三年级的教室里也好，智力的活动全都相同。"这个信条显然让任何年龄阶段的任何儿童，都与学科专家并列站在一起。他进一步写道：一位科学家在其书桌前或实验室里所做的，一位文学评价家在阅读一首诗时所做的，正像从事类似活动而想要获得理解的任何其他人所做的一样，都是属于同一类的活动。其间的差别，只在程度而不在性质。学习物理的学生就是一个物理学家，而且对他来说，像物理学家一样行动来学习物理，要比其他方式容易些。

儿童认识与成人认识的区别不是有无创造的区别，而是创造的复杂程度、成熟水平和社会意义上的区别。杜威曾说："一个三岁儿童发现他能用积木所做的事，或者一个六岁儿童发现把五分钱和另一个五分钱加在一起能做什么，他就是真正的发现者，即使世界上其他人都知道这一点。……儿童自己体验到的快乐是理智建构——创造的快乐，如果'创造'一词的使用不被误解的话。"学习即个体经验中新知的产生，是思维和创造的过程。

美国教育心理学家詹姆斯·考夫曼、马克斯·赫尔方和罗纳德·贝格托创建了关于创造力的模型，人们把它称为"4C模型"，其中，"4C"指Mini-C、Little-C、Pro-C以及Big-C。Mini-C(微C创造力)是对经验、行为、事件给出新颖且对个人有意义的诠释。Little-C(小C创造力)是在个人知识体系不完备的情况下，对个人来说新颖且有意义的小创造。Pro-C(专业C创造力)，即专业或职业领域中的创造力。在领域内取得杰出成就的创造性成果，这叫Big-C(大C创造力)。[114]

(2)"创中学"理念的实施中要避免程式化

许多教师在落实"创中学"理念时也有很多困惑。一是在大班教学下，组织开展"创中学"较为困难;二是学校缺乏配套的教学实验设备或环境等;三是不确定为此付出的各种努力是否有成效。也有教师担心,在以往的教学经验中,实行"做中学""创中学"可能会适得其反,这样的形式使学生不但学不到系统的知识,还会形成错误的认识,尤其是对科学原理的理解。他们会认为科学是建立在少量实践基础上得出的结论,从而养成错误的"科学"作风。

这些疑虑和担忧不是没有道理的。无论是"做中学"还是"创中学",重点在"学","做"和"创"是"学"的一种方式。根据施瓦布对"探究式教学"和"科学探究"之本质特征的阐述要点,我们不难得出这样的结论:让学生通过科学课的学习,了解科学过程的特征和本质,发展逻辑思维和批判性思维能力,培养对科学知识或理论的开放态度、创新精神以及严谨的科学实证精神,是探究式科学教学的核心目标。事实上,施瓦布并没有把"动手做科学"或"让学生亲身体验科学探究过程"本身作为探究式教学的判断依据。相反地,他指出,"口号+统一程序"式的探究式科学教学是一种新的教条——关于科学知识和过程的教条,而且是比传统的教条式教学更无用的教条。[115]

(3) 科技创新要区分想象力的层次

万维钢指出一种误解,即认为"想象力和知识是天敌,人在获得知识的过程中,想象力会消失,因为知识符合逻辑,而想象力无章可循"。心理学家艾莉森·高普尼克的《宝宝也是哲学家——幼儿学习与思考的惊奇发现》,介绍了现代认知科学对人类想象力的研究成果——想象力来源于知识。她认为,在理解了事物之间的因果关系知识之后,儿童的想象力才得以发挥。

万维钢针对科幻小说和童话故事中的想象力,区分了两种想象力层次,初级想象力和高级想象力。这在科技创新中也有一定的启示。初级想象力就像在日常生活中玩"What if(如果)"游戏。例如,"万一把樱桃核儿吞到肚子里怎么办?如果吞到肚子里会不会长出樱桃树来?"注意,这一想象力没有脱离"有核儿才能长成树"这个知识。但是这种想象力是完全自由的,提问者没有义务解释肚子里为什么能长出樱桃树,也没人会追问这个问题。

要发挥高级想象力需要构建一个自洽的想象世界。这个世界要有一个完备的逻辑系统,各种现象和概念之间要能够互相解释。例如:要想象某个星球发生的故事,就要估算该星球的大气环境,并且"想象"出来的动植物必须符合这个星球的环境;要设计一辆自动驾驶小车,就要考虑其功能、应用场景和技术细节等诸多因素。这种想象不是天马行空或胡思乱想,而是经过思考精心设计出来的。如果计算机科学的先驱只是想象有一台可以自动计算的机器,而没有帕斯卡、莱布尼茨、巴贝奇、图灵等科学家的想象力和精心设计,也没有科学家根据实际情况持续地改进一代代计算设备,那么计算机的出现可能没有这么快。

所以高级想象力其实是不自由的,需要科学知识作为基础。有一种思想认为普通人被自己的知识所束缚,而一旦跳出这种束缚,就能够取得重大的突破。这种思想其实是对科学发现的庸俗解释。《费曼物理讲义》中有一小节,叫作"相对论与哲学家"。费曼指出,相对论流行以后,一些哲学家说:"坐标系是相对的,这难道不是最自然的哲学要求吗?这个我们早就知道了!"可是如果你告诉他们光速在所有坐标系下是不变的,他们就会目瞪口呆。所以真正的科学家其实比"想象家"更具有想象力。一位理论物理学家可能每天都有无数个怪异的想法,真正的困难不是产生"怪异"的想法,而是产生"对"的想法。[116]

总之,学科实践需要"做中学""用中学""创中学"的理念支撑,它们都是重要的学习方式。在教学中,要将"创造"定位在 Mini-C 层次,这可以激发学生对问题解决的独特理解和个性化表达,使所有学生都可以在不同程度上开展有意义的"创中学",创造出有价值的作品,促进学生的思维发展和素养提升。

**3. 教学建议**

创新拔尖人才可能是人群中的少数,但创新是每位学生的天性,也是对全体学生基本的学习要求,是教学应有的追求。"创中学"的本质是使教学和学习过程成为真实的知识创造过程。不是"长大了再创造",而是在"创造中长大"。

中学信息科技"创中学"主要在 Mini-C 这个层次。学生"创造"的目标与现实中信息科技领域科学家和工程师的"创造"目标是不同的。前者的重点是促进学生的思维,提升他们对学科概念的认识和理解,学生"创造"成果的价值并不是重点。而后者的重点是发现和生产信息科技领域中的知识和产品,更强调创造成果的先进性水平或应用价值。让学生设计一个可以根据土壤湿度进行自动浇花的作品,设计一个通过网络传输数据的"协议",设计一套局域网中计算机的 IP 地址编码方案,设计一个有损压缩的压缩算法等,这些教学设计都不应要求学生设计的结果是精妙和完美的,即使世界上已经有了更为复杂精妙和完善的智能浇花产品、网络协议、数据压缩算法。如同杜威所说,儿童自己体验到的快乐是理智建构——创造的快乐,是无法被替代或通过讲授就能获得的。

施瓦布在倡导探究式教学时,提出以开放的程度进行层次的划分,层次越低,教师介入程度越高,学生开放程度则越低,反之则以学生为学习主体,教师介入程度降低[117]。开放层次的高或低并不意味着学习质量的高或低。不论哪一个开放层次,教师的介入都是必要的。教师需要选择对全班学生都有意义的问题,这个问题可以成为问题解决中的一个"链条"。

教师该如何设计学习过程?钟启泉认为,"素养本位"的教学设计应使学生参与知识建构与问题解决。借用佐藤学的说法,教学设计要由基于"目标—达成—评价"的"阶梯型"方式转变为基于"主题—探究—表达"的"登山型"方式[118]。教师要让学生如"登山"一样,在探究中逐渐成长,在问题解决中逐渐提高能力。

**教学设计案例** ▶ ▶ ▶ ▶

### 手写数字识别

**情境**:身边很多老年人不会拼音输入,可以怎么帮助他们?如果你是一个工程师,如何让机器识别手写数字?

**活动1**:手写数字0~9,交流人类识别数字的过程

"看到"数字—"匹配"记忆中的数字—"说出"数字。

**活动2**:初探计算机传统方法识别手写数字的方法

试一试:体验"计算机传统方法识别手写数字"程序,说出其识别的过程。

想一想:说出相似度的计算结果,归纳图像相似度的影响因素。

问题1:计算机传统方法如何识别手写数字?

通过像素点之间差的绝对值之和来比较相似度,确定数字。绝对值之和越小,图像相似度越大。

问题2:计算机传统方法识别出现错误的可能原因有哪些?

"数字"库中单个数字的样式太少,相似度结果中有相同的值。

**活动3**:探究机器学习方法识别手写数字

试一试:体验"机器学习方法识别手写数字"程序。

问题3:机器学习方法如何识别手写数字?流程是怎样的?

说一说:回答机器学习方法识别手写数字过程,讨论解决"'数字'库中单个数字的样式太少"的方法和主要操作方法。

问题4:机器学习方法识别和计算机传统方法识别的主要区别是什么?

要求:阅读学习"分类算法"程序中"角色"对应的算法,添加"设置K值"的自制积木,观察实验结果并思考问题4。

说一说:讨论解决"相似度结果中有相同的值"的方法和主要操作方法。总结

机器学习方法和计算机传统方法识别的主要区别：数据与算法。

**总结与拓展：**

梳理问题，并交流总结机器学习方法还可以应用于哪些场景。

——案例改编自　上海市实验学校　王昌国

在上述案例中，活动1先让学生说出人识别数字的过程，意在引发学生思考。活动2让学生带着问题体验程序，了解计算机传统方法如何识别手写数字。在这个过程中，学生通过对比人与计算机传统方法处理问题的不同，加深理解计算机传统方法的识别过程，并进一步思考分析计算机传统方法识别出现错误的可能原因，为后续探究机器学习方法作铺垫。"创中学"是学生面对一个又一个问题时，不断用自己的智慧和实践有创造性地解决的过程。尽管这些解决方法并不完善，但是学生在通过自己的努力，不断探索更具创新价值的问题解决方法的过程中，素养得以发展。

学习科学对学习原则的提炼，在《人是如何学习的——大脑、心理、经验及学校》一书中就初露端倪，如对学生原有经验的重视、对专家知识结构特征的研究，及对迁移知识的深入探讨等。《剑桥学习科学手册》重申了这些观点。此后，学习科学领域的专家在《学生是如何学习的——课堂中的历史、数学和科学》一书中，明确总结出了三条基本的学习原则。

第一，学生是带着关于世界如何运作的前概念来到教室的。如果教师对他们所拥有的前概念没有充分考虑，那么他们很可能就无法掌握新的概念和信息。或许他们为了考试能够记住这些新知识，但考完以后又回到了原来的前概念。例如，学生在学习人工智能之前，他们自己识别数字过程通常是"'看到'数字—'匹配'记忆中的数字—'说出'数字"，但这个过程是"自动"的，难以察觉和表达具体细节。而机器学习的识别方法是完全不同的，因此这种认知冲突，恰是计算思维培养的契机，也是理解数据、算法的意义的契机。

第二，为了养成探究能力，学生必须具有深厚的事实性知识基础，并在一个概念框架内理解事实和观点，而且还要对知识加以组织，以便提取和运用。例如，学生需要了解计算机传统方法手写数字识别的过程，认识比较相似度的计算方法。但是这一方法是有缺陷的，一是"数字"库中单个数字的样式太少，二是比较相似度结果会出现相同的值。这就给学生一个全新的思维方式，学生在"人工智能"这个核心概念下，初步认识"数据、算法"和智能的关系。

第三，"元认知"的教学方法可以帮助学生通过确定学习目标及监控达成目标的过程，来学会控制自己的学习。例如，学生在手写数字识别活动中，往往先按照

"传统方法"开展探究,在发现这种方法的局限后,激发了他们探究的积极性。当他们发现机器学习以及用K值分类的方法,能提高识别的准确性时,就直观地体验到"机器学习"与"传统方法"的本质差异。

综合来看,这三条基本学习原则既刻画了真实的学习过程,又深深印刻着专家知识的组织特征。[4]

## 二、直观原理

**1. 问题**

《义教课标》在教学提示和建议中,提出了"直观原理",我们应该如何理解?原理往往是比较抽象的,如何"直观"?

**2. 探讨**

《义教课标》十分重视科学原理,同时为了符合中小学生的认知基础,提出了"直观原理"的教学提示和建议,具体建议包括类比、模拟(模拟验证)、仿真、演示、可视化呈现等,列举如下:

◆ 知道网络中数据编码、传输和呈现的直观原理……

◆ 通过图解、动画等,将传统邮件与电子邮件的收发环节进行类比。

◆ 利用现实世界中一些可理解、可类比的事物……充分利用容易获得的工具,包括软件模拟器、简易开源硬件及网络分析器等,在学科专用教室或实验室中通过模拟、仿真、演示等数字化手段,营造尽量接近真实场景和各种网络环境。

◆ 搭建一个简易的小型开关系统,既可以通过实物实现,也可以模拟连接组建。

在《解读》中,对科学原理如何教学,也提出了具体的指导,并多次提到"直观",例如:

"观察并体验采用不同算法解决同一问题时在时间效率上的差别",该学习要求涉及效率意识,作为5年级的内容,这里所指的效率,是直观意义上的,而不是计算机科学中计算复杂性意义上的。还提出2种可能的教学方法,一是"数一数"特定操作步骤在特定数据规模下被执行的次数,二是教师展示不同数据规模下的执行时间以及不同算法的效率差别。

(1)"直观原理"的内涵

"直观原理"的教学建议,本质上是强调教学要重视学生的感性认识和直接经验,倡导"做中学、用中学、创中学",让学生在直接经验和直观呈现的原理的基础上进行理性思考,从而加深对原理的理解。

传统的知识教学在身心二元论和表征主义知识观的束缚下,将知识看作普遍、客观和固定不变的,教学只是为了传递客观知识和抽象符号。这导致了知识与认知主体、知识与认知情境、知识与个体经验和非理性因素等的分离与割裂。具身认知理论不仅为解决这种割裂的危机提供了启示,而且与素养发展观具有内在一致性。在素养时代,知识教学应该突出知识的具身性和具象性等特征,强调调动个体的理智、感觉、灵感、情感和态度。在真实的生活世界和实践情境中,学生通过经历知识的产生过程、探究、问题解决以及知识与能力的运用等,生成个人知识,发展学科核心素养。

把抽象的原理以更为"直观"的方式进行呈现,其实很多学科已经有了相关经验。例如,类比法其实是物理学家开展工作所需的重要且底层的思维方法,很多物理教师会使用图像建立具象与抽象的桥梁,基于图像的类比促进学生理解。这个方法的关键在于对物理图像的认识和理解,它在物理教学中常常被使用。[119]

简而言之,所谓"直观原理",就是要做到"深入浅出",但是"深入"的不是技术细节,而是技术思想方法;"浅出"的不是技术表象或者应用,而是与技术思想方法相关的要素[120]。

(2)"直观原理"与"科普"的区别

《义教课标》中关于原理的学习内容,虽与科普读物简洁明了、通俗易懂、生动形象的特征类似,但与后者追求的"浅出"不同,课程的学习有"深入"的要求。素养的培养超越"科普"式地对某个领域初步了解的要求,这个"深入"体现在不仅对学生需要理解的概念和术语有严谨性和专业性的要求,也有对高阶思维的培养要求、对学科思想方法感悟的要求、对实践体验的学习要求及对价值观塑造的要求等方面。

学习信息科技原理是有一定挑战的。科学知识与日常经验的分离,并不意味着教学可以理所当然地远离生活经验,也不意味着要将科学知识等同于或降维到日常语言层面来教学。前者是无视学生,后者则会使知识庸俗化、片面化,丧失其内在的价值与丰富的内涵,失去其传递与传承的价值。

**3. 教学建议**

(1) 把"学术语言"转换为"学习语言"

一门成熟的学科不仅拥有成熟的学科知识体系,还拥有一套专用的概念体系和独有的表述方式。后者有利于学科知识的系统化和学术化,但却不利于学科知识的普及与教育传播,如编码、物联网、过程与控制、人工智能等。因此,在进行学科教学时,教师不仅要考虑学科知识对学生认知的挑战,还要考虑学科术语与学科表述方式对学生学科沟通能力的挑战。教师要把学科学术语言"翻译"成学生可以接受的学习语言,从而降低学生学科学习的难度,这是提高学科教学质量的重要途径。以下是介绍分词技术的案例:

**搜索引擎的工作原理——中文分词的算法**

场景分析:在搜索引擎中输入"奥运会",搜索结果中有些词被标记成红色,既有"奥运会",也有"奥林匹克运动会",还有一些"奥运会"的近义词也被标记为红色。

原理认知:分词就是将连续的一串词,按照一定的规范重新组合,划分为一系列词的过程。分词在搜索中非常重要。

◆ 认识分词的复杂性。例如"乒乓球拍卖完了",既可以切分为"乒乓球拍/卖完了",也可以切分为"乒乓球/拍卖完了"。

◆ 学习字符串匹配算法。如果字典里有"我、你、他、是、的、了、中国、中国人",对"我是中国人"这句话,按照最大切分原则,首先匹配"我",在字典中有"我",没有"我是",因此最大切分匹配的是"我";然后匹配"是",在字典中找到"是";再匹配"中",没有查到,继续查询到"中国",进一步查询到"中国人",因此将单词匹配为"中国人",最终分词的结果是"我/是/中国人"。

——改编自蒲菊华、熊璋《有问必答的智能搜索》

(2)呈现直观实例

直接经验可以用直观的方式表达出来。直观的体验活动既可以由教师主导呈现,也可以由学生自主进行直观的表现和表达。《解读》强调在"身边的算法"模块中,"具体实例的练习将有助于学生体会、理解",也就是学生有直接的体验。比如"讨论在线生活中算法的价值与局限性","算法的局限性"可能是算法自身的缺陷导致的,也可能是支持算法的数据质量不高造成的。要将学生体验过的或者能够体验的实例作为讨论素材,如人脸识别不一定总能成功、导航软件由于数据没有及时更新导致路线指引错误、个性化推荐带来的"信息茧房"现象、网络搜索结果中广告信息排在前面等。教师应避免对概念本身进行不断细分和解释,因为这种做法违背了"身边的算法"的基本定位,即算法背后的问题既要符合学生的认知特点,又要与他们的学习和生活的体验相关联。

(3) 设计模拟游戏

原理的直观呈现不仅可以以图片和视频的形式,也可以由学生来设计直观的体验活动,让学生直观地表达自己的想法。如科幻小说《三体》用很大篇幅描述了一个"人列计算机"的游戏,如下,它可以改编成一个逻辑运算的游戏。

有三名士兵,其中两名负责信号输入,叫"入1""入2",最后一名士兵负责信号输出,叫"出"。

三名士兵站成一个三角形,出是顶端,入1和入2是2个底角。

每人拿一白一黑两面小旗,白色代表0,黑色代表1。

出看着入1和入2,如果他们都举黑旗,出就举黑旗,其他情况出都举白旗,举白旗的情况有三种:入1白,入2黑;入1黑,入2白;入1、入2都是白。

稍有数字电路知识的教师应该不难发现,3名士兵构成了执行"与"运算的基本逻辑门电路——与门。尽管将人类用作"人列计算机"部件的效率过低,但这个别出心裁的游戏可以让学生参与并有助于他们理解逻辑电路。

又如,针对图3-3的HTML代码,可以设计集体游戏如下,让学生深入理解网页是如何解析HTML语言的。

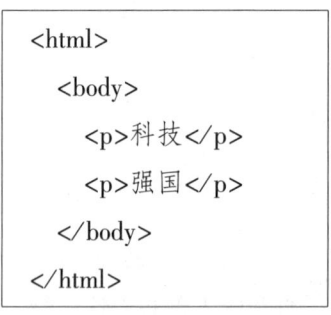

图3-3 网页HTML代码

游戏步骤:

(1) 每名学生拿一张HTML代码对应的卡片(正面向上),从左往右依次进入中转站(图3-4)。

(2) 当一名拿███卡片的学生进站时,请另一名学生拿相同内容的卡片(背面向上),加入树中(图3-5),成为要构建的树的节点。

(3) 后入站的学生排在已入站同学的后面。

(4) 如果中转站内两名同学相邻,在树中扮演对应节点的学生之间牵手,表示两者相连。

(5) 拿▭卡片的学生不进站,直接加入树中,成为站内末尾学生在树中对应节点的内容。

(6) 拿▭卡片的学生不进站,同时站内末尾拿▭卡片且内容相同的学生出站。

(7) 重复以上步骤,直到队伍中所有学生都经过了处理,且中转站为空。

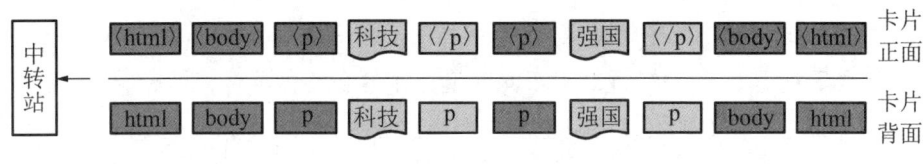

图3-4 进站过程

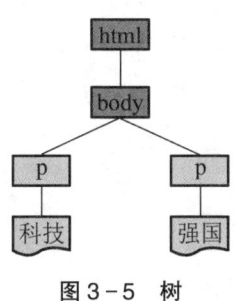

图3-5 树

——游戏案例改编自 上海市浦东教育发展研究院 李晓晓

需要注意的是,虽然采用游戏的方式有助于学生用自己的语言表述复杂的内容,加深对学习内容的理解,但这种方式往往容易导致概念严谨性和科学性的缺失或遗漏,从而无法真正模拟计算机的运作和特点。因此需要教师的讲解和指导,纠正片面的和不准确的认识,以确保真正体现科学原理的严谨性。

(4) 化繁为简

"简化"并不简单,具体可分为对内容的精简和对情境的简化。

一是对内容的精简。简化并不是简单地将"大学内容"删掉一些再下放到中小学的教学内容中。做好简化并不简单,需要在对学习内容进行研究的基础上,保留关键特征,隐去不必要的技术细节。比如在"算法的效率"中,就隐去了"空间复杂度""时间复杂度",突出"效率"与"优化"的意识。

又如,"北斗导航"是一个既能让学生理解算法作用又联系生活的实例。日常生活中,学生经常使用导航和位置定位功能,但是要理解卫星导航技术非常困难。要将这些技术简化到学生能听得懂的程度,就需要隐去导航技术中大量的空间物理概念和细节,突出"算法"的要素。以中国空间技术研究院制作的《用高中知识了解北斗导航的工作原理》的视频\*为例,它对非常复杂的北斗导航工作原理进行了简化。

**了解北斗导航的工作原理**

高中数学知识告诉我们,在一个立体直角坐标系中,任何一点的位置都可以通过三个坐标数据 $X$、$Y$、$Z$ 来确定。北斗卫星导航系统在太空中建立了一个卫星网络,通过对卫星轨道分布的合理化设计,用户在地球上任何一个位置都可以观测到至少三颗导航卫星,称为卫星 A、卫星 B 和卫星 C,而且在任意具体时刻,卫星在空间中的 $X$、$Y$、$Z$ 坐标是确定的。

卫星和你的手机分别有一个时间表,通过卫星 A、卫星 B 和卫星 C 发出以及手机接收到的导航信号时间差乘以电磁波的传播速度,可以测量出用户与卫星 A、B、C 的距离,如图 3-6 所示。

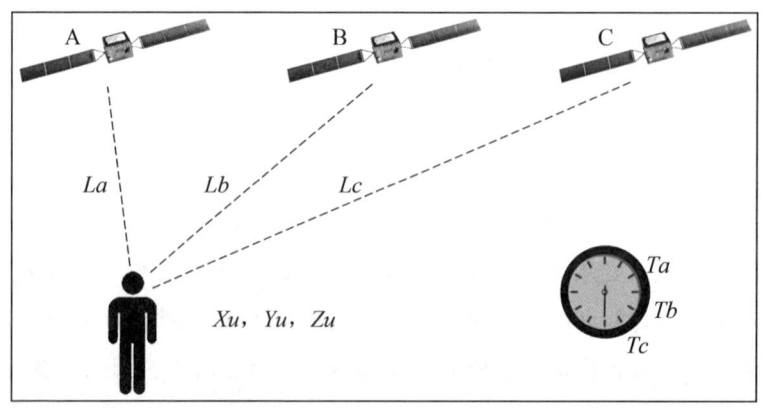

图 3-6 北斗导航工作原理 1

现在我们已经知道三颗卫星的空间位置以及用户到这三颗卫星的距离,假设用户的位置为 $X_u$、$Y_u$ 和 $Z_u$,我们可以得到一个三元二次方程组,如图 3-7 所示。

三个方程和三个未知数即可求解出用户的坐标位置。

---

\* 视频来源于"北斗卫星导航系统"网站。

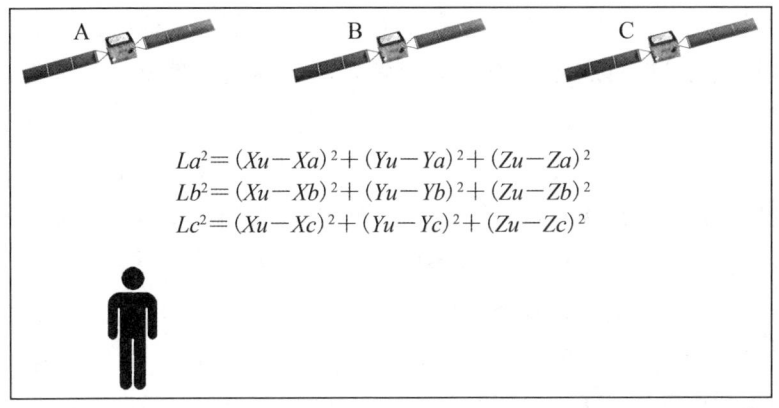

图 3-7 北斗导航工作原理 2

二是对情境的简化。若情境描述过于复杂、夹杂太多不相关细节、堆砌过多陌生术语等,会造成学生理解上的障碍。"关于算法的学习应该从符合他们认知特点的具体问题出发,避免在问题的理解上造成障碍。"

(5) 用实物促进理解

实物教具有无可替代的具象优势,实物是具象与抽象的桥梁。借助基于有形之物建立起的具体图景来进行思考和抽象,帮助学生形成描述相应对象的抽象概念或模型的能力。正如杜威所言:"任何书本都不能代替个人的经验,任何地图都不能取代实际的旅行,物体下落的算术公式也不能代替抛掷石子或亲自把苹果从树上摇下来。"

例如,借助二进制加法机的教具(图 3-8),学生可以直观地理解二进制加法的运算过程,理解什么是"自动化""计算"。

如果没有实物,也可以借助实物的图像或视频,同样能起到促进学生理解原理的作用。

(6) 善用类比

类比在逻辑学中表述为"根据两个或两类事物在一系列属性上的相似,从而推出它们在一个或另一些属性上也相似的推理"。在形象思维中,类比法也是一种重要的方法,在心理学中表述为

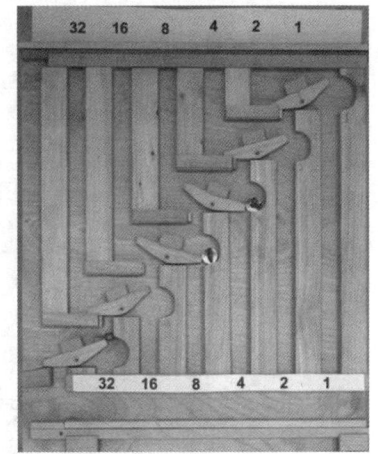

图 3-8 二进制加法机

"运用事物间的相似性,通过形象思维比较其异同,抓住事物特征和本质属性的思维方法"。

在信息科技领域，当人们产生某种需求，观察到某事物的结构和功能可以被借鉴到新事物上时，就可以联想到满足这种需求的新技术。例如，十九世纪初，法国织机工匠雅卡尔根据"穿孔纸带"的构想，完成了"自动提花编织机"的设计制作。在电子计算机发展的最初几年，在多个著名的计算机中，我们都能找到自动提花编织机的身影。这种由事物形象的相似结构，类比得到相似功能，从而构建出新技术产品的方法，关键在于通过联想建立类比关系。

信息科技课程中的很多概念，如"计算机病毒"与生物学领域的"病毒"相比，本身就具有隐喻性质，包括"计算机网络""网络协议""接口""桌面""窗口"等，这样的隐喻在信息科技学科中无处不在。这给学生理解学科专业概念提供了直觉上的帮助，当然也很容易误导学生。比如"计算机病毒"本身就包含了"不好的、看不见的、有害的"等负面信息，也很容易让学生将这些信息迁移到直觉层面，对其是"一组计算机指令或者程序代码"的本质含义反而缺少探究的意愿，形成似是而非的认识。

### 教学设计案例 ▶ ▶ ▶ ▶

#### 八音盒的"滚轴"

"存储程序"是学生比较难理解的抽象概念，类比有助于学生理解存储程序对于"自动化"的意义。

教师让学生观察八音盒中间的滚轴，从存储程序的角度思考滚轴的作用。

八音盒

——案例设计　上海市普陀区教育学院　沈红霞

用电话号码类比 IP 地址,用身体器官类比不同的传感器,用琴谱类比算法,都是常见的教学策略。当然,并非所有的概念都可以类比,更不能随意类比,否则容易产生歧义。

(7) 提升学生直接经验的品质

直观原理的教学建议注重学生的直接经验,把抽象的原理以学生可观察、可体验、可实践的方式呈现出来,但是教学不能只是停留在直接经验上。史宁中阐述了几个数学教学的误区,如不能把操作等同于学习,操作的目标只是帮助学生积累活动经验。教师在结束活动之前必须给予总结,这个总结可能很难但很重要。总结不仅要告诉学生结果正确与否,而且要评价学生的思维方式。即使结论不对,但只要思维过程合理,就应给予肯定。针对不对的地方应从思维方式的角度给学生讲解明白。也就是说,在操作之后,必须引导学生进行思考和提升,这样的操作活动才是有效的。

学生经由实践活动获得关于现实世界的直接体验和认知,超越单纯的抽象知识积累,这是学生心灵不断丰盈和灵动的基石。对直接经验的强调有助于恢复人在探寻世界中的兴趣、直觉、情感、体验等。但另一方面,要避免为了加强学生的直接经验,而忽略间接经验,这可能会失去对具体的现场经验和抽象的知识进行重组和建构的契机,失去基于直接经验的理性思考,从而使直接经验缺乏深度。

为提升学生直接经验的品质,要强调一种真实性的专业化实践。它要求学生像学科专家一样思考,经历一系列规范的、有章可循的实践,并且依靠这种实践创造性地解决真实问题。这有助于学生在学习中告别传统意义上浅尝辄止的直接经验。

## 三、科技叙事

**1. 问题**

科技史中有很多值得让学生了解的有趣的故事,但是如何选择科技史的素材?如何讲好科技故事?

**2. 探讨**

学界对科技史的教育意义已经形成共识,孟克和奥斯本提出对科技史的教育要区分"作为历史发现"与"作为历史认识论",并呼吁要重视后者。英国学者提出的科技史教学模式强调要将科技史上不成熟的甚至错误的解释和学生的各种观点一视同仁,以此引起有效的争论,从而发展学生的认识论认知。[121]

初中学生固然没必要学习科技史，但是科学技术发展的历程中有许多有趣和动人的故事，若能从科技史中寻找到与核心素养培养相关的材料，反映世界或我国科技发展的历程，则有助于提高学生学习的兴趣。对科技故事的学习能让学生从源头学习知识，而不只是学习现成结论的知识片段，这有助于学生更准确地理解科学概念。了解知识的来龙去脉是学习的最佳途径，只有仔细研究这些知识产生的艰难历程，即研究清楚早期的所有错误假定，才有可能真正彻底地理解这些知识。初中阶段的信息科技课程中，无论是计算机硬件还是软件，无论是互联网还是人工智能，都有大量的概念和术语必须在一定的时代背景中才能体会和理解。

**3. 教学建议**

（1）从科技史中寻找素材

如何讲述科技故事？由于科技史中的故事往往零散而庞杂，又脱离当下的社会环境，且往往需要很深厚的物理、数学等方面的基础知识才能理解，因而给教师讲述故事带来极大的挑战。尤其是科技史中的原理，通常缺乏与学生生活的联系，因此需要教师改写或重新设计故事，使之成为有意义的教育内容，为学生提供宏观的科学实践与社会文化环境关系的逻辑认知。教师在教学中可以此为基础开发"情境"和"问题"，设计围绕核心内容的科学争辩、推理论证的活动，帮助学生认识科技是人类解决问题的创造性探索，认识科技发展永无止境，体会信息科技是和每个人日常生活息息相关的事。故事应该反映技术创新的社会背景，与学科基础知识和原理进行合理嫁接，以及与社会生活和应用场景发生联系。

"教育重演论"思想认为，科技史可以与不同年级课程内容形成对应的进阶关系。该思想认为，儿童科学思维的个体发生与人类科学成果的系统发生之间存在平行关系。20世纪以来许多心理学家和教育家都认同重演论。哈洛恩认为，学生在科学上的认知发展也许可以通过某种重演科学范式演变历史的学习过程得到有效实现。

但是也有学者提出不可滥用重演论。他们认为不是所有概念的学习过程都符合重演现象。今天的学生生活在一个与以往大相径庭的物质和社会环境中，重演并不是普遍的现象。重演论的意义主要是为某些概念的建构进阶提供历史视角的支持。我们倡导的重演论主要是社会文化意义上的，而不是具体内容意义上的。

此外，不可夸大科技史情境的作用。虽然科技史对于科学教育的文化关联设计非常重要，但是它不是发展认识论认知的唯一素材，学生的现实生活经验仍然是教学设计的主要资源[122]。

(2) 科技故事要有明确的教育意义

要讲好科技故事,必须明确讲述这个科技故事的教育意义,是让学生理解某个问题,还是从故事中获得感悟?以下五点建议可供参考。一是厘清哪些概念是学科中的核心概念,是否有与之相关又有教育意义的故事。二是这个概念的发展涉及一个故事还是多个故事,如果是多个,那么还需要厘清这些故事的时间线。三是要精心编排学习内容,把科技故事有效地穿插在初中信息科技的教学中,避免"满堂灌"的故事会。四是要尽可能把学生带入科技故事所处的历史背景中,这样才能更好地帮助学生理解某一项技术产生的意义,进而深刻理解它的概念。五是教师要不断关注新技术的发展,把影响信息技术发展的最新事件带入课堂中,不断丰富这些科技故事。

**二进制与莱布尼茨**

信息科技中有一个重要概念——二进制,翻阅种种计算机科技史的书籍,很多都会提到莱布尼茨发明二进制是受到中国《易经》启发。既然二进制是现代计算机的基础,那么《易经》也就成为计算机的源头。

但是也有专家考证,莱布尼茨是在1703年收到法国传教士白晋寄自中国的易图后才了解《易经》,而早在1679年他就撰写了《二进制算术》的论文草稿,文中对二进制的运算规则也作了相当详细的讨论,并与十进制进行了比较。

关于二进制与中国古老的《易经》以及莱布尼茨的故事,虽然不同的书籍有不同的表述,但并不意味着不能讲,教师可以把与二进制相关的有趣故事尽可能完整地呈现给学生作为教学补充,尽管不同故事中呈现的观点可能是相悖的。目的并不在于考证,而是增加学生的兴趣,加强概念之间的联系。

一个好的科技故事,绝不能追求面面俱到。首先,要注意精简内容,规避一些学生难以理解的概念、术语和技术细节,把握故事中每一次技术进步的核心要点,厘清时间线。其次,要使用通俗易懂的语言,使科技故事符合初中学生的知识基础与年龄特点。我们常会看到很多像天书一样的文章,充斥着大量晦涩的术语。这通常不是由于作者想炫耀自己的学问,而是由于他们在这些术语面前束手无策,所以只好采取一种偷懒的办法,直接把术语堆砌上去。这是当前存在的一个比较普遍的问题。"把术语还给专家,把知识传给读者。"那么,该如何处理这样的情况呢?例如,"某超级计算机的运算速度为每秒3.88万亿次"就是比较专业的表述,如果教师这样解释："打个比方，如果使用个人计算器，一个人要花6.3万年才能完成该超级计算机1秒钟的运算量！"这就能被学生听懂了。再次，要注意初中信息科技课程不是专门的信息科技发展史的课程，不能喧宾夺主、舍本逐末。最后，还要精心编排学习内容，不能孤立地学习信息科技的发展历史，要将其渗透在各个部分的学习内容中，这样才能让科技故事起到帮助学生理解概念、感悟科学家精神的作用。

## 四、计算思维

### 1. 问题

计算思维的定义中提到"抽象"，那么如何理解"抽象"？它与数学中的"抽象"有什么差别？人们常说"越抽象越脱离实际"，如何解决脱离实际的问题？抽象思维是否有极限？

### 2. 探讨

"抽象"是个有"魔力"的词，既引发人们围绕它展开各种想象和解释，又常让人难以清晰描述其具体含义。

（1）信息科技学科中的"抽象"

信息科技学科课程标准提及"抽象"时，大多与计算思维相关，但是并没有对其做更为具体的解释。熊璋、蒲菊华在《信息技术课程·核心概念汇编》一书中这样描述："抽象是一种思维过程，是指从具体事物中提炼、归纳出它们共同的、本质的属性及关系特征等要素，而舍弃具体事物中个性的、非本质的要素。"

生活中存在很多抽象的例子。例如，某人去超市购物，准备付款时发现3个收银台都排起长队，为了节省时间，他肯定会选择排队时间最短的队伍。在选择排队时间最短的队伍这个问题上，排队顾客的性别、身高，以及用篮子装商品还是用购物车装商品等，都不是该问题的本质属性。其本质属性是每个队伍有几个人。所以，可以将选择队伍排队的问题抽象为计算每队现有人数的问题。[123]

史耐德认为：抽象对计算而言，尤为重要。首先，有了它，人们可以管理复杂性，通过抽象一个计算，并为其指定一个名称，便再也不需要把它想象为一系列操作……，而是用一个动作名称来概括它，名称就代表了操作，我们不再考虑它的工作机制，而是使用一个能代表其用途的名称，使其更容易被记忆并理解。操作的复杂性不再是我们要关心的问题。其次，抽象能使我们重用以前的工作成果，并在其基础上创造新的成果。程序设计语言允许我们把抽象名称的操作"打包"到"函数"中……。通过这种方式我们可以构造出非常精巧而复杂的软件:先为简单的抽象构造函数,再用这些函数实现更加复杂的抽象,后者也可被打包到函数中,然后给出名称,使其成为构件块,用于构造下一级更复杂的抽象,依此类推。使用抽象的两大好处是"管理复杂性和促进重用",抽象的关键特征是"命名、封装和参数化"。[124]

Linux 操作系统的主要设计者托瓦兹认为,定义抽象层只是实现简洁设计的一种思路,并不是唯一思路。

(2) 计算抽象与"2A"

徐志伟、孙晓明在《计算机科学导论》中提出了"计算抽象",认为计算抽象既是计算机科学最重要的方法,也是最重要的产物。作为动词的抽象也称抽象化,而抽象化的产物也称抽象,两者的英文都是"abstraction"。他们特别强调,由于抽象化和抽象在计算机科学中使用普遍、来源众多、含义丰富,反而没有一个众所周知的、达成广泛共识的统一定义。

计算机科学在多年的发展中,形成了一套系统思维方法:通过抽象将部件组合成为系统。计算机系统往往用一套统一的方法来支持万千应用场景,而不是每个场景对应一个计算机系统。抽象化是系统思维的要点之一,抽象化的要点是"一个系统可从多个层次(或多个角度、多个视野)理解,每个层次仅考虑有限的、该层次特有的问题,并用一套精确规定的抽象概念和方法,统一处理该层次所有的计算过程,解决这些特有问题,其他问题则留给其他层次考虑,该层次甚至完全看不见其他层次的问题,因此也可以忽略与这些问题相关的所有细节"。抽象化与抽象具备以下三个性质(也称抽象三性质):

● 有限性:抽象化意味着从多个层次(多个角度、多个视野)理解一个计算系统,每个抽象仅考虑一个层次的有限的、特有的问题,忽略其他层次的问题。

● 精确性:抽象化的产物是一个计算抽象,它是一个语义精确、格式规范的计算概念。

● 通用性:计算抽象强调用一个通用抽象代表多个具体需求,它意味着用统一的一套方法处理该层次所有的计算过程,解决该层次的特有问题。它不仅只是对特定的具体问题实例有效,还可以触类旁通,用于其他实例。这也被称为抽象的泛化能力。只对某个实例有效的抽象,不是好的抽象。

抽象是很多科学技术共有的方法,那么,什么是计算机科学的抽象特色?周以真认为"2A"是计算思维的核心特征。"2A"指 Abstraction(抽象)和 Automation(自动化),可以为我们思考计算机科学领域的抽象提供视角。

"数据抽象和控制抽象是计算机科学抽象特色的重要体现。其中,数据抽象的层次有比特、字节、字、文件等,控制抽象有顺序、条件跳转和调用等。抽象化涉及的数据抽象和控制抽象,不只局限于数据格式与算法步骤规定,也可以体现为硬件抽象。"

(3) 抽象化方法与模块化方法

徐志伟、孙晓明认为,有一类特殊的抽象化方法在设计和理解计算系统时得到广泛应用,它就是模块化方法。模块化方法的要点是理解如何从部件(模块)组合成系统。

例如,一个计算机系统由硬件和软件组成,计算机硬件由处理器、存储器、输入/输出设备等组成。

人们将"系统由多个模块组合而成"的特定方法称为系统架构模型,并赋予特定的名称,例如,布尔函数的组合电路模型、时序电路的自动机模型、计算机硬件系统的存储程序计算机模型、数据管理系统的关系数据库模型。

(4) 数学抽象

在义务教育课程标准中,很多学科都频繁出现了"抽象"的要求。出现最多的是"数学抽象"。史宁中认为,当你看到了足球或乒乓球,就会想到圆。但是,如果没有足球,没有乒乓球,你大脑里仍然有个圆,而且你能画出这个圆。这个圆绝不是简单的复制,因为现实的球是三维的,而在纸上画的圆是二维的,其所依赖的头脑中的圆就是抽象的存在。

《普通高中数学课程标准(2017年版2020年修订)》对核心素养中的"数学抽象"进行了这样的界定:"数学抽象是指通过对数量关系与空间形式的抽象,得到数学研究对象的素养。主要包括:从数量与数量关系、图形与图形关系中抽象出数学概念及概念之间的关系,从事物的具体背景中抽象出一般规律和结构,并用数学语言予以表征。""数学抽象主要表现为:获得数学概念和规则,提出数学命题和模型,形成数学方法与思想,认识数学结构与体系。"

比较数学和信息科技学科中对"抽象"的解释,对于一门有较长发展历程的学科,数学学科对数学抽象的内涵的界定比较清晰,将高中阶段的抽象与义务教育阶段的差异较明确地阐述出来。例如,高中学段数学抽象是"从数量与数量关系、图形与图形关系中抽象出数学概念及概念之间的关系……",而义务教育阶段抽象能力包括"数感、量感、符号意识"。数学学科很清晰地解释了抽象的对象、抽象的目标以及作为抽象结果的表征符号。而信息科技课程仅有约 40 年发展历程,在学科基础研究方面还有很长的路要走。

**3. 教学建议**

(1) 认识抽象思维的限度

"抽象不是绝对的,人们通常认为抽象和具体是两个截然不同的概念。人们常说具体的就是具体的,抽象的就是抽象的,但当采用这种过分简单的方式解决问题时,有时是无法自圆其说的,因为抽象与具体是相对的,很多概念往往是通过不止一次的抽象过程形成的,也就是说抽象是分层的。"

事实上,人脑反应机制的本能(或功能)就是对事物存在形式的映像加以分解或综合(概括),这就决定了抽象思维(包括有逻辑地构造出或设计出数学模式的思维)往往是对实际存在的诸环节实行"不可分离的分离"(强行分离):一方面抓住某个特征,视之为本质,概括为普遍属性,形成对象概念,并以此作为精确逻辑思维的出发点;另一方面彻底摒弃其他环节(否则就无法保证被抽象出的概念的确定性),使这些环节在往后的形式推理中再也不出现。如此继续进行下去,最终便可能导致思维结果脱离实际或者与经验常识相悖。

抽象思维的本性必然决定了对于那些具有多相或双相结构的、相互渗透着的实际关系的反映(表现为单纯的概念),总是不可能完全精确和面面俱到的。这就是"数学抽象思维的不完全性原理"。

事实上,古典哲学家黑格尔分析芝诺有关运动的悖论时,就已经觉察到这一原理。充分理解上述原理可以使我们不至于盲目信任抽象思维的"无限威力"。[125]

(2) 谈论计算思维的抽象需要锚定情境

在数学或物理中,对于抽象的对象、目标以及作为抽象结果的表征符号,各家观点还是比较清晰和一致的。那么,谈及计算思维时,"抽象"到底有怎样的独特性?

周以真所倡导的培养计算思维的课程的一项目标是"像计算机科学家那样思考",并认为"计算思维是利用计算机科学的基本概念,进行的问题解决、系统设计、人类行为理解等一系列涵盖计算机科学广度的思维活动……像计算机科学家一样思考不仅仅意味着能够为计算机编程。它需要在多个抽象层次上进行思考"。董荣胜认为"计算思维的重点在于计算机科学中的不同抽象层次的'自动有效进行'"。这些说法提示了抽象具有层次性,同时也存在让人困惑的地方。例如,数学问题的解决也往往需要在多个或不同的抽象层次上进行思考,所以说仅仅关注

"在多个抽象层次上进行思考"这一点,未必能体现计算思维的特点。这里需要弄清楚的问题是,所谓的抽象层次到底是什么层次,抽象层次间的关系又是怎样的。

格伦·布鲁克希尔等人在《计算机科学概论(第13版)》中论述"算法的抽象本质"时强调,算法及其表示之间的区别是非常重要的,就好像一个故事和一本书的区别,故事在本质上是抽象的,或者是概念上的,而书是故事的物理表示。关于算法和它的表示的区别,最重要的是考虑一个在传达算法的时候存在的问题——一个算法究竟要描述到什么样的细致程度。对气象学家来说,指令"将摄氏度读数转换为相应的华氏度读数"就足够了,但是对于一些外行来说,这个指令是模糊的、有歧义的。问题不在于底层算法,而是算法的表示对外行来说是不够详细的。[16]

卢西亚诺·弗洛里迪给出过一个简单却值得深思的例子:"你询问一辆二手车的价格,如果得到的回复是5000,那么你是否能知道车的价格?"不同语境下,是否能成功判断价格的情况有所不同,原因是数字后没有单位,在某些特定的语境下,数字的单位作为不必要的细节被舍弃掉了。而在更复杂的情况下,需要在数字后加上单位,于是抽象的层次就发生了变化。弗洛里迪称,为数字加上单位后到达了"正确的抽象层次"(笔者认为不加单位并不能视为错误的抽象层次,也不是一种更加抽象的抽象,而是省略了语境下不需要强调的细节),这个层次锚定了一个基于规则的、易于执行和控制的情境。这个例子的启发是,当谈论计算思维的抽象是什么的时候,需要确定其锚定的是什么样的情境。

(3) 谈论计算思维的抽象,往往需要区分抽象层次

董荣胜分析了CC1991报告\*提出的学科中的核心概念(具有普遍性和持久性的重要思想、原则和方法)。其中,"抽象层次"指的是通过对不同层次的细节和指标的抽象,对一个系统或实体进行表述。在复杂系统的设计中,隐藏细节,对系统各层次进行描述(抽象),从而控制系统的复杂程度。例如,研究数字逻辑电路时,关心的是电路所完成的逻辑功能,而不是电的或机械的性能,因此一般只需要考虑输入变量和输出变量之间的逻辑关系,并用数学的方式来描述,这样就可以将具体的数字逻辑电路转换成抽象的数学表达式进行研究[126]。

结合信息科技学科的内容,熊璋、蒲菊华对抽象进行了举例:"针对一个可求解

---

\* CC1991报告是美国计算机协会于1991年发布的计算机教育指导性文件,提出了具有学科方法论性质的12个核心概念。

的问题(如兔子繁衍问题),根据数据的表示及其相互关系,可以归纳出一个递推关系式,如斐波那契数列计算中的 $f(n)=f(n-1)+f(n-2)$,这就是抽象;根据斐波那契数列生成的递推表达式,通过递归结构来求解斐波那契数列的前100项元素,也是一种抽象;在利用搜索算法求解八皇后问题时,分析、归纳各个阶段的状态参数,再根据参数特点将参数分为按地址传递或按值传递,确定递归调用函数的接口参数,这也是一种抽象。"在这个例子中,递推关系式、递归结构、递归调用函数,体现了不同的抽象层次。

如同数学中的"抽象"需要用数学语言表达"概念、规则、命题、模型"等,在计算机程序设计中,也存在着各种抽象,有些还呈现由内而外、逐层抽象的特点。

例如,各类编译器设计者需要直接面向计算机硬件结构和机器语言,将一系列对计算机可以直接实施操作的机器语言指令抽象为高级语言中的一条或多条语句;高级语言编程系统的类库开发者基于基本语句,经过抽象,编写模块化的程序段,并将其封装为应用程序开发者可直接调用的各种类、函数等。

算法与程序设计中的这种抽象机制,可以使面向实际问题的应用程序开发者在不了解计算机内部的硬件结构和机器语言细节,甚至不了解所调用的函数内部如何实现的情况下,就能针对实际问题设计算法,并编程解决问题,大大提高了程序开发的效率。[123]

(4) 谈论抽象需要往往需要"信息隐藏"

在设计或理解一个计算系统时,不论采用或提出什么体系结构模型(系统架构模型),都可以利用一个重要的原理来控制系统的复杂度,即信息隐藏原理。信息隐藏指的是对用户屏蔽实现过程中的细节。它强调:精心定义模块的接口,将外界调用模块所需要的信息放在模块接口处,隐藏该模块的所有内部细节行为和信息。这样,一个系统中别的模块只能看到和使用该模块的接口,看不到该模块的内部。模块接口信息通常比较稳定(如变化较少、较不频繁),模块内部实现的变化不影响模块接口。这样一来,不仅模块变得更容易理解,而且模块的优化、升级、替换不会给系统带来负面影响。例如,TCP/IP协议的分层模型、计算机的硬件部件、软件功能模块等。

文件系统很好地展现了信息隐藏的设计原理,用户仅看到文件,而不用关心背后的复杂实现细节,如磁盘、磁盘地址、记录、索引表、缓冲区、文件控制块、文件在内存中的副本等。信息隐藏给用户带来了两个方面的益处:第一,用户只需要关心文件的打开、关闭、读、写等操作,而根本无须关心文件被存在哪个磁盘上,文件如何被分解为更细小的存储单元等底层细节;第二,软件工程师可以在不对用户造成任何干扰的情况下,对文件系统的内部实现细节进行持续的优化和改进。[56]

谢忠新认为,除了有针对性地设计有关计算思维某方面思维培养的活动,也可以针对具体学科教学内容,充分挖掘计算思维的各方面内容,或者充分利用计算思维的一种或多种思维方式来设计课堂教学活动。以下通过一个英国中小学计算课程的课堂实例来分析如何在信息科技学科教学中落实学生计算思维的培养。学科知识主题为:网络与通信——使用一种二进制协议来传输信息,课堂教学活动及说明如表3-10所示。[127]

表3-10 "网络与通信——使用一种二进制协议来传输信息"教学活动及说明

|  | 课堂活动 | 涉及的计算思维 |
| --- | --- | --- |
| 活动1 | 学生回顾以前学习的计算机体系结构所涉及的"层"的概念,如应用程序、操作系统和硬件。 | 抽象 | 功能的抽象:从"硬件"到"操作系统"再到"应用程序"时,我们在不断增加抽象,上一层隐藏了下一层很多繁杂的细节。 |
| 活动2 | 教师向学生介绍网络体系结构的层次:应用层、传输层和网络层,并指出其与计算机体系结构层次的相似性。 | 抽象、归纳 | 功能的抽象:从"网络层"到"传输层"再到"应用层",每层隐藏了下一层繁杂的细节;方法的归纳:从"计算机体系结构"到"网络体系结构",分层的技术与方法被应用到类似的问题中。 |
| 活动3 | 教师提醒学生理解十进制数如何以二进制数形式存储,也就是十进制数是一个抽象的二进制代码。它们隐藏了数字实际是如何存储的细节;还可建议学生利用这些知识去创造他们自己的传输层协议。 | 抽象 | 数据的抽象:用十进制数掩盖二进制表示的复杂性。 |
| 活动4 | 要求学生使用一个简单的电路(如包括电池、电线和一个灯泡),通过灯的亮灭将一个十进制数传递给在房间另一端的接收方;鼓励学生想出不同的通信任务,并让他们意识到通信过程中发送方和接收方做着不同的事情,如接收方接收数字、将其组装成二进制字符串、把该二进制字符串转换为一个十进制数。 | 分解 | 问题的分解:标识完成整个任务必需的步骤,分解问题,制订出详细的步骤。 |

(续表)

| 课堂活动 | | 涉及的计算思维 |
|---|---|---|
| 活动 4 | 没有一个统一的协议整个通信活动将会很混乱。学生必须共同努力,对"1"(亮)和"0"(灭)的对应关系达成共识;混乱可能仍会持续,直到学生意识到需要时钟单元,这样才能知道起始点,例如,灯亮或灭两秒,并在每次状态改变时有一秒的停顿。 评估算法思想 | 功能的评估:学生反思问题的初步解决方案时,意识到需要不断改进和优化。 |
| | 对于那些还没有完全掌握二进制的学生,建议学生回顾之前学过的历史上的通信方法,如莫尔斯码或烽火狼烟,发现它们和当前问题之间的相似性。 归纳 | 归纳出从一个问题到另一个问题的通用解决方法。 |
| 活动 5 | 为了确保全班能够顺利通信,需要采用统一的标准协议,这种协议应是对问题集体讨论的结果;然后,教师给出一串数字,前两个数字表示接收者(这里并非真实的 IP 地址,而是为教学而设计的模拟 IP 地址),后两个数字表示给接收者的消息。 抽象 | 数据的抽象:学生通过理解数字被用来代表特定的信息,进一步理解 IP 地址是网络上一台机器的名称或标识。 |
| | 学生再次努力传递信息;传递二进制长字符串相当烦琐,学生很可能会想出一个主意,把二进制数打包成"块"或"组",类似于网络中的数据包。 抽象,算法思维 | 数据的抽象:理解数据块或包的概念,与被发送、接收和重新组装的块一样;<br>算法思维:设定详细的指令,使数据块能够正常工作。 |
| 活动 6 | 使用以上活动中的概念,进一步讨论 IP 寻址,它类似于邮政编码系统,未来的学习可以建立在这些基础之上。 概括 | 归纳从一个问题领域到另一个问题领域的方法,认识到网络数据包传送和通过邮箱发送信件之间存在共通之处。 |

以上教学设计案例围绕计算思维的培养设计课堂教学活动。例如,通过数据抽象、功能抽象来简化问题,利用算法思维把问题分解成具体、有序、详细的步骤,通过归纳(概括)将利用信息科技解决问题的方法迁移应用到更加广泛的问题解决中。

### 五、编程教学

**1. 问题**

当前生成式人工智能已经能很方便地生成程序代码,学生还有必要学习编程吗?教师该如何优化编程教学?

**2. 探讨**

中国科学院院士鄂维南指出:"AI for Science"(科学智能)研究范式的出现是科技创新的一个重要历史机遇,极大地拉近了科学研究与实际应用的距离,在内容生产的同时,AI 的创造能力也在不断进步,这也可以看作是对创造力的一种革命[128]。AI 自身的快速发展以及带来的科学研究范式转变,引发了另一个关于编程和编程教学的话题。

(1) 编程是否将要终结

随着 GenAI 自动生成代码技术逐渐成熟,代码的编写方式将迎来一场新的革命。编写程序是大模型最擅长的工作之一,已有大量的程序员利用人工智能辅助编程。

2023 年,马特・韦尔什在《美国计算机协会通讯》上发表了一篇题为《编程的终结:经典计算机领域正迎来剧变》的文章,迅速引发热议。"编程将被淘汰,我相信编写程序的传统观念正在走向消亡",他认为随着人工智能技术的不断进步,未来将有更多软件的开发不再依赖于人工编程。

2023 年 6 月,某程序员问答社区根据近 9 万份问卷,公布了最新的编程工具与编程语言使用情况调查报告。调查发现,77%的受访者对在工作流程中使用 AI 感到满意,70%的受访者已经在使用或计划使用 AI 编程工具(如代码生成、代码补全、代码搜索、代码优化等)。在实际使用场景中,编程学习者主要使用 AI 工具进行调试和获得帮助(68%),并了解代码库(50%)。而专业开发人员最感兴趣的是使用 AI 工具测试代码(65%)、提交和审查代码(64%)、进行部署和监控(61%),以及记录代码或了解代码库(58%)。

但对中小学信息科技课程而言,在谈论"编程是否将要终结"这一话题时,教师关心的其实是"假如编程方式变革了,教学将何去何从"。这是值得认真思考并严肃对待的问题。在可预见的未来,GenAI "终结"的还是那些重复、单调、冗长的代码编写工作,而那些更具创造性、复杂性、多样性的任务,还是必须依靠人类的智慧。"编写程序"不是问题解决过程的全部,完整的问题解决过程还包括需求分析、抽象建模、运行调试等环节,而这些环节都无法完全依赖 AI。如果"编写程序"可以被人工智能部分替代,那么学生将从枯燥、机械的重复性工作中解脱,从而聚焦思维发展。

魏宁认为,以 ChatGPT 为代表的大模型技术促进了人工智能从量到质的转变。在飞速变化的数字时代,人类必须思考如何更好地应用技术、驾驭技术。学生要学会驾驭机器,一方面需要理解机器工作的原理,知道机器所谓"创作"的特点,了解它的长处;另一方面要学会向机器提出问题、发出指令,辨别和评判机器工作成果的可靠性和实用性。想要做到这些,学生须提升自身的想象力、创造力以及质疑能力。总而言之,编程的传统观念也许会因 GenAI 而"终结",但是中小学信息科技课程中的"编程"依然会成为解决问题中不可缺少的环节[129]。

(2) 编程教育的溯源——派珀特的"齿轮"与"小精灵"

算法和编程之间的关系一直是教师讨论的焦点。《义教课标》针对教师的困惑,强调了编程能力培养的价值,但同时也指出需要对编程的定位和方式进行相应的调整,提出"针对简单问题,尝试设计求解算法,并通过程序进行验证"的要求,但并不要求每个学生都必须亲自实现每个算法。学生通过阅读、修改运行程序等方式也可以获得有意义的体验。《义教课标》强调对问题解决的重视,而非仅关注编程本身。

儿童编程的起源,离不开 LOGO 语言的设计者西蒙·派珀特。他小时候用奇特的模型视角观察物理世界,以齿轮作为认识世界的工具,借助齿轮把抽象的概念"引入"大脑。在师从皮亚杰后,他认识到这属于"同化"观点的一个典型案例,每个儿童都有其认识世界的独特方式,如何基于此开展学习活动取决于"认知模型"。他在皮亚杰建构主义的基础上,提出"建造主义"的学习观,即儿童应该用具体的方式表达思考,他认为高估抽象推理的倾向性阻碍了教育进步。他强调儿童应借助具体的"齿轮"来学习,如利用"海龟绘图"的方式使儿童建构自身的"认知模型",学习相关知识。米切尔·雷尼克斯是派珀特的支持者,儿童通过他设计的 Scratch 项目,可以操作鼠标拖曳程序块编写"小精灵(Spirits)"动画故事,在创造设计的过程中获取知识[130]。

"齿轮"和"小精灵"都体现了注重"具体"的编程理念。编程语言和工具被认为是一个具体的思维发展载体,是成为"认知模型"建构的具体抓手。通过多年教学实践,笔者发现,如果只是注重算法而忽视编程,算法的学习很容易成为一种抽象的思维活动,而且难以验证算法和解决方案的正确性,也无法对解决方案进行优化。算法与编程相辅相成，两者都是信息科技教学的重要组成。

随着课程改革的不断推进，一些专家对此也进行了更为深入的探讨。张进宝认为，编程对计算思维具有重要意义，编程作品实现了思维外化，提供了检查、测试、反思与回顾思维的机会[131]。在生成式人工智能的时代背景下，有关编程的教学方式改进显然更值得探索。

### 3. 建议

在学习程序设计语言时，学习者需要同时记忆语法规则、指令含义、常用函数等知识，由此产生的认知负荷会影响学习者的效率，让其无法把注意力更多地集中在问题解决上。在计算机的发展过程中，"用户界面"的模式不断变化，其趋势一直是远离计算机，更面向用户。在智能时代，学会使用计算思维来解决问题，远比学会某项解决具体问题的技能更为重要。那么，如何利用 GenAI 促进学生学习？

（1）遵循人类主导、主体适用的互动性应用框架

为确保在教育中有目的、有组织地应用生成式人工智能，2023 年 9 月，联合国教科文组织在《教育和研究中的生成式人工智能指南》(*Guidance for generative AI in education and research*)（以下简称《指南》）中提出"以人为本的人工智能应用原则"以及"人类主导、主体适用"的生成式人工智能教育实践应用框架。《指南》建议从科学研究及研究性学习助理、协同课程制作、双基教学助理、可计算的技能操作诊断、特殊学习需求等生成式人工智能具有明显技术潜能的领域开始，审慎论证生成式人工智能的应用场景。同时，OpenAI 等 GenAI 提供商建议在高利害关系领域，包括向未成年人讲授事实性知识的教育领域，应该慎用或不用 ChatGPT 等非基于专业数据培训的生成式人工智能平台。

《指南》也指出，未成年人在与这些预训练模型一对一聊天的互动中，不可避免地会面临诸多风险，包括不实内容、借助未成年人肖像的"深伪"数字图像合成和网络传播、通过聊天互动对未成年人的行为进行操控等。鉴于可预判的独立聊天风险和生成式人工智能技术在生成不准确内容等方面的不确定因素，《指南》建议将独立使用生成式人工智能平台聊天的年龄下限设置为 13 岁，并考虑更改为 16 岁的更严格年龄限制。在我国，《生成式人工智能服务管理暂行办法》提出生成式人工智能"提供者应当明确并公开其服务的适用人群"，并要求"采取有效措施防范未成年人用户过度依赖或者沉迷生成式人工智能服务"。

生成式人工智能平台输出中的少许错误或其他缺陷，往往能被专业人员识别，并通过对话逐步优化，最终成为符合预期的作品。但是学生往往缺乏扎实的专业

知识,也缺少鉴别内容的准确性和逐步递推提示(Prompt)的能力,因此,直接使用生成式人工智能要注意风险。

(2) 变"从无到有"为"从有到优"

传统的编程教学旨在使学生能够"从无到有",即通过问题分析、方案设计到编程实现,最终给出求解问题的程序。如今,代码可以通过大模型生成,但是生成的代码往往有以下不足:一是生成的代码不能保证具备准确性、健壮性、最佳性能和完整性,二是生成的代码可能存在潜在的安全隐患。但是瑕不掩瑜,人们越来越依赖新一代人工智能来分析和解决各种问题。然而在此过程中,需要关注的是如何将问题转化为适合人工智能解决的形式,这正是计算思维培养的核心要义。

**教学设计案例** ▶ ▶ ▶ ▶

### 利用 GenAI 生成词云图代码

**活动 1**:使用生成式人工智能平台生成代码并运行

学生使用人工智能大模型,输入"请给出通过文本生成词云图的算法流程图描述,并编写相应程序"。学生运行大模型生成的代码后,得到词云图。

**活动 2**:检查代码,发现问题

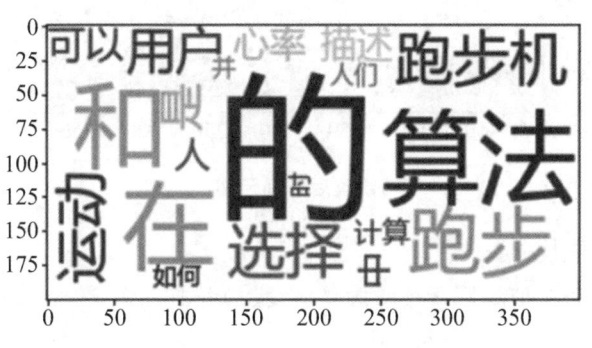

**修改前的词云图**

学生发现在词云图中,"的"成为一段文本中频率最高的词,此外还有一些如"在""中""和""可以"等无意义的词,影响了文本处理的效果。问题在哪里?如何调整和优化?

**活动 3**:修改代码,完善程序

师生共同阅读代码,寻找问题,发现程序中的参数"min_word_length = 1",使一个字也成为统计的对象。因此修改代码,使统计分析最小的词长度为 2,即将该参数改为"min_word_length=2",同时增加一句代码,排除"或者""可以"等词,更好地聚焦文本核心内容。

```
import jieba                              #分词模块
import wordcloud                          #词云模块
import matplotlib.pyplot as plt           #绘图模块
with open("必修1第二章.txt", encoding="utf-8") as f:    #文本数据读入
    s = f.read()
text = ' '.join(jieba.cut(s))             #将文章分词并连接成字符串
wc = wordcloud.WordCloud(font_path="msyh.ttc",   # msyh.ttc 电脑本地字体
    max_words=20,                         #最大单词数量
    min_word_length=1,                    #最少单词字数
    background_color='white').generate(text)
plt.imshow (wc, interpolation='bilinear')  #显示图片
```

**大模型生成的代码**

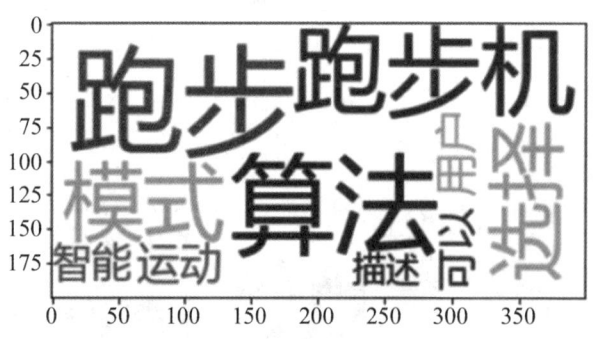

**修改后的词云图**

**活动 4:总结与反思**

GenAI 能提高我们编写程序的效率,但我们并非不需要学习算法和编程,而是更需要:

● 精准地提出问题,判断自动生成的程序是否符合要求。
● 验证其正确性,发现存在的问题,进行必要的调试和修改。

——案例改编自　上海大学附属中学　汪玥辉

把大模型提供的代码作为一个起点,使编程教学由原来的"从无到有"变成"从有到优",学生判断它是否正确、是否符合需求、是否须改进,从而进行必要的修改、测试和优化。在上述案例中,教师对问题进行分析,明确与 AI 对话的关键要

求。学生通过规范而精准的提问，获得需要的代码，并观察和测试运行结果，找到代码中的问题，在理解原理的基础上对代码进行修改，提高了程序编写的效率。

（3）使用 GenAI 对编程进行个别化辅导

编程教学中，并非每个环节都需要实现个别化——其中最需要个别化的环节，是判别和纠正学生在编写代码中的错误。在编写代码的过程中，学生一边思考需要实现的功能，一边要以符合编程语言规范的方式书写，往往会出现逻辑错误、语法错误或其他错误，需要较长时间调试发现的错误。

在班级授课制中，教师能够巡视的范围、能够关注到的学生数量、能够个别辅导学生的次数是十分有限的，且教师阅读和理解代码、判断代码错误以及指导学生修改也需要一定的时间，因此个别辅导的效率不高，一些没有完成任务的学生会产生挫败感。

生成式人工智能具有快速且强大的判断能力，可以实现针对学生基本技能学习的一对一自动判别和个别化分析反馈。2023 年，哈佛大学采用 ChatGPT 支持其"计算机基础"课程的编程教学，但 ChatGPT 仅被用于帮助有坚实计算机知识技能基础的大学生理解编程语句中的重点和难点，通过对话方式判别和解释代码错误，并提供改进代码的建议。这种教学方式在中学阶段也值得探索和尝试。

**教学设计案例** ▶ ▶ ▶ ▶

### 利用 GenAI 开展个性化辅导

任务：编写一段程序，计算 BMI 指数，并根据不同的 BMI 指数输出提示。

学生调试代码，以下为典型错误示例：

```
heigh=input("身高:")
weight=input("体重:")
bmi=round(weight/height * height)
print(bmi)
if:bmi<18.5
    print("过低")
elif:bmi<24
    print("正常")
elif:bmi<28:
    print("超重")
```

else

 print("肥胖")

学生利用大模型进行调试，显示的正确程序代码如下，同时，大模型还给出了修改建议：

```
height = float(input("身高:"))
weight = float(input("体重:"))
bmi = round (weight / (height*height)), 1)
print(bmi)
if bmi < 18.5:
    print("过低")
elif bmi < 24:
    print("正常")
elif bmi < 28:
    print("超重")
else:
    print("肥胖")
```

主要修改了以下几点：
1. 将输入的身高和体重转换为浮点数，以便进行计算。
2. 在计算BMI指数时，使用括号确保正确的计算顺序。
3. 将输出结果保留一位小数。
4. 修正了 if、elif 和 else 语句中的冒号。

大模型给出的代码及修改建议

不同的学生有不同的错误，AI 指出错误并给出修改建议，提高学生的调试效率。

——案例改编自 上海市梅园中学 朱梅

在上述案例的错误代码中，既有程序代码的格式错误（缩进错误），也有逻辑错误（BMI指数的计算公式错误），还有数据类型错误。尽管文心一言和星火等大模型在判断错误和提供修改建议时，往往需要多次对话得到正确结果，但是相比教师个别辅导，AI 判断更快、反馈更及时，具有较强的一对一"解惑"能力。当每个学生都能得到及时的支持与辅导，通过程序代码的调试完成算法的验证，教师就能引导学生将更多的学习时间用于反思和优化，提升教学效率。

尽管 AI 解决了班级授课制中无法一对一辅导的问题，但是也给复杂问题理解与建构、开放性问题解决、表达问题等提出了更高的要求。如果没有对算法和编程的基本认识，学生无法准确提出"Prompt"，更无法与 AI 持续有效对话，最终完成任务。因此，善用 AI 的前提是学生必须具备基本的算法与编程知识。教师不能天真地认为从此学生不用再学习代码,而是要认识到 GenAI 对编程和算法有了不一样的要求。人机协作的能力,既是对教师的要求,也是学生面向未来的基本能力。

(4) 调整评价依据,变"重代码"为"重理解与创新"

当代码可由大模型生成时,评价也应由"基于代码的评价"转变为"基于理解与创新的评价"[132]。例如,评价学生能否使用规范的术语,能否进行合适的提示和对话以获得需要的代码;评价学生对代码的理解,要求学生通过阅读代码,分析算法的步骤和正确性;评价学生的创新能力,要求学生能分析生成代码的优缺点以及存在的问题,并通过修改形成更具创新性的成果。

(5) 提高学生使用 GenAI 的能力

良好的教育提示语框架可以为大模型满足特定需求提供更好的指导。吉拉伊提出了提示语设计的"ICIO"关键要素,可以指导学生使用。具体要素如下所示:

一是指令(Instruction),即指导模型行为并引导预期输出的特定任务;

二是语境(Context),为模型提供背景知识或额外情境;

三是输入数据(Input Data),即期望模型处理并提供响应的输入,可以是人工智能生成响应时需要考虑的一组数据点或示例;

四是输出指标(Output Indicator),即所需输出的格式、结构或呈现方式,如带有项目符号的文本层级、信息顺序或所需长度等。

赵晓伟和祝智庭提出教育提示语设计的"CORE"框架,该框架由两个必备要素(C、O)和两个可选要素(R、E)构成。其中,"C"代表语境,帮助大模型掌握与任务相关的背景信息,如主题领域、目标受众等;"O"代表目标,阐明用户意图并以命题形式表述希望大模型执行的任务,包括提出问题、阐明需求、指定格式等,目标的清晰度和特异性直接影响生成内容的相关性和准确性;"R"代表角色或规则,可以增加虚拟角色让大模型进行思想实验,也可以预设交互规则约定对话方式,以便创建定制化交互;"E"代表示例,为大模型提供准确的模板,启发其生成预期内容。[133]

## 六、学科德育

**1. 问题**

生成式人工智能(GenAI)正在引发新一轮人工智能革命,它改变了信息和知识的生产方式,重塑了人类与技术的交互模式。它凭借生成文本、图像、视频、音乐和软件代码等能力,对教育和研究产生深远影响。就如以往任何的技术创新一样,它在助力发展的同时,也存在生成虚假有害信息、侵犯隐私、算法歧视、侵犯知识产权等风险。例如,有一些中学生已经出现随意"恶搞"、发布偏激言论等行为问题。在这样的时代背景下,如何落实学科德育呢?

**2. 探讨**

熊璋和武迪认为,人工智能技术目前尚无自身情感、观点和价值观。人工智能的"创造"与"伪造"往往只在一念之间,这种矛与盾并存的状态,使得我们必须警惕其可能带来的负面影响[134]。类似地,学生在设计与制作作品时,"创新"和"造假"也往往在一念之间,这就给创新精神的培养带来更大的不确定性,也给智能时代的学科德育带来新的挑战。

(1) 生成式人工智能对教育的挑战

《指南》是联合国教科文组织发布的全球首份 GenAI 相关的指南性文件,旨在推动生成式人工智能校园应用的规范化。《指南》以《人工智能伦理问题建议书》和《北京共识——人工智能与教育》为基础,提出了规范生成式人工智能应采取的关键步骤,并为在教育和研究中以符合伦理要求的方式利用有关技术的监管机制建设提供建议。人工智能的发展仍将持续、深刻影响教育领域,信息科技教师将首先受到影响。

《指南》指出了人工智能在教育领域中的应用存在的争议与伦理风险,包括:加剧数字贫困、超越国家相关法律法规、未经同意使用内容等。其中,尤其需要注意以下几点:

- 难以察觉的偏见:由于人工神经网络通常是"黑箱",不是"透明"或"可解释"的,通常很难发现或解决偏见。生成式人工智能生成的有偏见的内容在互联网上无序传播,污染了相关的学习内容或知识来源,这对没有扎实先验知识的年轻学习者来说风险更高。
- 缺乏对现实世界的理解:ChatGPT 有时被称为"随机鹦鹉",它可以生成令人信服的文本,但其中有时会包含与生活常识相悖的陈述。
- 减少意见的多样性:ChatGPT 往往只会输出"标准答案",如果某些单词频繁出现在训练数据中,ChatGPT 很可能会在其输出中重复它,这可能限制和破坏观点与思想的多元化发展。
- 产生深度造假:生成式人工智能还可以利用现有的图像或视频,生成难以辨别的假图像或假视频。生成式人工智能使得制造这些"深度造假"和"假新闻"变得越来越容易。

(2) 学科德育的基本要求

亚里士多德在《尼各马可伦理学》开篇中说:"每种技术与探究,同样地,人的每种实践与选择,都以某种善为目的。"

人工智能在赋能社会进步和经济发展的过程中,带来的伦理学考验不再只是人与人的关系,也不是人与自然的关系,而是人类与自己所发明的产品在社会范畴中的关系。因此人工智能具有技术性和社会性双重属性,人类需要关注人与机、机与机以及人机共融所形成的社会形态及相关的道德准则和法律法规。

《义教课标》将个体在信息社会中的文化修养、道德规范和行为自律等方面应承担的责任提炼为"信息社会责任",并将信息社会责任分为五个方面,如表 3-11 所示。以学生为原点,通过"自己—他人—社会—国家"的逻辑线索逐渐扩大认识范围,认识人与社会、科技与社会、科技与国家的关系,提升学生的社会责任。[37]

表 3-11 信息社会责任相关内容举例

| 要点 | 素养特征 | 相关内容举例 |
| --- | --- | --- |
| 自己和他人 | 具有良好的协作意识与习惯,乐于帮助他人开展信息活动,负责任地共享信息和资源,并尊重他人的知识产权。 | 设计和发布视频(网页)等作品或使用网络协作工具时,标注信息来源和引用记录等,尊重知识产权。 |
| 网络和社会 | 了解网络虚拟身份的作用,保护个人和他人隐私,认识网络法律法规和伦理道德规范对信息社会有序发展的保障作用。 | 加密、密码、权限、个人信息泄露、安全隐患、信息安全防范、数据备份、网络伦理、网络文明。 |
| 技术与社会 | 能正确认识人工智能对社会的影响以及对伦理与安全的挑战,合理使用人工智能。 | 人工智能与传统方法的对比、人工智能的三大要素、人工智能的应用等。 |
| 行动和准则 | 能遵循信息科技领域的伦理道德规范,明确科技活动中应遵守的价值观念、道德责任和行为准则。 | 网络安全法、计算机犯罪、网络公约、网络暴力、网络诽谤等。 |
| 意识和意义 | 具备自觉维护国家信息安全、网络安全的意识。认识自主可控技术的重要意义,树立科技自立自强的意识。 | 技术标准、信息科技的产业链、自主可控技术等。 |

(3) 智能时代的学科德育新挑战

- 技术隐含的价值观投射。

苗逢春认为,生成式人工智能不理解价值观,但会投射价值观。生成式人工智能在训练转换器阶段,如果训练用数据集的制作者持有某种价值观,那么与该价值观相符的词汇和语句等出现频率会更高,从而被转换器识别为标准的文本参考对象,并在其训练过程中得到强化,最终作为"标准答案"输出。这些被技术强化的、隐含某种价值观的语句,会潜移默化地对青少年进行价值观渗透[135]。

- "回音壁"和"信息茧房"效应。

笔者在2023年对20所学校中部分学生进行抽样调查,结果表明绝大多数学生的智能手机中安装了百度、抖音、微信、QQ、哔哩哔哩、钉钉、腾讯视频、淘宝等应用。学生浏览的信息主要来自微信及百度等应用的推送信息、微信朋友圈和同学群中的分享链接。

"回音壁"和"信息茧房"都是一种比喻,人们往往倾向于接收和关注符合自己兴趣、观点的信息,从而陷入一种封闭的、自我强化的信息循环。而推荐算法也助推了这种信息循环。也就是说,人们看到的是自己想看的、算法推荐的,进而导致自己对事物的认识进一步片面化、极端化。

令人宽慰的是,大部分学生从课堂中知道了"信息茧房"这一问题,并能说出推荐算法的利弊。然而另一个令人担忧的事实是,初中阶段的学生并不会因为在理智上对"信息茧房"和推荐算法有所警惕,就有足够的自控力和判断力摆脱"信息茧房"。高达90%的学生认为自己"手机信息看得太多",也常感到"后悔、自责",但又很难改变习惯。初中生更需要将自律与他律结合,在行为规则明确的基础上进行自我约束。

- 偏激共振极化现象。

学生很容易成为"键盘侠"或"键盘侠"的受害者。在互联网热门话题的讨论区里,经常有一群人坚定支持某一派观点,而另一群人正好相反,双方唇枪舌剑,讨论异常激烈,观点也越来越偏激。一些学生在互联网中也会参与这样的论战,在同学群里也会发生这样的现象。这种现象为何愈演愈烈?

心理学家彭凯平认为,这是"偏激共振极化现象",即本来各方观点可能只有些许差别,但是讨论越多,各方态度就变得越极端,观点两极分化也越厉害。在没有互联网的时代,人们的沟通较为不便,讨论交流频率较低,人数也较少,不易出现偏激共振极化现象。互联网诞生后,很多人的观点得以快捷呈现,随着讨论的增多,观点也会越来越偏激,从而出现偏激共振极化现象。因此,互联网上的讨论并非一定会使人的视野变得开阔,也可能使人变得偏激。偏激共振极化现象并不是短期的特殊情况,今后还会继续存在。那么,这个现象为什么会发生?

第一个原因是价值认同。人类有一种认知倾向,即当发现某个人和自己的观点一致,而且其观点更有力,自己就会肯定该观点,当某种极端观点被大量赞同后,就会变得更加极端,因此观点也越来越两极分化。

第二个原因是信息强化。学生本来只知道支持自己观点的些许信息,还会对自己的观点有所怀疑,但随着信息的不断补充,自己认可的观点有更多信息支持,对自己不认可的观点,也有更多信息来反对,学生的观点就此被强化。互联网的出现增加了获取信息的渠道,也加剧了偏激共振极化现象。

那么,该如何防止偏激共振极化现象?心理学家给出的建议有:第一,保持独立思考,充分了解不同的意见,才会有相对客观的判断;第二,不能因为支持某一方,就把其他意见全部屏蔽,兼听则明,偏听则暗;第三,避免贴标签,不能只片面地认识别人的观点,全面查找资料、深入思考后才能作出结论。* 这些建议,对学生尽可能避免互联网和人工智能的负面影响、积极主动地融入信息社会提供了心理学的依据。

### 3. 建议**

黄向阳认为我国古代存在"消极德育"和"积极德育"两种观念。一种是消极被动的德育观,这种观点认为,德育需要等待时机,并不是教育者想进行就可以进行的活动,如孔子主张的"不愤不启,不悱不发";另一种是积极主动的德育观,这种观点认为,不论个体有没有道德发展的需要,都要进行强有力的教育,如墨子主张的"扣则鸣,不扣亦鸣"。

消极德育的积极意义在于,今天人们普遍主张根据学生的年龄特征,开展程度不同、内容各异的德育,实际上与孔子的见解有某种契合。[136] 用核心素养指导、引领课程教学,彰显每门课程的育人价值,应是教学的根本追求,学科德育也蕴含其中。但是在具体实施的过程中,也存在一些值得重视的问题。例如,教师往往将学

---

\* 本文摘录和修改部分人文清华讲坛对彭凯平的采访《"键盘侠"有什么心理问题?》。
\*\* 《上海市信息科技学科德育的指导意见》由费宗翔、顾坚、丁毅、黄丽峰、刘婷婷、李锋等人共同完成,本文摘录了部分内容。

科德育简单理解为思想品德教育意义上的内涵挖掘,忽视了基于学科丰富性、独特性的育人价值的开发与转化。学生的信息社会责任素养往往难以通过"听讲"获得,而可能在面对问题时,通过思考、辨析、质疑,随着解决问题的过程逐渐形成。

(1)优化说理逻辑,融入德育要求

学科知识为学生提供了思考基础,同时也为教师提供了说理的依据。说理的过程也是一个"论证"的过程,即利用事实、数据等作为证据进行论证,得出结论或支撑观点的过程。例如,在学习域名解析的基本过程以后,学生就会认识到根服务器的特殊地位和重要性;在了解路由器如何运作后,学生才能领悟网络设备自主可控的重要性;在学习相关的通信知识后,学生便能理解5G技术对网络发展与应用的重要作用,由此理解到"技术标准"的价值所在,从而增强科技自立自强的意识,树立科技报国的决心。

又如,让没有人工智能知识基础的学生,开展关于"人工智能对伦理与安全的挑战"的讨论,学生只能泛泛而谈,这是因为他们只是从社交媒体等渠道获得对人工智能的模糊认识,而对智能从何而来、智能如何应用等问题缺乏基本的理解,更无从谈起如何合理使用人工智能。在学习"人工智能与智慧社会模块"后,学生关于伦理和安全的讨论就可更多以"机器学习""推荐算法"等原理为基础,结合具体案例进行阐述,更显思辨性和深刻性。具体实施建议如下:

- 关注科技发展历程,培养人格品质。

一方面,要了解信息科技的发展脉络,精选发展历程中的重大转折点或关键事件,向学生直观呈现信息科技的发展历程。这样可以引导学生从具体的事件出发,探索信息科技整体发展的宏观图景,理解技术进步的内在逻辑,进而培养学生求真务实的品德。

另一方面,技术的发展并非一帆风顺,而是在试误、迭代中前进,要向学生呈现科学家和工程师在逆境中百折不挠、自强不息的感人故事,让学生感受他们为追求理想艰苦奋斗的精神。通过展示科学家和工程师的真实案例,分享不同时代的科技创新故事,帮助学生客观看待成功与失败,培养他们在面对挑战时不畏艰难、敢于创新、求真务实的科学精神,从而塑造出独立自强、勇敢坚毅、不畏挫折的意志品质。让学生在潜移默化中感受科学家和工程师为了我国科技事业百折不挠、改革创新的时代精神。

- 呈现我国最新科技成果,激发时代精神。

教师可以展示我国在信息科技创新领域取得的丰硕成果以及最新动态,如人工智能、大数据、物联网、云计算、5G、量子通信、北斗卫星导航等前沿技术,鼓励学生进行深入讨论。通过呈现我国在高科技领域的最新进展及科技成果,让学生深刻认识到科技强国和坚持走中国特色自主创新道路的深刻意义。这不仅能够促使学生对国家在信息科技领域的繁荣发展而感到自豪,还能让他们了解科技工作者在创新改革、服务国家和社会福祉方面的时代精神,从而进一步认识到原始创新对国家长远发展战略的重要性。

- 对比今昔科技水平,增强责任担当。

可以引导学生对比不同时期我国信息科技发展和应用的实际案例。比如,对比不同时期信息收集、信息交流、信息传播方式的不同,对比今昔支付方式、通信技术、仓储模式等的发展,体会科技进步对社会发展的巨大贡献。此外,要引导学生理性看待我国信息科技与全球领先水平的差距,树立核心技术不能受制于人的意识,加深学生对国家建设与发展的责任感,促使学生认识到自主可控的重要性,增强学生科技报国的责任心和使命感。

- 紧扣科技发展热点,坚定技术自信。

教师要主动追踪、积极关注信息科技创新发展的前沿成果,关注信息科技发展趋势,选择最新的创新成果和技术动态作为教学资源,拓宽学生认识信息科技知识的视野,帮助学生了解我国信息科技领域自主研发的科技成果。例如,中国计算机学会将我国计算机发展史上的7个重要历史时期进行了梳理,可以围绕我国自主研发的"长城0520CH""银河一号""天河一号""曙光一号""曙光4000A""神威·太湖之光"等计算机的研发背景、历史意义与成就等,让学生认识到我国科学家科技创新的精神与成果,在文化认同中坚定技术自信[137]。

(2) 创新教学方式,优化德育方法

真实情境和真实案例更容易引发学生共鸣和思考,情境可以来自真实的科技事件、真实的科技人物、里程碑式的科技发展成果、当下的科技热点,也可以来自学生身边的实际生活。具体实施建议如下:

- 精选应用案例,增强技术体验。

在教学中要善于结合学生已有的学习经验和生活见闻,嵌入与信息科技相关的实际应用案例,如移动支付、智能导航等,激发学生的学习兴趣,帮助学生在实践体验中,形成对信息科技创新开放包容的态度、理性判断的思维和负责行动的能力。可以组织学生讨论不同科技的功能和特点,引导学生在实践中体会不同科技的适用范围,让学生在讨论和体验中更好地感受我国科技创新的重大成果。

- 制定使用规则,养成良好习惯。

初中阶段的学生还没有形成较强的自控能力,因此我们要密切关注学生使用网络和电子产品的习惯和行为模式,在课堂上可以引入沉溺网络游戏的真实案例,促使学生以思辨的方式,理性看待信息科技给身心健康带来的影响。此外,还可以组织学生拟定班级网络文明公约、制定个人电子产品的管理规则等,指导学生学会自我约束和自我管理的方法,养成合理使用网络和电子设备的良好习惯。

- 注重榜样示范,培养规则意识。

教师要注重自己的示范作用,例如,教师的课件应体现审慎的信息判断、负责任的信息发布、合理的数据来源标注、合法的知识产权保护等教学要素。根据实际情况,要尝试使用国产操作系统和软件。通过日常行为的示范,潜移默化地影响学生,使学生能够自觉遵守信息科技领域的价值观念和行为准则。

在使用生成式人工智能时,我们要特别注重行为示范作用。例如:展示对 AI 输出结果的鉴别和分析;示范如何通过对话式的提示逐步调整,使其输出符合要求的结果;指导学生利用人工智能有目的地获取内容、有意识地从内容中解读意义,多来源多角度地对从生成式人工智能获取的信息进行可靠性分析。

- 设置多样活动,提高安全意识。

我们有责任启发学生认识科技带来的双重影响,重视个人信息安全和国家信息安全,在教学中指导学生学会保护信息安全的方法。例如,教师与学生一起探讨各类应用软件的权限设置、人脸识别、指纹识别等问题,指导学生安装必要的信息安全防护软件,掌握计算机病毒查杀方法等。学生通过具体的网络安全案例,能够辨识其中的安全隐患,增强尊重知识产权的意识,维护信息活动中个人和他人的合法权益,遵守各项法律法规,自觉履行个人在信息社会中的责任和义务。

- 关注价值判断,感悟技术伦理。

在科技、环境、社会与人的关系中,蕴含着丰富的价值判断因素,要创设真实情境,让学生感受信息科技应用所引起的价值冲突。例如,可以组织学生探究软件访问权限管理、大数据精准推送、网络搜索结果排序等技术背后的价值导向,通过讨论与探究引导学生关注算法高效性、技术安全性、隐私保护等多方面的问题。同时引导学生科学、理性地分析"技术黑箱"现象及其背后隐含的道德和伦理问题,激发学生运用辩证的思维方式,仔细思考个体的信息行为对自然环境与人文环境的影响,进一步提升学生对信息的敏感度和对信息价值的判断力。

对于人工智能的应用更需加强判断。例如,引导学生对比不同网站推送的信息,分析推荐内容的差异,认识"过滤气泡""信息茧房""回音壁"现象,并对算法推荐可能带来的不良影响保持警觉。尽管生成式人工智能输出的内容具有流畅性、针对性等特点,但当前仍不能被视为能生成准确、可靠内容的技术。ChatGPT 在用户协议中声明:尽管诸如 ChatGPT 的工具可生成看似合理的答案,但不能被视为可直接使用的准确答案。文心一言也在页面中提示"内容由 AI 生成,仅供参考"。生成式人工智能输出中的错误很难被缺乏判别经验的用户察觉,对没有扎实先验知识的未成年用户来说,此问题尤为严重。

- 设计评价量规,体现价值导向。

要深入发掘信息科技课程内容蕴含的思想方法、科学精神等育人要素,引导学生形成健康的技术价值追求。对知识掌握与否的评价通常比较简单,仅需判定其正确性、是否适宜等问题,而对信息社会责任的评价,与对事实性知识的评价有所区别。通常,信息社会责任的承担是程度上的问题,因此更恰当的是将其看作一个可用量尺衡量的渐进过程。威金斯认为,理解是一个连续的过程,因此对理解程度的评价以及建构评价量规,应询问"到何种程度?有多周密?有多精妙?"。在此基础上,对信息社会责任的评价,不仅在于强调学生是否理解,更在于注重学生是否展现出承担信息社会责任的具体行动。表 3-12 为"网络谣言"的评价量规示例。

表 3-12 评价量规示例

| 缺乏了解的学生 | 有一定了解的学生 | 见解独到的学生 |
| --- | --- | --- |
| 对网络谣言感到好奇,与他人一起关注事件的进展。 | 知道网络谣言的原因,例如,为了吸引眼球博取流量的炒作;不法分子为达到不可告人的目的、捏造、传播谣言,扰乱人心,影响社会秩序。不看也不转发这些未经证实的信息。 | 理解网络谣言产生的原因,能辨析信息的来源,有能力区分事实、观点与情绪。能够采取必要的行动,对疑似"谣言"信息先向师长求证,然后向网络应用的管理者反映问题。 |

(3) 开发教学资源,创新德育渠道

信息科技学科的教学资源,既可以利用实物,也可以充分利用丰富的数字资源或仿真软件,融合真实教学资源与虚拟教学资源,点燃学生探究知识的欲望。学生在数字化学习的过程中,体会数字化学习环境的优势和局限性,了解社会对信息伦理的共识及相关的法律法规,认识到信息社会中个人应该承担的义务和责任,培养理性判断和负责行为的能力。具体实施建议如下:

- 开发学校资源,增强直观体验。

要合理利用学校已有资源。例如,可带领学生参观学校网络中心机房,观察各种网络设备,感受设备管理的规范性和有序性,了解真实环境中网络设备的连接;引导学生亲身体验学校的数字化管理系统、图书馆信息系统、校园一卡通系统等,感受数据采集、存储、传输、分析和可视化呈现的过程,体会数据在信息系统中的核心作用,增强学生保护数据的意识和责任感。

- 利用校外资源,拓展体验感知。

可以充分利用科技馆、博物馆等校外资源,组织学生以小组为单位进行实地考察。在这个过程中,学生能够亲身参与,直观感受科技的魅力;通过调查分析,理解信息科技飞速发展对社会的影响;并在交流和分享过程中,感受我国在信息科技领域取得的成果和进步。也可以引导学生访问纪念科学家的相关网站,以下资料可供参考。

### 在线参观王选纪念陈列室

北京大学王选纪念陈列室建成于 2007 年。学生可以通过访问王选纪念陈列室网站,查看相关图片和资料。

在"生平事迹厅",陈列着密密麻麻的科研手稿、富含哲理的人生箴言、朴素节俭的衣物用品、数十张发黄的捐款凭证、精心准备的备课笔记和讲义等,各种珍贵的实物资料呈现了王选投身科学、无私奉献的一生。"创新历程厅"展示的除了丰富的图片、文字史料,还有中国汉字激光照排系统排版印刷的第一张报纸样张、邓小平同志对样机研制工作的批示等珍贵实物。陈列室中还有"铅字排版体验区"和"激光照排技术演示触摸屏"等科普互动装置等,生动展现了王选率领科研团队投身"748 工程",成功研制汉字激光照排系统,并推动和实现科研成果产业化,开启了我国汉字信息处理和印刷技术革命的辉煌篇章。

——资料节选自王选纪念陈列室网站

## 七、评价设计

**1. 问题**

课程标准提出了过程性评价与终结性评价结合的要求,但在具体操作时,过程性评价费时费力,怎样才能做好过程性评价?终结性评价的方式比较单一,是否还有更多更有趣的方式?

**2. 探讨**

《义教课标》指出,要树立正确的评价观念,坚持以评促教、以评促学,体现"教—学—评"一致性。要引导教学落实立德树人的根本任务,践行社会主义核心价值观;引导教学顺应时代发展、技术创新和社会变革,推进教与学方式改革,着力发展学生核心素养。按照《义教课标》关于评价的相关要求,强化素养导向的多元评价要"坚持基本知识考核与实践应用考核相结合,综合运用纸笔测试、上机实践、作品创作等方法,全面考查学生学习状况"。同时评价情境的设计要有时代性,体现技术创新和社会变革。在大数据、人工智能、物联网技术不断发展的当下,评价应紧紧抓住技术变化发展的趋势,在评价情境创设、评价内容、评价标准上进行改变,引导教学与时代、技术的发展紧密结合。

《义教课标》特别指出,要加强过程性评价,完善终结性评价。过程性评价侧重反映日常教学过程中学生表现出来的学习进步情况,应贯穿整个教学过程;终结性评价侧重反映学生阶段性学习目标达成度。但是评价是非常复杂且专业性很高的工作,教学中有很多难以评价的学习目标,很难寻找评价要素和收集评价证据。

**3. 教学建议**

● 强化素养立意,设计评价框架。

教师应引导教学和评价向培养学生核心素养的方向转变,以核心素养作为评价的整体框架。课程标准中的学段目标和学业质量标准,是课程评价实施的基本依据。教师要准确把握学段目标在各内容模块、各学习单元、各项目活动的具体体现,要与各学段目标、各学科核心素养特征相匹配。可以分阶段分层次地实施评价,既不要滞后,也不要不切实际地超越或拔高要求。

在评价设计中,最难的是对计算思维的评价。当前,国内外已有不少计算思维评价的方法与工具。其中,布伦南和雷斯尼克提出的计算思维三维框架被引用得最多。郁晓华等对计算思维的测评手段进行了整理[138],如表 3-13 所示。

表3-13 计算思维测评手段汇总

| 测评方法 | 方法描述 | 代表性手段 | 优缺点 | 适用的年级与评价目标 |
|---|---|---|---|---|
| 题目测试法 | 从识记、理解、应用和分析四个层级考察学习者,题目类型多为客观题。 | 国际信息学与计算思维等级测评(Bebras)任务,计算思维语言,计算思维测试题 | 优点:适用学段和维度广,操作简单,效率高。<br>缺点:对题目设计要求较高,测试较难反映学习者在真实问题情境中运用知识和技能的能力。 | K12年级,主要考察认知能力/技能 |
| 编程测试法 | 基于程序开发的考核方式,完成指定功能,调试程序排除故障,或开放式主题开发,注重作品或任务的完成度。 | 基于爱丽丝的精灵(Fairy)主题测试 | 优点:与主流的计算思维培养方式匹配,易于推广。<br>缺点:若操作不当,易演变为测试编程语法,而不是计算思维所需的更高层次的思维和能力。 | 3~12年级,主要考察认知能力/技能 |
| 作品评价法 | 与编程测试法相比,作品评价法面向的是系统完整的作品,看重作品创意,并会对代码结构进行分析和优劣评判,可以是对实时编码的评价也可以是对最终作品的评价。 | 计算思维模式分析(CTPA)工具,基于Scrape工具的作品档案袋分析法,计算思维早期发展(PECT)模型,计算思维实时评价系统(REACT) | 优点:数据为学习者的编程作品,采样方便;自动化分析,效率高。<br>缺点:实时评价工具仍处于探索阶段,公开版本较少。 | 3~12年级,主要考察认知能力/技能 |
| 图文分析法 | 倡导学习者在项目学习中持续以图文形式记录自身从问题识别到方案形成的过程以及项目完成后对学习过程的自我评价与反思。包括:书写伪代码、绘制流程图、填写反思报告等。 | 流程图评价法 | 优点:能呈现学习者的思维发展过程,诊断比较客观。<br>缺点:频繁绘制书写可能引起学习者的倦怠情绪,出现乱写乱填现象;低年级群体图文表达基础较差。 | 6~12年级,主要考察认知能力/技能 |

(续表)

| 测评方法 | 方法描述 | 代表性手段 | 优缺点 | 适用的年级与评价目标 |
|---|---|---|---|---|
| 观察访谈法 | 观察法：结合量规进行课堂观察并伴随田野笔记的记录，中间穿插部分非正式交流。访谈法：多指半结构化访谈，要求学习者回答与课程活动、学习成果相关的问题。 | 基于编程作品的访谈法，情境设计法 | 优点：能收集学习者行为表现数据。缺点：耗时，不适用于大批量群体；受访者尤其是低年级学习者接受访谈时容易出现记忆缺失。 | 观察法适用于K12年级，访谈法适用于3~12年级 |
| 调查法 | 将计算思维评价的主体转向学习者自评，多以量表和调查问卷的形式。 | 计算思维水平量表 | 优点：评价主体变为学习者，操作简单。缺点：调查结果受学习者主观影响，对低年级群体适用度不高。 | 6~12年级，关注非认知能力 |

作为解决问题的复合思维和能力，计算思维具有复杂的内容结构与多种核心要素，因此，很难落实到评价中，且达到理想效果。郁晓华等从"分解"的视角提出了"计算思维"微认证方案，建构了六个计算思维子能力，如表3-14所示[138]。

表3-14 计算思维子能力名称及其能力描述

| | 计算思维子能力 | 子能力（数字徽章）名称 | 能力描述 |
|---|---|---|---|
| 认知/操作层面 | 问题识别与分解能力 | 问题诊断师 | 能从现实世界识别复杂的跨学科问题，能把复杂问题拆分成若干小的、可管理的问题，并能评估这些问题是否适合用计算思维的方式解决。 |
| | 抽象建模能力 | 信息提炼师 | 能删繁就简，识别事物的共同属性，抽取问题的核心特征；能提炼解决问题的一般模式，降低复杂性；能对现象和过程进行建模，设计仿真系统，以了解和评估潜在的结果。 |
| | 算法设计能力 | 规划设计师 | 掌握包含算法、变量、并行、控制结构以及模块化在内的基本要素；能制订一系列有序的步骤解决问题或达到某种目的，还能在多种方案中找到最优途径。 |

(续表)

| 计算思维子能力 | | 子能力(数字徽章)名称 | 能力描述 |
|---|---|---|---|
| 认知/操作层面 | 自动化能力 | 编程小专家 | 能用编程的方式开发方案或使用计算机完成单调重复的工作,能创建解决个人相关的或和自己社区相关的问题的计算作品,能通过测试与调试改进现有的编程作品。 |
| | 问题迁移能力 | 类比推理师 | 能将已有的问题解决过程与方法加以概括并迁移到其他问题的解决。 |
| 非认知层面 | 计算观念 | 表达 技术表达者 | 能以计算的视角洞察和理解自己、与他人的关系以及周围的技术世界,具体表现在:能用技术表达想法(表达),进行交流协作(连接),能逆向思考技术以及技术的使用(质疑)。 |
| | | 连接 协作贡献者 | |
| | | 质疑 批判思考者 | |

当前,单元教学设计成为落实课程标准的基本要求,很多教师使用逆向设计的方法,即在单元设计之前先明确评价框架。根据信息科技课程具有的实践性特点,许多教师都认为采用表现性任务的方式更具操作性。周纯提出了单元表现性任务的设计案例,以"简易交通灯——初识过程与控制"单元为例,设计了如表3-15所示的学习活动表现性目标[139]。

表3-15 简易交通灯单元的学习活动表现性目标设计

| 表现性目标 | 蕴含计算思维要素 | |
|---|---|---|
| | 子能力 | 思维表现 |
| 目标1:通过对玩具交通灯组成要素的抽象,设计简易交通灯方案并仿真实现,认识过程与控制 | 抽象、分解 | 识别、推断、说明 |
| 目标2:设计并模拟实现简易交通灯 | 建模、算法 | 参照……模仿、参照……完成 |
| 目标3:对生活中过程与控制的典型实例进行分析,体会过程与控制的重要性 | 评估 | 分析观点 |

在以上目标设计的基础上,给出了单元内容的表现性任务设计样例,如表3-16所示。[140]

表 3-16 表现性任务设计

| 目标指向 | 思维发展过程 | 任务内容 | 任务问题 | 任务规则 | 任务成果 | 任务支架 |
|---|---|---|---|---|---|---|
| 目标1（见表3-15） | 识别电路，推断原理，说明想法 | 任务1：连线表现玩具交通灯控制红绿灯的过程 | 玩具交通灯是如何控制的？ | （1）两人一组观察；（2）搭建简易电路；（3）讨论灯亮次序。 | 边线图、文字描述 | 玩具交通灯控制红绿灯视频、活动单 |
| 目标2（见表3-15） | 参照活动单模仿设计，参照设计完成程序 | 任务2：模拟简易交通灯的过程与控制 | 如何编程模拟简易交通灯？ | （1）了解mPython编程的界面及掌控板的基本组成；（2）设计方案；（3）完善程序。 | 设计方案、编写程序 | 活动单、半成品程序、程序帮助 |
| 目标3（见表3-15） | 分析实例，说明观点 | 任务3：讨论生活中的过程与控制实例 | 过程与控制给人们生活带来哪些影响？ | （1）两人一组从生活、生产、医疗、军事等方面讨论，列举实例；（2）班级内交流实例。 | 口头阐述、思维导图 | 讨论提纲、分类结构图 |

过程性评价往往嵌入教学过程中同步进行，可以根据不同学习任务的特点，设计评价量表。如在学生实验探究的过程中，评价要点应重点关注学生在实验探究过程中观察细节、动手操作、动脑思考、提出假设、得出结论的能力，如表3-17所示。

表 3-17 探究性实验评价项目

| 评价维度 | 评价要点 | 评价等级（A、B、C） |
|---|---|---|
| 参与实验 | 能否发现与提出问题，用术语表达自己的猜想与假设？ | |
| 参与实验 | 能否动手操作实验工具，阅读相关的实验操作资料？ | |
| 参与实验 | 能否细致地观察实验过程和结果？ | |
| 记录数据 | 能否及时记录实验数据（如截图等）？ | |
| 记录数据 | 能否根据需求进行多次测试或对比测试？ | |

(续表)

| 评价维度 | 评价要点 | 评价等级（A、B、C） |
|---|---|---|
| 分析数据 | 能否对实验数据进行整理、筛选？ | |
| | 能否对实验数据进行思考、分析？ | |
| | 能否对数据进行分析，得出有逻辑的结论？ | |
| | 能否撰写或填写实验报告，展示和分享实验结论？ | |
| 反思迁移 | 能否反思实验的不足和缺陷？ | |
| | 能否结合实验结论，解释类似的问题？ | |

过程性评价还要注意以下四点：第一，不能将过程性评价与终结性评价对立起来，认为非此即彼；第二，不能把对学习效果的评价排除在过程性评价之外；第三，不应将过程性评价与某种特定的评价方法甚至评价工具等同起来；第四，不要过分夸大过程性评价的效果。

# 后 记

在本书的撰写过程中，我脑海里浮现了许多或精彩或遗憾的课堂场景，正是这些真实的课堂，让我对教学实施有更多的尊重，对教学实施的困难有更深的理解。这些课堂中发生的每个细节，一锤一锤地重塑我对新课程的理解，经年累月，逐渐轮廓清晰，去伪存真。在写作的过程中，得到了上海市很多教研员和教师的帮助和大力支持，得到了很多专家、学院领导以及同事的指导和指正，在此一并致谢。本书的出版也得到上海科技教育出版社的大力支持，再次谨致谢忱！

但是由于本人能力所限，智识不足，恳请批评指正。

张汶

# 参 考 文 献

[1] 任友群,黄荣怀,熊璋.从信息技术到信息科技——关于《义务教育信息科技课程标准(2022年版)》的对话[J].课程·教材·教法,2022,42(12):21-31.

[2] 中华人民共和国教育部.普通高中信息技术课程标准(2017年版2020年修订)[S].北京:人民教育出版社,2020.

[3] 中华人民共和国教育部.义务教育信息科技课程标准(2022年版)[S].北京:北京师范大学出版社,2022.

[4] 孙智昌.学习科学视阈的深度学习[J].课程·教材·教法,2018,38(1):20-26.

[5] 邢星.信息科技是一门全新的课程:访义务教育信息科技课程标准研制组组长熊璋[J].人民教育,2022(C2):44-46.

[6] 柯林斯.什么值得教?技术时代重新思考课程[M].上海:华东师范大学出版社,2020:3.

[7] THE ROYAL SOCIETY. Shut down or restart? The way forward for computing in UK schools[EB/OL].[2023-12-13]. https://royalsociety.org/-/media/education/computing-in-schools/2012-01-12-summary.pdf.

[8] 方兆玉.国际计算机与信息素养调查结果公布:八年级学生是数字原住民吗?[J].上海教育,2015(6):8-12.

[9] 陆汉权.计算机科学基础(第2版)[M].北京:电子工业出版社,2015.

[10] 陶西平.为理解而教[J].中小学管理,2012(9):60.

[11] 凌伟.从设计到实施:英国计算课程改革的经验及启示[J].基础教育课程,2020(11):73-80.

[12] 哈伦.科学教育的原则和大概念[M].韦钰,译.北京:科学普及出版社,2011.

[13] 郭华.教学的模样[M].北京:教育科学出版社,2022:3.

[14] 钟启泉,赵中建.当代教育理论译丛[M].上海:华东师范大学出版社,2001.

[15] 张紫红,崔允漷.论课程内容结构化:内涵、功能与路径[J].课程·教材·教法,2023,43(6):4-10.

[16] 布鲁克希尔,布里罗.计算机科学概论(第13版)[M].刘艺,吴英,毛倩倩,译.北京:人民邮电出版社,2022.

[17] 哈伦.以大概念理念进行科学教育[M].韦钰,译.北京:科学普及出版社,2016.

[18] 李晓明.信息技术 选择性必修1 数据与数据结构[M].上海:华东师范大学出版社,2018:4.

[19] BERRY M. Coding across the primary curriculum[EB/OL].[2023-12-13]. http://milesberry.net/2016/07/coding-across-the-primary-curriculum/.

[20] 中华人民共和国教育部.普通高中物理课程标准(2017年版2020年修订)[S].北京:人民教育出版社,2020:52.

[21] 中华人民共和国教育部.义务教育数学课程标准(2022年版)[S].北京:北京师范大学出版社,2022:9.

[22] CollegeBorad AP. AP Computer Science A course and exam description [EB/OL].[2023-12-13]. https://apcentral.collegeboard.org/media/pdf/ap-computer-science-a-course-and-exam-description.pdf.

[23] 黄荣怀,熊璋.义务教育信息科技课程标准(2022年版)解读[M].北京:北京师范大学出版社,2022.

[24] 杜威.学校与社会·明日之学校[M].赵祥麟,任钟印,吴志宏,译.北京:人民教育出版社,2005:121.

[25] 钟启泉.解码教育[M].上海:华东师范大学出版社,2020.

[26] 安瑞霞.论指向核心素养的真实性学习[J].现代基础教育研究,2022,48(4):127-131.

[27] 刘徽,吴鑫.新加坡真实性学习的实施研究[J].比较教育研究,2018,40(7):51-58.

[28] 杨向东."真实性评价"之辨[J].全球教育展望,2015,44(5):36-49.

[29] 郭华."学生主体"的教学论意义——纪念主体教育实验30周年[J].教育研究,2022,43(11):56-65.

[30] 赫尔巴特.普通教育学讲授纲要[M].李其龙,译.北京:人民教育出版社,1989:243.

[31] 裴娣娜.主体教育的实践生成与发展[J].教育研究,2022,43(11):18-30.

[32] 韦伯.学术与政治:韦伯的两篇演说[M].冯克利,译.北京:生活·读书·新知三联书店,2013:26.

[33] 希利斯.丹尼尔·希利斯讲计算机[M].周波,张蔷蔷,译.天津:天津科学技术出版社,2021.

[34] 梅里尔.梦山书系 当代前沿教学设计译丛 首要教学原理[M].盛群力,钟丽佳,等译.福州:福建教育出版社,2016:5-6.

[35] 倪闽景.大咖说|上海市教委副主任倪闽景:数字化转型背景下教育的变与不变[EB/OL].[2023-12-13].https://sghexport.shobserver.com/html/baijiahao/2022/10/03/871191.html.

[36] 吴刚.从工具性思维到人工智能思维——教育技术的危机与教育技术学的转型[J].开放教育研究,2018,24(2):51-59.

[37] 吴飞.走进人工智能[M].北京:高等教育出版社,2022:192-195.

[38] 余文森.论学科核心素养形成的机制[J].课程·教材·教法,2018,38(1):4-11.

[39] EHRHART I C, PARKER P E, WEIDNER W J, et al. Coronary vascular and myocardial responses to carotid body stimulation in the dog[J]. The American Journal of Physiology, 1975, 229(3):754-760.

[40] CHEN G R. Science and technology, not SciTech[J]. National Science Review, 2017, 4(5):665-665.

[41] 西蒙.关于人为事物的科学[M].杨砾,译.北京:解放军出版社,1988.

[42] GUAN J C, HE Y. Patent-bibliometric analysis on the Chinese science-technology linkages[J]. Scientometrics, 2007, 72(3): 403-425.

[43] 董坤,许海云,罗瑞,等.科学与技术的关系分析研究综述[J].情报学报,2018,37(6):642-652.

[44] 海侬,帕佩.计算思维史话[M].武传海,陈少芸,译.北京:人民邮电出版社,2020:1.

[45] 徐志伟,孙晓明.计算机科学导论[M].北京:清华大学出版社,2018:4.

[46] 菲尔多.计算机科学精粹[M].蒋楠,译.北京:人民邮电出版社,2019.

[47] 徐志伟,孙晓明.计算机科学导论[M].北京:清华大学出版社,2018:2.

[48] 阿瑟.技术的本质[M].曹东溟,王健,译.杭州:浙江人民出版社,2018:9.

[49] 张亚坤,陈龙安,张兴利,等.融合视角下的西方创造力系统观[J].心理科学进展,2018,26(5):810-830.

[50] 陈发堂,张友寿,杜铮.5G低密度奇偶校验码的低复杂度偏移最小和算法[J].计算机应用,2020,40(7):2028-2032.

[51] 霍金.时间简史[M].许明贤,吴忠超,译.长沙:湖南科学技术出版社,2010.

[52] 多维克.计算进化史 改变数学的命运[M].劳佳,译.北京:人民邮电出版社,2017:60.

[53] 同[52]:8-9.

[54] 马希文.逻辑·语言·计算——马希文文选[M].北京:商务印书馆,2019:464.

[55] 戴维斯.逻辑的引擎[M].张卜天,译.长沙:湖南科学技术出版社,2018:11,15.

[56] 丹宁,马特尔.伟大的计算原理[M].罗英伟,高良才,张伟,等译.北京:机械工业出版社,2017:59.

[57] 吴军.计算之魂[M].北京:人民邮电出版社,2021.

[58] 西普塞.计算理论导引(原书第3版)[M].段磊,唐常杰,等译.北京:机械工业出版社,2015.

[59] 熊璋,蒲菊华.信息技术课程·核心概念汇编[M].北京:人民教育出版社,2021:22-23,25.

[60] 罗嘉豪,邢虹文.算法推荐技术应用背景下的平台责任问题[J].编辑学刊,2023(2):62-67.

[61] 刘兴华.数字全球化时代的技术中立:幻象与现实[J].探索与争鸣,2022(12):34-44,210.

[62] 张吉豫,汪赛飞.数字向善原则下算法推荐服务提供者的著作权注意义务[J].知识产权,2022(11):54-74.

[63] 吴刚平,安桂清,周文叶.新方案·新课程·新征程:《义务教育课程方案和课程标准(2022年版)》研读[M].上海:华东师范大学出版社,2022:39.

[64] 郭华.知识是个百宝箱:论现代学校的知识教学[J].北京大学教育评论,2021,19(4):65-84,186.

[65] 周彬.学科高质量教学的教育意蕴及其实现[J].教育研究,2022,43(8):85-96.

[66] 帕尔默.教学勇气[M].方彤,译.上海:华东师范大学出版社,2020:176-177,190.

[67] 坎贝尔-凯利,阿斯普雷,恩斯门格,等.计算机简史(第三版)[M].蒋楠,译.北京:人民邮电出版社,2020:257.

[68] 沈富可.信息技术 选择性必修2 网络基础[M].上海:华东师范大学出版社,2021:110.

[69] 于晓雅.信息技术 选择性必修4 人工智能初步[M].上海:华东师范大学出版社,2021:2.

[70] 徐志伟,孙晓明.计算机科学导论[M].北京:清华大学出版社,2018:150.

[71] 丹宁,马特尔.伟大的计算原理[M].罗英伟,高良才,张伟,等译.北京:机械工业出版社,2017.

[72] 海依,帕佩.计算思维史话[M].武传海,陈少芸,译.北京:人民邮电出版社,2020:204.

[73] 坎贝尔-凯利,阿斯普雷,恩斯门格,等.计算机简史(第三版)[M].蒋楠,译.北京:人民邮电出版社,2020:277-278.

[74] 卢勤根.网络是怎样连接的[M].北京:人民邮电出版社,2017:128-130.

[75] 卢锡城.聚焦安全可控——核心信息技术自主可控发展思考[J].中国信息安全,2018(3):46-50.

[76] 中华人民共和国教育部.普通高中数学课程标准(2017年版2020年修订)[S].北京:人民教育出版社,2020:5.

[77] 亚诺夫斯基.理性的边界[M].王晨,译.北京:人民邮电出版社,2019:3-17.

[78] 德雷福斯.计算机不能做什么:人工智能的极限[M].宁春岩,译.北京:生活·读书·新知三联书店,1986.

[79] 魏雄鹰,翁恺.信息科技 八年级下[M].杭州:浙江教育出版社,2023:52.

[80] 祝智庭,樊磊.信息技术 选择性必修4 人工智能初步[M].北京:人民教育出版社,2020:10-11.

[81] 黄甫全,王晶.课程难度刍论[J].东北师大学报(哲学社会科学版),1994(4):91-96.

[82] 史宁中,孔凡哲,李淑文.课程难度模型:我国义务教育几何课程难度的对比[J].东北师大学报(哲学社会科学版),2005(6):152-156.

[83] 徐利治,郑毓信.数学抽象方法与抽象度分析法[M].南京:江苏教育出版社,1990.

[84] 庞维国.认知负荷理论及其教学涵义[J].当代教育科学,2011(12):23-28.

[85] 史宁中.数学基本思想18讲[M].北京:北京师范大学出版社,2016:1-35.

[86] 吕俊平.科技新闻:多摆事实少说理——访科技日报社总编辑刘亚东[J].军事记者,2014(8):22-23.

[87] 王永春.小学数学与数学思想方法[M].上海:华东师范大学出版社,2014:3-4.

[88] 赵占良.对生物学学科核心素养的理解(一)——生命观念的内涵和意义[J].中学生物教学,2019(11):4-8.

[89] 张华.儿童发展、学习进阶与课程创生——《义务教育课程方案和课程标准(2022年版)》内在追求[J].中国教育学刊,2022(5):9-16.

[90] 崔允漷,张紫红,郭洪瑞.溯源与解读:学科实践即学习方式变革的新方向[J].教育研究,2021,42(12):55-63.

[91] 安桂清.论义务教育课程的综合性与实践性[J].全球教育展望,2022,51(5):14-26.

[92] 卢里达斯.经典算法的起源[M].吴向军,边芮,译.北京:机械工业出版社,2022:15-16.

[93] 张掌然.问题的哲学研究[M].北京:人民出版社,2005:59-61.

[94] 王后雄."问题链"的类型及教学功能:以化学教学为例[J].教育科学研究,2010(5):1-5.

[95] 王天蓉,徐谊.问题化学习[M].北京:教育科学出版社,2023:43-55.

[96] 大西可奈子.AI超入门:人人都读得懂的人工智能[M].花超,译.北京:机械工业出版社,2019:37.

[97] 陆爱民,王天蓉.研究性学习起步讲座(一)如何发现问题[J].网络科技时代(信息技术教育),2002(8):34-35.

[98] 王灿明.情境教育四十年的回顾与前瞻[J].南通大学学报(社会科学版),2020,36(2):132-140.

[99] 于泽元,那明明.情境化学习:内涵、价值及实施[J].华东师范大学学报(教育科学版),2023,41(1):89-97.

[100] 陈凯.关于何为真实情境的讨论:以遗传算法教学为例[J].中国信息技术教育,2021(1):30-32.

[101] 杨向东.如何基于核心素养设计教学案例[N].中国教育报,2018-05-30(5).

[102] 刘徽.大概念教学 素养导向的单元整体设计[M].北京:教育科学出版社,2022.

[103] 赵健.论教材知识情境设计的德育维度[J].课程·教材·教法,2020,40(12):61-67.

[104] 夏雪梅.项目化学习设计:学习素养视角下的国际与本土实践[M].北京:教育科学出版社,2018:63.

[105] 张海.地理实验设计与教学案例[M].兰州:兰州大学出版社,2017:7.

[106] 郑春和.中学生物学探究教学模式的研讨[J].课程·教材·教法,2001(11):39-44.

[107] 熊璋,赵健,陆海丰,等.义务教育阶段信息科技课程的时代性与科学性——《义务教育信息科技课程标准(2022年版)》解读[J].教师教育学报,2022,9(4):63-69.

[108] 李永胜.科学思维、技术思维与工程思维的比较研究[J].创新,2017:11(4):27-34.

[109] 魏宁.工程思维是一种哲学思维[J].中国信息技术教育,2023(15):22.

[110] 吴旻瑜,万昆,赵健.跨学科学习是什么?如何做?——以义务教育信息科技课程为例[J].课程·教材·教法,2023,43(1):89-95.

[111] 郭华.跨学科主题学习:提升育人质量的一条新路径[J].人民教育,2023(2):25-27.

[112] 叶天萍,王展昂.基于新课标的信息科技跨学科主题学习设计与实施策略——以"数据与编码"模块中的"数据的组织与呈现"内容为例[J].现代教学,2023(11):75-76.

[113] 张华.让学生创造着长大:2022年版义务教育课程方案和课程标准核心理念解析[M].北京:教育科学出版社,2022:61-78.

[114] 庞维国.创造性心理学视角下的创造性培养:目标、原则与策略[J].华东师范大学学报(教育科学版),2022,40(11):25-40.

[115] 李华.探究式科学教学的本质特征及问题探讨[J].课程·教材·教法,2003(4):55-59.

[116] 万维钢.万万没想到:用理工科思维理解世界[M].北京:电子工业出版社,

2014:128-132.

[117] 韦冬余.论施瓦布科学探究教学的基本内涵[J].全球教育展望,2015,44(4):28-35.

[118] 钟启泉.深度学习[M].上海:华东师范大学出版社,2021.

[119] 强艳,陈征.理解物理图像,善用类比思想[J].物理,2022,51(6):439-440.

[120] 陈勇.走进人工智能 走近技术本质——以"走进图像识别"一课为例[J].教育传播与技术,2020(2):48-52.

[121] MONK M, OSBORNE J. Placing the history and philosophy of science on the curriculum: A model for the development of pedagogy [J]. Science Education, 1997,81(4):405-424.

[122] 张红霞,郁波.从"探究"到"实践":科学教育的国际转向与本土应对[J].教育研究,2023,44(7):66-80.

[123] 熊璋,蒲菊华.信息技术课程·核心概念汇编[M].北京:人民教育出版社,2021:10-11.

[124] 史耐德.新编信息技术导论[M].周靖,潘旭燕,译.北京:清华大学出版社,2004:417.

[125] 徐利治,王光明.数学方法论选读(第2版)[M].北京:北京师范大学出版社,2019:33-34.

[126] 董荣胜.计算机科学导论:思想与方法(第3版)[M].北京:高等教育出版社,2015:141.

[127] 谢忠新,曹杨璐.中小学信息技术学科学生计算思维培养的策略与方法[J].中国电化教育,2015(11):116-120.

[128] 邱元阳.从内容生产到创造力革命[J].中国信息技术教育,2023(15):23.

[129] 魏宁.当我们谈论"编程终结"的时候[J].中国信息技术教育,2023(13):1.

[130] 孙立会,周丹华.儿童编程教育溯源与未来路向——人工智能教育先驱派珀特的"齿轮"与"小精灵"[J].现代教育技术,2019,29(10):12-19.

[131] 张进宝,魏宁.计算思维教育的多元理解[J].中国信息技术教育,2023(13):4-10.

[132] 徐慧,鞠小林,王皓晨.大模型下编程教学面临的挑战与应对[J].计算机教育,2023(11):60-64.

[133] 赵晓伟,祝智庭,沈书生.教育提示语工程:构建数智时代的认识论新话语

[J].中国远程教育,2023,43(11):22-31.

[134] 熊璋,武迪.教育强国建设背景下人工智能赋能教育创新的路径探索[J].人民教育,2023(19):6-10.

[135] 苗逢春.生成式人工智能技术原理及其教育适用性考证[J].现代教育技术,2023,33(11):5-18.

[136] 黄向阳.德育原理[M].上海:华东师范大学出版社,2000:58-60.

[137] 王元卓,陆丰,包云岗.计算的脚步[M].北京:机械工业出版社,2022:54-81.

[138] 郁晓华,王美玲,程佳敏,等.计算思维评价的新途径:微认证[J].开放教育研究,2022,28(1):107-120.

[139] 周纯.中小学信息科技单元教学:思与行[M].上海:上海交通大学出版社,2022.

[140] 周纯.以单元表现性评价促进初中生计算思维的发展[J].中国信息技术教育,2023(1):34-38.